HEYNE BÜCHER

ESOTERISCHES WISSEN

Herausgeber dieser Reihe Michael Görden

Bill Schul / Ed Pettit

Die geheimnisvollen Kräfte der Pyramide

Mit einem Nachwort von Fritz A. Popp
aus BILD DER WISSENSCHAFT

Deutsche Erstausgabe

WILHELM HEYNE VERLAG
MÜNCHEN

HEYNE ESOTERISCHES WISSEN
08/9596

9. Auflage
(1. Auflage dieser Ausgabe; bisher lieferbar unter der Nr. 01/5425)

Titel der amerikanischen Originalausgabe
THE SECRET POWER OF PYRAMIDS
Deutsche Übersetzung von Dr. Peter von Eynern

Printed in Germany 1991
Umschlaggestaltung: Atelier Adolf Bachmann, Reischach
Umschlagillustration: ZEFA, Düsseldorf
Gesamtherstellung: Ebner Ulm

ISBN 3-453-04822-9

Lesen Sie dieses Buch, und Sie werden unsere grenzenlose Bewunderung für die technologische Genialität vergangener Zeiten teilen. Vielleicht lassen dann auch Sie Ihrer Fantasie freien Lauf, wenn Sie darüber nachdenken, ob uns die Alten das Geheimnis einer universellen Energie überliefert haben.

Danksagung

Allen, die bei der Arbeit an diesem Buch mitgeholfen haben, möchten die Autoren hiermit ihren Dank sagen. Ihr besonderer Dank gilt der Stiftung zur Erforschung der Grenzwissenschaften (Borderland Sciences Research Foundation), die Forschungsunterlagen und Quellenmaterial zur Verfügung stellte und freundlicherweise für Zeichnungen sorgte. Besonders danken wir auch Fred Schul und Rebecca Mayo für ihre ausgezeichneten Skizzen und Carl D. Knepper für seine Beratung über die elektrische Feldtheorie. Wir danken den vielen Menschen im ganzen Lande, die uns Informationen, Erfahrungen und Beschreibungen ihrer Ergebnisse über Pyramidenforschung und verwandte Gebiete haben zukommen lassen.

Nicht zuletzt möchten sich die Autoren bei ihren Frauen bedanken, ohne deren Unterstützung und Hilfe dieses Buch wohl nie geschrieben worden wäre.

Inhaltsverzeichnis

Vorwort

Kein anderes von Menschenhand geschaffenes Werk hat so viel Aufmerksamkeit und Bewunderung erregt wie die große Pyramide von Gizeh. Das größte, schwerste, älteste und vollkommenste Bauwerk der Menschheit ist nach wie vor stärker als alle Fantasie, spottet jedem Erklärungsversuch und verwirrt seine Erforscher. So alt, daß ihre Entstehung sich im Dunkel der Zeiten verliert, gibt sie auch heute noch Auskunft, selbst über das neueste Wissen vom Menschen und seiner Umwelt. Wie weit auch der Mensch mit seinen wissenschaftlichen Erkenntnissen vordringt, die große Pyramide hält merkwürdigerweise, wie ein leibhaftiges und unsterbliches Orakel, gleich die Antwort bereit. Vielleicht nimmt sie gerade deswegen, durch all die Jahrtausende, eine so zentrale Stellung bei der Suche des Menschen nach dem Wie und Warum seiner Existenz ein, weil sie eine Schatzkammer verschlüsselten und offenbar unendlichen Wissens darstellt, das sich nur dem erschließt, der es versteht, ihre Geheimnisse zu enträtseln. Und vielleicht ist die Vorstellung nicht nur ein Wunschtraum, daß sich irgendwo in ihrer Geschichte, ihrer mathematischen Perfektion, dem Zweck ihres Vorhandenseins das verbirgt, wonach der Mensch schon so lange sucht: die Antwort auf die Frage nach seiner Bestimmung. Dann wäre die große Pyramide wirklich der ›Stein der Weisen‹. Aber während die Pyramide noch Experimente vereitelt und ihre Erforscher auf der Suche nach besseren Techniken fast zur Verzweiflung bringt, gab sie doch nachsichtig eines ihrer vielen Geheimnisse preis – allein ihre äußere Gestalt beschwor bekannte und unbekannte Formen der Energie herauf, von der alle Gegenstände beeinflußt werden, seien sie belebt oder unbelebt. Kaum hatte der Franzose M. Bovis die Entdekkung gemacht, daß maßstabgerechte Pyramidenmodelle Fleisch mumifizieren, Nahrungsmittel konservieren, Rasierklingen schärfen usw., wenn man sie in der gleichen Weise auf die Nord-Süd-Achse des Erdmagnetfeldes stellt, da tauchte auch schon ein ganzes Bündel neuer Fragen nach der Art der unbekannten Energiefelder auf – von dem neuen Staunen über die Pyramide selbst ganz zu schweigen. Bovis' Entdeckung und die Folgearbeit des tschechischen Radioingenieurs Karel Drbal wurden in ›Physikalische Entdeckungen hinter dem Eisernen Vorhang‹ von Ostrander und Schroeder beschrieben. Das Buch, das ein enormes Echo in Amerika und im Ausland auslöste, entfesselte eine wahre Massenbewegung von Kellerbastlern und Werkzeugschuppen-Experimentatoren, zusammen mit berufsmäßigen Forschern. Überall im Lande schossen Diskussionsgruppen und Experimentierclubs aus dem Boden, um Erkenntnisse und Ideen über das Thema auszutauschen. Viele Informationsblätter entstanden und fanden weite Verbreitung.

Während der drei Jahre, seit das abenteuerliche Unternehmen begann, haben sich einige sehr interessante und nachdenkenswerte Ergebnisse herausgeschält. Was Personen erlebten, die in Pyramidenbauten saßen, schliefen und meditierten, berührt die Gebiete der Psychologie, Physiologie und Metaphysik. Verkürzte Heildauer, Erleichterung bei Kopfschmerzen, bessere Entspannung, Gewichtsabnahme bei übergewichtigen Leuten, Verjüngung usw., sollte die Fachmedizin aufhorchen lassen. Meditationserfolge in der Pyramide und Erweiterung der psychischen Wahrnehmungsmöglichkeit sollten den Metaphysiker interessieren und solche, die sich mit übersinnlichen Dingen befassen. Für den Gärtner sollten die Wirkungen auf den Pflanzenwuchs und die Keimfähigkeit von Samen interessant sein, und jeder, der damit zu tun hat, müßte schließlich auf die Nahrungsmittelkonservierung und Wasserreinigung aufmerksam werden. Die neuen Ergebnisse der Pyramidenforschung eröffnen Menschen aus allen Schichten und Berufen neue Möglichkeiten – dem forschenden Wissenschaftler, dem passionierten Bastler, dem aufgeschlossenen Autor und dem Physikstudenten, der nach neuen Projekten sucht. Die Beschäftigung mit diesen Dingen könnte für ein besseres Verstehen unserer selbst und unserer Umwelt durchaus von Bedeutung sein. Dieses Buch haben in erster Linie Liebhaber der Sache, wissenschaftlich interessierte Laien und aufgeschlossene Denker geschrieben. Um seinen eigenen Versuchen mit pyramidenförmigen Modellen größere Möglichkeiten zu eröffnen, werden dem Leser einige Grundtatsachen über die große Pyramide geboten.

Nach unseren eingehenden Untersuchungen auf diesem Gebiet berichten wir von verschiedenen Experimenten mit Pyramiden und geben auch Baupläne für Pyramiden an. Wenn Sie selbst Erfolg haben mit Ihren Versuchen, dann werden Sie, unserer Meinung nach, die technologische Genialität vergangener Zeiten ebenso respektvoll bewundern wie wir. Vielleicht lassen dann auch Sie Ihrer Fantasie freien Lauf, wenn Sie darüber nachdenken, ob uns die Alten das Geheimnis einer universellen Energie überliefert haben.

Die Pyramide – Wundertäter gestern und heute

Es ist ein Anlaß ständiger Genugtuung für Mystiker, immer wieder neuen Erstaunens für Philosophen und unaufhörlicher Verlegenheit für Wissenschaftler, daß das älteste von Menschenhand errichtete Bauwerk auf Erden noch heute das Begriffsvermögen der brillantesten Köpfe übersteigt.

Wir haben das Wesen des Protoplasmas ergründet, können lebensfähige Teile der DNS und RNS isolieren, arbeiten mit dem kohärenten Licht des Laserstrahls, spalten Atome und schicken ganze Laboratorien in das Weltall, aber die älteste aller uns überlieferten Technologien, die unserer Vorväter, widersetzt sich hartnäckig jedem unserer Erklärungsversuche. Wir würden unsere Vorfahren gerne glauben machen, daß wir den Bestand unseres Wissens ständig vergrößern, daß wir es von Generation zu Generation immer besser lernen, uns selbst und unsere Umwelt zu begreifen. Wir würden ihnen gerne zeigen, daß eigentlich nichts wirklich Wertvolles verlorengegangen ist, oder wenn, dann nur vorübergehend, und daß der Mensch von heute die engen Grenzen antiker Wirklichkeit weit hinausgeschoben hat, obwohl unsere politischen und religiösen Leidenschaften uns Bibliotheken niederbrennen, Heiligtümer schänden und ewige Weisheiten verleugnen ließen. Eine Zeitlang kommen wir mit diesen Behauptungen auch ungestraft davon – bis irgend jemand fragt, warum es im Licht neuer Erkenntnisse immer deutlicher wird, daß das Wissen der Alten stets vorwegnimmt, was wir bisher mit Hilfe von Physiologie und Psychologie über das Bewußtsein des Menschen und sein nervliches und bioelektrisches System gelernt haben; warum wir den Stein nicht so schneiden, bohren und einpassen können wie unsere Vorfahren, die die Kalkstein- und Granitblöcke der großen Pyramide mit einer Genauigkeit zusammenfügen konnten, wie sie heutzutage nur von Optikern erreicht wird, die dazu die kleinsten feinmechanischen Maschinen verwenden; warum wir, trotz unserer schweren Baumaschinen, solch riesige Steinblöcke – einige wiegen bis zu 70 Tonnen – nicht ohne Rampen an Ort und Stelle bringen können; warum unsere Mathematik immer noch Mühe hat, bei der Vermessung der Erde und der Bewegung der Himmelskörper mit den Alten gleichzuziehen. Was bleibt da von unserem Glauben an den menschlichen Fortschritt übrig? Niemand kann die gewaltigen Schritte leugnen, die die Menschheit nach vorne getan hat. Zumindest in den klassischen Disziplinen der Naturwissenschaft beweist sich unser Fortschritt an so unzähligen Beispielen, daß man das nicht einfach mehr als Einbildung abtun kann. Warum aber stolpern wir dann doch immer wieder von Zeit zu Zeit über vorgeschichtliche Gebrauchsgegenstände, die einen Grad menschlicher Vollkommenheit bezeugen, von dem wir nur hoffen können, daß wir ihn irgendwann einmal erreichen werden. Wann gab es diese Hochblüte der Weltklugheit? Woher kam sie, und warum ging sie wieder verloren? Technisch können wir heute so ziemlich alles besser machen als unsere Vorfahren – alles, soweit es uns bekannt ist. Eine dieser großen Ausnahmen ist die Pyramide, und es scheint, als weise diese Ausnahme auf eine Hochzivilisation hin, die vor uns auf dieser Erde lebte und deren Wissen uns verlorengegangen ist. Aber vielleicht gibt es noch eine andere mögliche Erklärung. Wir können, zusammen mit v. Däniken und anderen kritischen Autoren, die Frage stellen, ob es nicht irgendwann einmal von irgendwoher im All den Einfluß einer höheren Intelligenz gegeben hat. Bei solchen Fragen sehen wir uns geradezu gezwungen, wieder in heiligen Texten und Sagen nach Anhaltspunkten über das Herabsteigen der Götter vom Himmel zu suchen.

Ebenso kann es uns nur immer wieder recht nachdenklich stimmen, wenn wir eine Zeitung aufschlagen und darin einen Artikel über eine angebliche UFO-Sichtung finden.

Aber es gibt noch eine dritte Möglichkeit: Die Einwirkung höherer Intelligenz stammt aus einer Quelle übergeordneten Bewußtseins, dessen Ideen und Pläne sich im Bewußtsein einzelner Menschen als intuitives Wissen oder Offenbarung realisieren.

Religion wie Metaphysik berufen sich schon seit eh und je auf die Existenz solcher Art von Wissen. Es soll nicht von der menschlichen Vernunft abhängig, dafür aber fast lückenlos sein, sobald es den Menschen überkommt. Nach Dr. Robert Assagioli, dem Begründer der Psychosynthese, ›ersetzt intuitives Wissen intellektuelles, logisches und rationales Bewußtsein oder besser, es verbindet sich mit ihm und überhöht es. Intuitives Bewußtsein führt tatsächlich zur Identifizierung mit dem, was gesehen oder gedacht wird, und zum Erkennen der innerlichen Einheit von Objekt und Subjekt.‹

In Paul Bruntons ›Die Weisheit des Über-Ich‹ finden wir folgendes: ›Was wir jetzt begreifen müssen, ist, daß es einen Teil unserer Sinne gibt, der ein außergewöhnliches und wunderbares Bewußtsein seiner selbst besitzt. Tatsächlich gibt es ein zweites Bewußtsein, das unserem normalen und vertrauten zugrunde liegt. Ein guter Metaphysiker kann darum auch den Gebrauch des Begriffes ›Sinne‹ nicht einfach auf den Denkinhalt ›Bewußtsein‹ allein begrenzen. Die Sinne sind mehr als nur jenes Bewußtsein, das wir kennen . . .‹

Von Eingebungen, die irgendwoanders zu entstehen scheinen, berichtet Kekulé, der große Chemiker des 19. Jahrhunderts, wenn er sich daran erinnert, daß er auf seine Theorie der molekularen Struktur durch eine Reihe von tiefen Träumen gekommen ist. Die Erkenntnisse, die ihm in seinen Träumen kamen, hat man dann später als ›das großartigste Beispiel einer Vorhersage‹ bezeichnet, ›das es jemals in der organischen Chemie gegeben hat‹. Einstein behauptete, daß seine Gedanken über die Relativität nicht ›ausgedacht‹ waren, sondern ihm einfach einfielen. Robert Louis Stevensons Fähigkeit, sich publizierbare Romanstoffe auszudenken, indem er die ›Heinzelmännchen‹ seines Gedächtnisses mobilisierte, damit sie ihm Geschichten lieferten, ist wohlbekannt. Wohlbekannt ist auch die Beschreibung von Poincaré, wie mathematische Begriffe in Wolken vor ihm aufsteigen, vor ihm herumtanzen, aneinanderstoßen und sich dann schließlich zur ersten automorphen Funktion vereinigen, während er im Bett liegt und auf den Schlaf wartet.

Nun, was die Quelle von Eingebungen auch immer sein mag, der Bau der großen Pyramide hat jedenfalls ein Ausmaß an Erfindungsgabe verlangt, wie es in der bisher bekannten Weltgeschichte nicht wieder erreicht wurde. Vielleicht ist es die romantische Seite im Menschen, für die die Geheimnisse des Unbekannten eine so unwiderstehliche Anziehungskraft besitzen, oder es ist vielleicht etwas Gottähnliches in seiner Brust, das ihm keine Ruhe läßt, solange nicht alle Antworten in ihr beschlossen sind. Die Pyramide ist da, leibhaftig da, die Großväter seiner Großväter kannten sie, so lange ein Mensch sich erinnern kann, und ihre Existenz stachelt ihn unaufhörlich dazu an, alles zu erfahren, was auf seiner Entdeckungsreise noch im Verborgenen liegt. Wie gebannt starrt der Mensch, heute wie gestern, auf das steinerne Rätsel, ob nun vom Mond- oder Meeresboden aus. Er wartet immer noch auf die Vollendung seiner Reifung, aber er weiß es selber noch nicht, ob sie ihm auf dem naturwissenschaftlichen oder dem rein geistigen Wege zuteil werden wird. Und neben der Pyramide ruht ebenso gelassen ihr Begleiter, die Sphinx, stummer Zeuge der Parade auf- und untergehender Kulturen und ewiger Wächter der Geheimnisse von Gizeh. Auf wen warten sie? Wo finden wir den Schlüssel? Im Weltall oder tief in uns selber?

Nachdem heute kein Zweifel mehr darüber bestehen kann, daß die große Pyramide ein von Menschenhand errichteter Berg aus Steinen ist, der durchaus nicht immer nur als Grab diente, wird der Mensch vielleicht endlich einmal Erfolg haben, wenn er an ihre Tür klopft und dabei von jeder nur erdenklichen Möglichkeit Gebrauch macht, ob sie nun nützt oder nicht. Schon der Versuch wird uns das Letzte abverlangen, dessen wir fähig sind, und sollten sich dann die Früchte des Erfolgs als wertlos erweisen, so können wir auf unserem alten Weg getrost fortfahren, dann war es der Mühe nicht wert.

Ein kleiner Teil ihrer Geheimnisse, den die große Pyramide kürzlich preisgab, scheint – wie nicht anders zu erwarten – geradezu universelle Bedeutung zu haben. Stellt man eine maßstabgerechte Nachbildung der großen Pyramide genau auf die Nord-Süd-Linie, dann scheint das Modell bestimmte Energiefelder zu reflektieren, zu erzeugen, zu sammeln oder sonstwie nutzbar zu machen. Pyramidenmodelle sind in allen Größen, von Zentimetern bis Metern, gebaut worden, und man hat alle möglichen Gegenstände in sie hineingetan, tote wie lebendige, und auch Menschen. Alle Versuche, bis zum Zeitpunkt dieser Niederschrift, scheinen zu zeigen, daß der Erfolg nur wenig von dem Material abhängt, aus dem die Modelle gebaut sind. Kleine Pyramiden wurden meist aus Karton oder Holz gebaut, größere aus Holz-, Glasfaser-, Glas- oder Plastikplatten. Die Verwendung von Metall, außen oder innen, scheint die elektromagnetischen Eigenschaften des Energiespektrums sowohl zu schwächen als auch zu verstärken, je nachdem, wo und wieviel Metall man anbringt. Welche Rolle das verwendete Baumaterial spielt, muß noch weiter untersucht werden. Welche Ergebnisse aber bereits erzielt wurden, sowie einige Theorien über die Verwendung verschiedener Baumaterialien, soll später in anderen Kapiteln besprochen werden. Die Verweildauer der Gegenstände in der Pyramide wurde durch Versuche aufs Geratewohl ermittelt. Eßwaren hat man z.B. mehrere Wochen in Pyramiden gelassen, und Personen haben sich in größeren Pyramiden von einigen Minuten bis zu mehreren Stunden aufgehalten. Berichtet wurde von Ergebnissen wie: Nahrungsmittelkonservierung, Wasserreinigung, beschleunigtes Pflanzenwachstum, verkürzte Keimzeit von Samen, von Metallen verschwand die Korrosionsschicht, und die Menschen verspürten mehr Entspannung, Verbesserung der Fähigkeit nachzudenken und zu meditieren, Heilung, Beruhigung und sogar Verjüngung.

Die Begeisterung für selbstgebaute Pyramiden begann 1970 mit der Veröffentlichung über ›Physikalische Entdeckungen hinter dem Eisernen Vorhang‹ von Sheila Ostrander und Lynn Schroeder. Im Kapitel über die tschechische Forschung berichten die Autoren, wie sie auf verschiedene kleine Pyramiden stießen, die als Rasierklingenschärfer verwendet wurden. Als sie der Sache nachgingen, erfuhren sie, daß ein Franzose, Monsieur Bovis, einige Jahre zuvor entdeckt hatte, daß tote Tiere in der Königskammer der großen Pyramide nicht verwesen, sondern austrocknen und mumifiziert werden. Daraufhin kam ihm der Gedanke, daß die Form der Pyramide etwas damit zu tun haben könnte, und er baute sich eine etwa 76 cm hohe Pyramide und legte eine tote Katze direkt unterhalb der Spitze (Apex) in Höhe des ersten Drittels des Abstandes zwischen Boden und Spitze, also genau dorthin, wo die Königskammer in der großen Pyramide liegt. Die Katze wurde mumifiziert. Als Bovis seine Versuche mit organischem Material veröffentlichte, begann sich ein tschechischer Radio- und Fernsehingenieur, Karel Drbal, für die Sache zu interessieren. Drbal erzählte Ostrander und Schroeder, daß er nach einigen Versuche mit verschiedenen kleinen Modellen der Cheopspyramide festgestellt hatte, ›daß es eine Beziehung zwischen der Größe und den physikalischen, chemischen und biologischen Vorgängen im Innenraum der Pyramide gäbe. Wahrscheinlich lassen sich die Prozesse beschleunigen oder verzögern, je nachdem welche Formen und Abmessungen man verwendet.‹ Als er sich mit Metallen beschäftigte, stellte sich Drbal die Frage, ob die Schneide einer Rasierklinge – sie besitzt eine Kristallstruktur und wird durch den Gebrauch stumpf – wieder scharf werden würde, wenn man sie in das konzentrierte Energiefeld der Pyramide bringt. Es funktionierte, und das mit solchem Erfolg, daß er sich mit einer Klinge 50- bis 200mal rasieren konnte. Das war 1950; heute sind Karton- oder Styroporpyramiden als Rasierklingenschärfer gang und gäbe, sowohl in der Tschechoslowakei als auch in Teilen von Rußland, und jemanden in den USA kennenzulernen, der solch einen selbstgebauten Schärfer besitzt, ist heute gar nicht mehr so ungewöhnlich. Wir haben bis jetzt noch niemanden entdeckt, der behaupten konnte, daß die Pyramidenmodelle versagen – sie müssen nur die richtigen Abmessungen haben und genau nach der Nord-Süd-Linie ausgerichtet sein.

Unsere Experimente ergaben auch, daß es mit normalen Klingen* besser geht als mit legiertem Chromnickelstahl, wie auch Ostrander und Schroeder schon angeben. Wie auch wir, haben seit der Veröffentlichung von ›Physikalische Entdeckungen hinter dem Eisernen Vorhang‹ eine ganze Reihe anderer Amateure viele Versuche mit gut drei Dutzend Modellen durchgeführt, wobei Abmessungen, Baumaterialien und Testproben in einem weiten Bereich variierten. Von diesen Untersuchungen, Bauplänen für Pyramiden und eigenen Versuchsanleitungen wird zwar erst später die Rede sein, trotzdem ist es gut, hier schon einmal eine Übersicht über all die aufregenden Möglichkeiten zu geben:

– Verschmutzte Juwelen und Münzen werden offenbar durch die Energien im Inneren der Pyramide gereinigt.

– Laboruntersuchungen haben ergeben, daß verschmutztes

* geschmiedeter Stahl (blaue Klingen)

Wasser wieder sauber wurde, nachdem man es einige Tage in einer Pyramide aufbewahrt hatte – man überlegt sich unwillkürlich, ob Weihwasser nicht eine physikalische Realität ist.

– Milch bleibt tagelang frisch und wird manchmal zu Joghurt, während Milch im gleichen Gefäß, direkt außen, neben der Pyramide, sauer wird. Eine französische Firma hat sich einen pyramidenförmige Behälter zur Joghurtherstellung patentieren lassen, und eine italienische Molkerei verwendet für ihre Milch pyramidenförmige Kartons.

– Fleisch, Eier usw. werden getrocknet und mumifiziert.

– Blumen trocknen, behalten aber ihre Form und Farbe.

– Schnitte, Quetschungen, Verbrennungen usw. heilen im Inneren der Pyramide offensichtlich schneller. Nach vorliegenden Berichten verschwinden Zahnweh und Migräne, und einige Leute behaupten, sie hätten nach einer Sitzung in der Pyramide Linderung ihres Rheumatismus und ihrer Arthritis verspürt. Im gegenwärtigen Experimentierstadium ist es natürlich noch viel zu früh, irgendwelche Behauptungen aufzustellen. Darum sei noch einmal festgehalten, daß wir aufgrund von Berichten aus verschiedenen Quellen und unserer eigenen Versuche gerade erst anfangen, die Möglichkeiten zu erahnen.

– Pflanzen wachsen innerhalb der Pyramide schneller als außerhalb.

– Nachdem Frau Pettit fünf Wochen lang ›Pyramidenwasser‹ in Gebrauch hatte, fingen die Freunde an, sie nach dem Grund ihres jugendlichen Aussehens zu fragen.

– Die Garzeit für Fleisch vermindert sich drastisch, wenn man es in Alufolie wickelt, die vorher einige Zeit in einer Pyramide war. Formt man aus solch einer behandelten Folie einen Hut und trägt ihn auf dem Kopf, scheinen Kopfschmerzen zu verschwinden, und die Entspannung wird günstig beeinflußt.

– Behandeltes Wasser scheint eine Verdauungshilfe zu sein, und wenn man es auf Wunden gibt, scheinen diese schneller zu heilen.

– Nach Aussagen einiger Versuchspersonen schmecken Kaffee, Weine, Fruchtsäfte usw. besser, wenn man sie eine Zeitlang in eine Pyramide stellt.

– Nahrungsmittel trocknen aus, ohne Geruch anzunehmen, wenn man sie in einem Folienbeutel in einer Pyramide aufbewahrt.

– Personen, die einige Minuten oder Stunden in einer Pyramide saßen, fühlten sich danach entspannt und wie neugeboren. Viele behaupten, daß es in einer Pyramide viel leichter gelingt zu meditieren. Nachdem ein junges Mädchen damit begonnen hatte, in einer Pyramide zu schlafen, sei sie weniger nervös gewesen und hätte überflüssige Pfunde verloren, so berichtete ihre Mutter. Wie viele dieser Experimente durch neue Entdeckungen widerlegt werden und streng wissenschaftlichen Überprüfungen standhalten, das kann nur die Zeit entscheiden. Dennoch kann man mit ziemlicher Sicherheit sagen, daß sich im Inneren der Pyramide ungewöhnliche Dinge abspielen, denn es liegt genügend Beobachtungsmaterial darüber vor. Ebenso berechtigt erscheint die Feststellung, daß bekannte und unbekannte Energiefelder im Spiel sind und daß ein besseres Verständnis dieser Kräfte von ungeahnter Tragweite – nicht nur für den forschenden Wissenschaftler, sondern für jeden von uns – sein wird. Wie die moderne Physik zeigt, sind wir Energie und leben in einem Universum aus Energie in wechselseitiger Beziehung, und wir reden heutzutage auch mehr von Niveaus, Graden und Typen von Energiefeldern als von Sinn und Sachen. Daraus folgt, daß wir einen wichtigen Schlüssel in die Hand bekämen zum Verständnis unserer psychischen, verstandesmäßigen und geistigen Natur und der Welt, in der wir leben, sobald wir gelernt haben, das Wesen dieser Energie oder dieser Energien richtig zu begreifen. Erzeugt oder sammelt die Pyramide wirklich in irgendeiner Weise nutzbare Energie, so kann der Versuch, ihr Geheimnis zu entschleiern, zu einem aufregenden Abenteuer für uns alle werden.

Wie Schwerkraft und Magnetismus wirken, haben wir begriffen, was wir aber noch nicht verstehen, ist, was sie eigentlich sind und warum sie so wirken. Genauso werden wir begreifen, wie irgendwelche Energiefelder in der Pyramide wirken – was sie aber sind, werden wir auch erst viel später verstehen. Wir sind gerade erst dabei, einige Grundzüge solcher psychischen Erscheinungen zu verstehen, wie Telepathie, Parapsychologie, Wünschelruteneffekt und Psychokinese, d. h. die psychologische Beeinflussung der Körperwelt. Dank der sinnreichen Konstruktionen moderner Technologien stehen uns heute Instrumente zur Verfügung, mit denen wir die psychischen Fähigkeiten begabter Menschen ganz objektiv messen können.

Diese Art Fähigkeiten scheinen nach dem heutigen Stand der Forschung von Energieschwingungen abzuhängen, von denen einige so schwach sind, daß sie bisher nur von psychisch sehr empfindlichen Menschen bewußt wahrgenommen werden konnten. Seit neuestem gibt es aber, wie gesagt, Instrumente, die selbst noch auf diese schwachen Energien ansprechen. Hier sollten wir uns daran erinnern, daß ja auch die Pyramide nicht einfach isoliert dasteht, sondern von Energiefeldern umgeben ist und wir im Inneren der Pyramide die verschiedenartigen Wirkungen der von außen eindringenden Energiefelder prüfen wollen. Als Arbeitshypothese könnte die Tatsache dienen, daß alle hohlen Behälter große oder kleine Energiefelder irgendwie beeinflussen, sei es, sie wirken verstärkend, abwandelnd oder abschirmend.

In einem Buch ›Wellen von Formen‹, das vor einigen Jahren L. Turenne, ein französischer Ingenieur und Professor für Hochfrequenztechnik, geschrieben hat, findet sich der Hinweis, daß geometrische Körper, wie Kegel, Pyramiden, Kugeln und Würfel, für Energien aus dem Weltall auf verschiedene Weise wie Resonatoren wirken – für die kosmische Strahlung, für Sonnenstrahlungen usw. Die Frage, die sich sowohl Turenne als auch viele andere stellten, ist, welche Wirkung die verschieden geformten Körper auf den Menschen haben können. Schließlich verbringen wir ja lange Zeit unseres Lebens in verschieden geformten ›Behältern‹: Zimmer unterschiedlicher Form und Größe, Autos, Eisenbahnwaggons, Flugzeuge und Zuschauerräume. Ostrander und Schroeder zitieren Drbal, der gesagt hat, daß einige Behälterformen ausgesprochen gesund für Menschen seien, wie z. B. die Kugel oder die Pyramide. Er erklärte, daß Patienten in pyramidenförmigen Krankenhäusern, nach Meinung der Experten, schneller wieder gesund würden. Immerhin gibt es die merkwürdige Erscheinung, daß einige Leute in bestimmten engen Räumen unter Platzangst leiden, während andere nichts davon empfinden.

Buckminster Fuller fordert schon lange, daß wir den Formen unserer Gebäude mehr Beachtung schenken sollten. Seine ›geodätische Blase‹ sei ganz eindeutig eine gesundheitsfördernde Einrichtung. Architekten in Saskatchewan (W.-Kanada) haben in einer Nervenheilanstalt trapezförmige Zimmer und unregelmäßige Korridore gebaut und dabei entdeckt, daß diese neuartige Umgebung sich günstig auf die Patienten auswirkt.

Außergewöhnliche Energiefelder sind also nicht nur ausschließlich eine Eigenschaft von Pyramiden, aber Pyramiden bieten doch die erstaunlichsten Möglichkeiten. Von allen Erscheinungsformen im Weltall ist das menschliche Wesen der vielseitigste und umfassendste Verbraucher, Umwandler und Erzeuger von Energien. Er ist ein kleines Universum in sich selber; und da der Mensch an irgendwelchen Experimenten stets selber lebhaft beteiligt ist – sei es planend, entwerfend oder bauend, mit Werkstoff hantierend, prüfend und analysierend –, kann er von den Ergebnissen nicht einfach getrennt betrachtet werden. Stets bleibt die Frage offen, inwieweit der Experimentator selbst auf sein Experiment einwirkt. Heute ist klar, daß der Mensch auch ohne physische Kraft auf die Materie einwirken kann. Demonstrationen der Psychokinese (die Fähigkeit, körperliche Objekte durch psychische Beeinflussung bewegen oder verändern zu können) haben Leute wie Alla Vinogravada, H. H. Rama, Uri Geller und andere unter strengen Laborbedingungen erfolgreich durchgeführt.

Weitere Beispiele sind Ted Serios, der es fertigbringt, Filme durch geistige Konzentration zu belichten, oder die Heilkundige Dr. Olga Worral mit ihrer Fähigkeit, die elektrische Ausstrahlung von Pflanzen zu verändern, wie durch Hochfrequenzfotos nachgewiesen wurde. Andere Heilkundige können Fleisch mumifizieren oder die chemischen Eigenschaften des Wassers verändern, indem sie Gegenstände einfach in ihrer Hand halten.

Cleve Backster hat elektrische Muster in Pflanzen beobachtet, die durch gedachte Befehle ausgelöst wurden, und Marcel Vogel veränderte die Gestalt mikroskopischer Lebensformen mit Hilfe gedachter Bilder. Es gibt zahllose Fälle von Poltergeistern, die Gegenstände durch unbewußte seelische Ausstrahlungen bewegen können, ohne daß sich die Betreffenden oft ihrer Fähigkeiten bewußt sind. Die Abwesenheit eines Experimentators bei seinem Experiment allein genügt noch nicht, um seine eigene Einflußnahme auszuschalten. Backster konnte noch auf eine Entfernung von Hunderten von Kilometern Reaktionen bei seinen Pflanzen hervorrufen; bei einer Demonstration der Wirkung von Pflanzenanbetung stellte Dr. Robert Miller tiefgreifende Veränderungen an seinen Testpflanzen fest, obwohl die Beter fast an die tausend Kilometer entfernt waren. Mit einem Volumenpulsschreiber hat Douglas Dean gezeigt, daß sich die Blutmenge einer Testperson genau in dem Moment verändert, in dem sie eine telepathische Botschaft empfängt. Geller gelang es, Löffel und Gabeln über Fernsehwellen zu verbiegen. Die psychosomatische Heilkunde hat gezeigt, daß Gedanken, Geisteshaltungen und sogar unbewußte Meditation Auswirkungen auf unseren Körper haben. Jeder, der einmal Kopfschmerzen in einer Streßsituation bekommen hat oder dem vor Lampenfieber schlecht wurde, kann bestätigen, daß der Geist über den Körper herrscht. Daß Gedanken und Gefühle, auch wenn man sie nicht ausspricht, andere Menschen beeinflussen können, hat man durch Messungen des Energieniveaus von Versuchspersonen nachgewiesen. Dr. John Perrakos, ein Psychotherapeut, stellte fest, daß bei Anwesenheit depressiver Patienten die Pflanzen in seinem Sprechzimmer welkten.

Blindtests, bei denen die Versuchsperson erst nach der Aufzeichnung ihrer Reaktionen erfährt, was geprüft wurde, helfen den störenden Einfluß des Faktors ›Mensch‹ zu senken. Noch zuverlässiger sind Doppel-Blindtests, bei denen weder die Versuchsperson noch der Tester über das Testthema Bescheid wissen, bis sie die Aufzeichnungen sehen oder hören. Um z. B. die Schärfe von Rasierklingen zu testen, muß die Versuchsperson die behandelten und die unbehandelten ausprobieren, ohne zu wissen, welche welche ist. Für eine Doppel-Blindstudie kennzeichnet man die beiden Klingen so, daß weder die Versuchsperson noch der Versuchsleiter die Klingen auseinanderhalten können, solange die Aufzeichnungen noch nicht abgeschlossen sind. Dieses Verfahren würde sicherstellen, daß der Versuchsleiter keine bewußten oder unbewußten telepathischen Botschaften an die

Versuchsperson aussendet. Um das Wachstum der Pflanzen innerhalb und außerhalb von Pyramiden zu messen, haben wir Zeitrafferaufnahmen gefilmt. Wir waren zwar während der Aufnahmen nicht anwesend, aber das konnte die unbewußte Beeinflussung der Pflanzen aus der Entfernung auch nicht völlig ausschalten.

Die Tatsache, daß wir den Faktor Mensch bei unseren Experimenten herunterdrücken, aber nicht bis auf Null verkleinern können, sollte uns jedoch bei unseren Versuchen nicht entmutigen. Die Beeinflussung spielt bei allen Forschungsarbeiten eine Rolle und wird heute den Wissenschaftlern in zunehmendem Maße bewußt. Der ehemalige Astronaut Edgar Mitchell hat sich vom Weltraumprogramm völlig zurückgezogen, um seine ganze Kraft und Zeit nur noch parapsychologischen Studien zu widmen, weil sie seiner Meinung nach für das Wohl der Menschheit wichtiger sind. Als er im Jahre 1972 auf der Jahresversammlung des Vereins amerikanischer Psychiater in Dallas sprach, sagte Captain Mitchell, daß der heutige Stand der Wissenschaft einen Punkt erreicht hätte, an dem der Forscher sich nicht länger mehr als der an seinem Experiment selbst Beteiligte ausschließen könnte. In dieser persönlichen Mitbeteiligung sah er weniger einen direkten Schaden für die Forschung, es wäre vielmehr ein Beweis für das hohe Niveau wissenschaftlicher Arbeit, wenn man die Mitbeteiligung heute berücksichtigt und so neue Erkenntnisse über die enormen Möglichkeiten der Menschheit gewänne. Das größere Wissen über den Menschen wird neue Wege öffnen, auf denen man zu einem besseren Verständnis des Weltalls gelangen kann. Mitchell, der in Naturwissenschaften promoviert hat, gründete übrigens kürzlich das Institut für wissenschaftliche Wesenserforschung des intentionalen Bewußtseins (I. of Noëtic Science. – ›Noëtik‹ ist die Lehre vom intentionalen Bewußtsein).

Dieser Geist von Aufgeschlossenheit und persönlichem Engagement ist genau der, den auch wir bei unserer Arbeit mit den Pyramiden brauchen, denn je mehr wir den Sinn und Zweck der großen Pyramide begreifen lernen, um so mehr werden wir in der Vermutung bestärkt, daß sie einst als ein Mittel zur weiteren Menschwerdung gebaut wurde. Es wird immer klarer, daß wir die

Geheimnisse der großen Pyramide stets nur so weit enträtseln können, wie wir selber in unserer Entwicklung vorangekommen sind. Genau das scheint auch die Absicht ihrer großen Baumeister gewesen zu sein.

Das historische Rätsel

Da ist nun das älteste und größte noch stehende Bauwerk der Menschen, und beim Nachdenken darüber beginnt selbst ein sonst ziemlich gleichgültiger Mensch Antworten auf die vielen Wie-Was-und-Warums zu suchen. Die Geschichte der Pyramiden, besonders die der großen Pyramide, ist ein faszinierendes Studium; fast noch fesselnder sind die Legenden um sie. Im Rahmen eines dieser Kapitel können wir jedoch nur die wichtigsten Fakten und Begebenheiten erwähnen. Wir wollen hoffen, daß es uns in Form einer Übersicht gelingt, die Hauptsachen so herauszustellen, daß der richtige Hintergrund für unsere weiteren Ausführungen entsteht.

Auch wenn man schon lange mit ihr vertraut ist, verliert die große Pyramide nichts von ihrem Zauber. Im Gegenteil, je mehr man über ihre Geschichte, Entstehung und Zweckbestimmung erfährt, um so vielschichtiger wird dieser Zauber. In vielen Büchern hat man sich sehr darum bemüht, dem Thema gerecht zu werden.

Der eine oder andere wird sich fragen, warum hier nur die große Pyramide von Gizeh behandelt wird, obwohl es so viele andere gibt. Gewiß, Pyramiden hat man an vielen Orten auf der Erde gefunden, in Südamerika, China, im Himalaja, in Sibirien, Mexiko, Mittelamerika, Kambodscha, Frankreich, England, den USA und schließlich dreißig große und kleine Pyramiden in Ägypten. Warum dann das ganze Interesse nur an der großen, der ›Cheopspyramide‹? Hauptsächlich, weil sie die größte, die mathematisch und geometrisch perfekteste ist und bestimmte Merkmale besitzt, die den anderen Pyramiden fehlen.

Man ist allgemein der Ansicht, daß die große Pyramide so etwas wie die Verkörperung des Wissens der alten Ägypter darstellt und daß der Schlüssel zu ihren Geheimnissen vor oder hinter ihren Pforten liegt. Die klassische Schule der Ägyptologie datiert die große Pyramide in die 4. Dynastie, irgendwann in der frühen Periode der Pyramidenbauzeit. Nach dem Ägyptologen I. E. S. Edwards, Verfasser von ›Die Pyramiden Ägyptens‹, wurden angeblich 6 größere vor ihr erbaut, 23 weitere folgten ihr. Einige Forscher glauben, daß die Pyramiden, die vor der großen gebaut wurden, aus einer kulturell weniger entwickelten Epoche stammen, und die danach erbauten von Entartung oder Verfall des Wissens und der handwerklichen Fähigkeiten zeugen.

Die große Pyramide liegt etwa 8½ Kilometer westlich von Kairo auf dem 1,6 Quadratkilometer großen, künstlich eingeebneten Plateau von Gizeh, von dem aus man in 40 Metern Höhe über das Niltal mit seinen Palmenhainen blickt. Die Grundfläche der großen Pyramide bedeckt an die 53 000 m^2 und befindet sich bis auf Bruchteile von Zentimetern genau in der Waage.

Mehr als 2 600 000 Granit- und Kalksteinblöcke – jeder 2 bis 70 Tonnen schwer – erheben sich bis zu einer Höhe von gegenwärtig ca. 140 Metern. Die bis auf Zehntelmillimeter genau behauenen Blöcke sind so perfekt aneinandergefügt, daß die Fugen kaum ein Fünftelmillimeter breit sind.

Nach einigen Schätzungen soll die Pyramide mehr festes Mauerwerk enthalten als alle Kathedralen, Kirchen und Kapellen Englands seit Christi Geburt. Neben der großen Pyramide stehen zwei weitere, die eine etwas kleinere, wird Chephren, dem Nachfolger Cheops, zugeschrieben, die andere, nochmals etwas kleiner, bringt man mit Mykerinos, dem Nachfolger Chephrens, in Verbindung. Zusammen mit 6 kleinen Pyramiden, die angeblich für Cheops Frauen und Töchter gebaut wurden, bildet die ganze Anlage das, was man den ›Gizeh-Komplex‹ nennt.

Ursprünglich war die große Pyramide mit einem Mantel oder ›Deckblatt‹ aus poliertem Kalkstein umkleidet, so daß ihre Außenflächen nicht gestuft, sondern glatt waren. Kurz nach der ersten Hälfte des 13. Jahrhunderts n. Chr. wurden Teile Nordägyptens durch eine Serie von Erdbeben zerstört. Zum Wiederaufbau Kairos rissen dann mehrere Generationen die gesamten 81 000 m^2 der ca. 2½ m dicken Plattierung herunter. Jahrhundertelang blieb die Pyramide verschlossen und versiegelt. Das Wissen, wo der Eingang lag, ging leider schon im fernen Altertum verloren. Bis dann 820 n. Chr. Abdullah Al-Mamum, der junge Kalif und Sohn jenes Harun Al Raschid, dessen Heldentaten in ›Tausendundeiner Nacht‹ dann so gefeiert werden sollten, von großen Reichtümern und unschätzbaren Dokumenten hörte, die im Inneren der Pyramide zu finden seien. Zusammen mit einem Heer von Ingenieuren, Architekten, Bauleuten und Steinmetzen suchte Al-Mamum daraufhin tagelang an den glatten Steinblöcken nach einem Eingang. Als er keinen finden konnte, entschloß er sich, direkt in die Felsblöcke hineinzubohren, aber weder Hammer noch Meißel konnten dem Stein etwas anhaben.

Al-Mamum gab jedoch nicht auf und verfiel nun auf den Gedanken, die Steine bis zur Rotglut zu erhitzen, sie dann mit kaltem Weinessig zu begießen, um die Blöcke auf diese Weise zu sprengen. Danach nahm man Sturmböcke, um die Steine zur Seite zu schaffen. Als man nach dieser Methode mit einem schmalen Gang 30 m vorangekommen war, wollte Al-Mamum das ganze Unternehmen schon beinahe abbrechen, denn ein Arbeiter hatte vor Ort ein Geräusch gehört, als ob, nicht weit von der Arbeitsstelle, ein großer Steinblock heruntergerutscht wäre. Sie strengten sich daraufhin jedoch erst recht an und gruben weiter in Richtung des Geräusches, bis sie endlich den Durchbruch zu einem schmalen Stollen schafften, kaum 1 Meter hoch und 90 cm breit. Der Stollen stieg steil an, aber die Araber kämpften sich hinauf und entdeckten den ursprünglichen, geheimen Eingang, 15 Meter über der Grundfläche der Pyramide.

Al-Mamum und seine Leute verfolgten den engen, abwärtsführenden, tückischen Teil des Stollens und wühlten sich tief in den Fels des Plateaus hinein, aber auf dem Grund der ›Grube‹, wie man sie heute nennt, fanden sie nichts als Staub und Schutt. An der gegenüberliegenden Seite der Grube entdeckten sie einen waagerechten Gang, der sogar noch enger war und nach 15 Metern mit einer glatten Wand endete. Im Boden vor der Wand war so etwas wie ein Brunnenschacht; er war 9 Meter tief und endete blind. Als Al-Mamum und seine Leute wieder zu dem Stein zurückgekrochen waren, der in den steilen Stollen gerutscht war, erinnerten sie sich daran, daß dieser Stein einen großen Verschlußstein aus rotem Granit bedeckt hatte, und sie überlegten, ob er vielleicht einen Gang blockierte, der in das Innere der Pyramide führte. Der Verschlußstein erwies sich jedoch als unüberwindlich, und so gruben sie sich um ihn herum, durch den weicheren Kalkstein. Zwei weitere Verschlußsteine aus Granit blockierten dann den Gang, und darauf folgten viele Kalksteinblöcke. Die Arbeiter

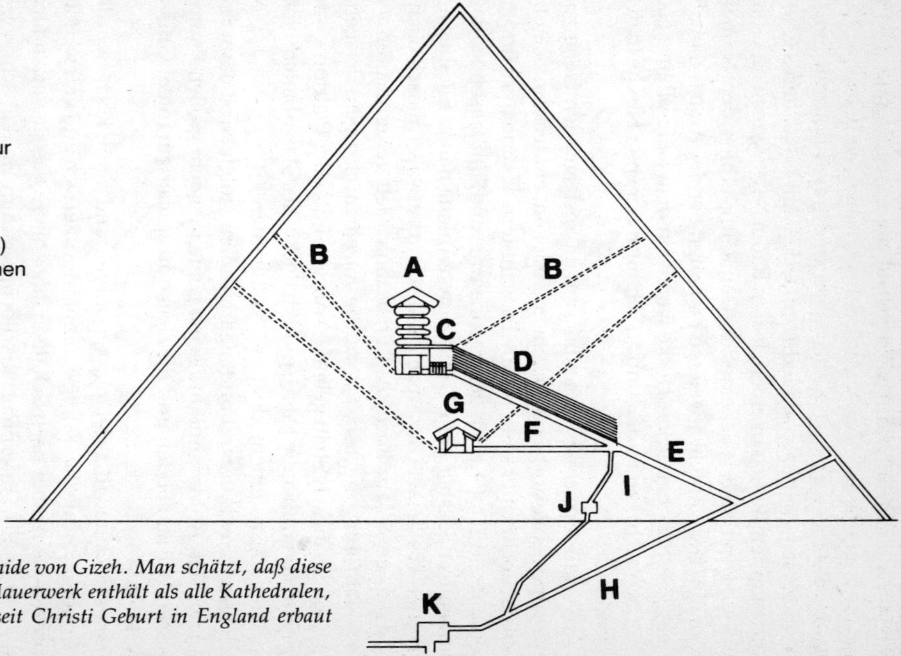

A. Königskammer
B. Luftschächte
C. Vorkammer
D. Große Galerie
E. Aufsteigender Gang
F. Waagerechter Gang zur Kammer der Königin
G. Kammer der Königin
H. Absteigender Gang
I. Senkschacht (Brunnen)
J. Kleiner Raum im Brunnen (Grotte)
K. Unterirdische Kammer

Querschnitt durch die Pyramide von Gizeh. Man schätzt, daß diese Pyramide mehr steinernes Mauerwerk enthält als alle Kathedralen, Kirchen und Kapellen, die seit Christi Geburt in England erbaut worden sind.

gaben aber nicht auf und erreichten bald einen ansteigenden Gang mit niedriger Decke. Auf ihren Knien krochen sie über spiegelglatte Felsblöcke 45 Meter nach oben und trafen dort auf einen zweiten Gang mit ebenso niedriger Decke. Am Ende dieses Ganges befanden sie sich in einem leeren Raum, etwa 5,40 m im Quadrat und mit einer Giebeldecke. Der Raum erhielt den Namen ›Kammer der Königin‹, weil die Frauengräber der Araber damals Kammern mit gegiebelter Decke waren. In dem leeren Raum gab es jedoch nichts zu finden und zu sehen, außer einer Nische in der Ostwand.

Die Araber krochen wieder bis zu dem ansteigenden Gang zurück, und als sie dort ihre Fackeln hochhielten, entdeckten sie über sich ein Loch. Einer kletterte auf die Schultern des anderen, und so konnten sie gerade hoch genug hinaufreichen, um zu sehen, daß dort eine enge, aber hohe Galerie ihren Anfang nahm. Sie stieg im gleichen Winkel wie der ansteigende Gang, etwa 47 m nach oben, und war ca. 8½ m hoch. Am Ende ihrer Kletterei erreichten sie eine Plattform von 1,80 × 2,40 m, die von einem einzigen, riesigen, etwa 90 cm dicken Stein gebildet wurde. Hinter der Plattform war der Flur eben, aber die Decke nur 1 m hoch. Das Ganze bildete eine Art Eingang zu einem kleineren Vorzimmer.

Ein weiterer, kürzerer und niedriger Gang folgte, und dann befanden sich Al-Mamum und seine Leute in einem großen Raum, dessen Wände, Boden und die Decke aus poliertem rotem Granit bestanden.

Dieser Raum, 10,2 m lang, 5,2 m breit und 5,7 m hoch, wurde dann bekannt als die ›Königskammer‹. Außer sich und verzweifelt suchten die Araber nach Schätzen, aber alles, was sie vorfanden, war ein leerer Sarkophag aus hochpoliertem dunkel-schokoladenbraunem Granit. Der Sage nach versteckte Al-Mamum Gold in einer der Kammern, um seine enttäuschten Männer zu belohnen – und möglicherweise seinen Kopf zu retten – und sorgte dafür, daß sie es auch fanden. Wie auch immer, so endete jedenfalls der erste Versuch, dem großartigen Bauwerk seine Geheimnisse zu entreißen.

Das nächste Ereignis war dann 450 Jahre später das Erdbeben und die Plünderung der Außenverkleidung, aber das Innere der

Pyramide wurde einige Jahrhunderte lang nicht mehr betreten. Statt dessen nahm der Aberglaube Besitz von der Pyramide. Sie war voller Ungeziefer und Schlangen, und man erzählte sich, daß sie von bösen Geistern bewohnt sei. Rabbi Benjamin ben Jonathan von Navarra, ein Abenteurer des 12. Jahrhunderts, behauptete, daß die Pyramide durch Hexerei entstanden wäre. Abd-el-Latif, ein Dozent für Medizin und Geschichte in Bagdad, raffte seinen ganzen Mut zusammen und drang, kurz nach Benjamins Besuch, in das Innere der Pyramide ein; aber er wurde vor Angst ohnmächtig und berichtete später, daß er mehr tot als lebendig wieder herausgekommen sei. Erst 1638 bekam die große Pyramide wieder einen Besucher. Ein englischer Mathematiklehrer und Astronom, John Greaves, betrat die Pyramide in der Hoffnung, Schätze zu finden, die allerdings etwas anders waren als die des Al-Mamum: Er suchte nach Angaben über die Abmessungen der Erde. Nach einigen Mühen erreichte er die Königskammer, wo er sich, nach dem Buch von Peter Tompkins ›Das Geheimnis der großen Pyramide‹ verwirrt fragte, wie man nur wegen einer einzigen Kammer mit einem leeren Sarg darin ein derart imponierendes Bauwerk wie die Pyramide hatte bauen können. Er fand keine vernünftige Erklärung für den Sperrgang vor der Eingangsöffnung, oder für das Vorzimmer, in dem die Wände aus unerfindlichen Gründen von Kalkstein in Granit übergingen. Als überzeugter Wissenschaftler fing er aber damit an, über das Bauwerk Daten zu sammeln und aufzuschreiben.

Greaves entdeckte noch etwas Rätselhaftes in der Pyramide, das offenbar keinem rechten Zweck zu dienen schien. Er entfernte einen Steinblock an der Rampe der großen Galerie und fand einen senkrecht in das Innere der Pyramide führenden Gang oder Schacht. Der Schacht war kaum 90 cm weit, da aber zu beiden Seiten Vertiefungen eingehauen waren, konnte Greaves 18 m hinabsteigen, wo sich der Schacht dann zu einer kleinen Kammer erweiterte, die man heute ›Grotte‹ nennt. Vom Boden der Grotte aus führte der Schacht noch ein Stück weiter und endete dann.

Den Rest seines Aufenthaltes nützte Greaves, indem er alles mögliche inner- und außerhalb der Pyramide vermaß.

Isaac Newton wurde auf Greaves Vermessungen aufmerksam

und verfaßte daraufhin eine Schrift unter dem Titel ›Eine Abhandlung über die heilige Elle der Juden und die Elle einiger anderer Völker: in der auf Grundlage der Abmessungen der großen Pyramide, wie sie von Herrn Greaves ermittelt wurden, die Länge der alten Elle von Memphis bestimmt wird‹.

›Newtons Interesse, die Länge der ägyptischen Elle zu bestimmen, war weder eitel Neugier‹, schreibt Tompkins, ›noch einfach der Wunsch, eine universelle Maßeinheit zu finden; seine allgemeine Gravitationstheorie, die er noch nicht veröffentlicht hatte, verlangte die genaue Kenntnis des Erdumfangs. Alles, worauf er sich stützen konnte, waren die alten Werte des Eratosthenes und dessen Nachfolger, aber diese Werte reichten nicht aus, um seine Theorie schlüssig zu beweisen.‹

Die von Greaves ermittelten Außenmaße der Pyramide waren wegen des Gerölls am Fuß des Bauwerks auch nicht genau genug ausgefallen, und Newtons Gravitationstheorie basierte schließlich auf den Ergebnissen des französischen Astronomen Jean Picard. Newton, seine Nachfolger und Kritiker wußten so gut wie nichts davon, daß man die Sphinx als geodätischen Vermessungspunkt zur Bestimmung der Tag- und Nachtgleiche (Äquinoktium) verwenden konnte und daß zwischen ihren Pranken einst ein Obelisk stand, nach dessen Schattenlänge man den genauen Erdumfang und die Abweichungen in Breitengraden berechnen konnte.

Nathaniel Davison, der spätere britische Generalkonsul in Algerien, ließ sich in den von Greaves entdeckten Schacht hinab bis unterhalb der Grotte, wo er nur Schutt fand. Dazu schreibt Tompkins: ›Davison kam es seltsam vor, daß jemand mit so viel Mühe einen Schacht von fast 60 Meter Tiefe in das Herz der Pyramide vorangetrieben haben sollte, nur um ihn dann blind enden zu lassen. Aber mehr konnte er auch nicht tun. Es war äußerst eng und stickig auf dem Grund des Schachtes, und seine Kerze hatte den wenigen Sauerstoff dort unten bald verbraucht. Hinzu kam, daß er sein Kerzenlicht kaum vor der Unzahl riesiger Fledermäuse schützen konnte, und so machte er sich unter großen Anstrengungen wieder zurück auf den Weg ins Freie.‹ Davison entdeckte jedoch noch andere Dinge in der Pyramide. Am oberen Ende der großen Galerie sah er ein kleines rechteckiges Loch, und unter einigen Schwierigkeiten gelang es ihm, sich durch den schmalen Einlaß hindurchzuzwängen. Er fand einen Zwischenraum, genau so groß wie die Königskammer, aber mit einer so tief liegenden Decke, daß er nicht aufrecht stehen konnte. Der Boden der Kammer bestand aus 9 monolithischen Platten, von denen jede schätzungsweise 70 Tonnen wog. Die Unterseite der Platten diente als Decke für die Königskammer, und aus ähnlichen Platten bestand auch die Decke des Zwischenraums. Wie all die anderen Räume enthielt auch dieser keine Schätze, Kunstwerke oder auch nur Inschriften. Man nannte ihn schließlich ›Davison-Kammer‹; etwas später sollte Captain G. B. Caviglia sein Quartier darin aufschlagen.

Napoleon kam und eroberte Ägypten, begleitet von Mathematikern und Gelehrten aus Frankreich, unter ihnen Edmé-François Jomard und Colonel Jean Marie Joseph Coutelle, die die Aufgabe hatten, die Pyramide genauer zu vermessen, als das bisher geschehen war. Sie räumten erst einmal den Schutt am Fuß der Pyramide zur Seite, um bessere Ergebnisse zu erhalten. Sie stießen dabei auf das künstlich eingeebnete Plateau, rund um die Grundfläche der Pyramide, und auf die Vertiefungen, die man wegen der Ecksteine in den gewachsenen Fels der Fundamente geschlagen hatte. Kurz nach dem Beginn des 19. Jahrhunderts säuberte Kapitän Caviglia, Meister des Malteserordens, den Senkschacht von allem Schutt und entdeckte, daß dieser Schacht zum absteigenden Gang führte. Wir werden uns noch an anderer Stelle in diesem Buch mit seiner Ruhmestat beschäftigen. 1836 stieß Colonel Howard-Vyse zu Caviglia und entdeckte drei weitere Kammern über der von Davison. Sie hatten die gleiche Größe, waren auch durch Granitplatten voneinander getrennt, und die oberste besaß eine gegiebelte Decke aus riesigen Kalksteinblöcken. Nach Howard-Vyses Meinung hatte man die fünf übereinanderliegenden Kammern gebaut, um die flache Decke der Königskammer vom Druck der 60 m hohen Gesteinsmassen über ihr zu entlasten. Howard-Vyse entdeckte auch zwei Lüftungsschächte, die auf einer Länge von 60 m quer durch das Mauerwerk zur Königskammer führten. Als man den Schutt aus ihnen entfernt hatte, kam eine Frischluftzirkulation in Gang, die den Raum das ganze Jahr über gleichmä-

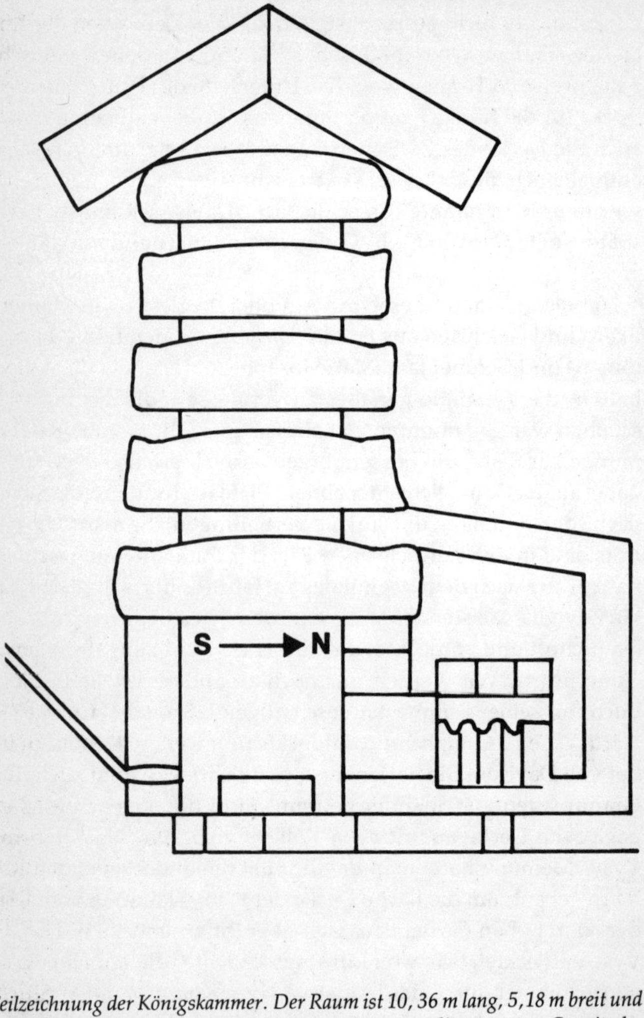

Teilzeichnung der Königskammer. Der Raum ist 10, 36 m lang, 5,18 m breit und 5,79 m hoch. Wände, Boden und Decke bestehen aus poliertem rotem Granit, der möglicherweise elektrische Energie erzeugt.

ßig auf 20° temperierte. Als immer klarer wurde, daß die Pyramide kein Hort für Gold, Schmucksachen oder Kunstgegenstände gewesen war und ihre Funktion als Grab auch immer unwahrscheinlicher wurde, fragte man sich nun nach ihrem eigentlichen Zweck und Ursprung, und die unterschiedlichsten Gelehrten begannen sich mit dieser Frage zu beschäftigen. Die Ägyptologen der alten Schule vertreten auch heute noch unerschütterlich die Meinung, daß sie als Grab für König Cheops erbaut worden ist. Dank der Forschungsarbeiten von Leuten wie John Tailor, Sir John Herschel, Piazzi Smith, William Petrie, David Davison, Robert T. Ballard, Moses B. Cotsworth, Joseph Norman Locker, Richard A. Proctor, Livio Stechini u.a. hat sie aber höchstwahrscheinlich viel wichtigeren Zwecken gedient, und nicht nur einem. Heute zeigt sich unter erdrückender Beweislast, daß die große Pyramide ein verlorengegangenes Wissen bewahrt. Ist das letzte der noch heute erhaltenen sieben Weltwunder ein Werk unbekannter Baumeister, die die Rätsel des Universums besser kannten als irgendeiner ihrer Nachfolger?

Um nur den richtigen Aufstellungsort für die Pyramide zu bestimmen, die Baulinie exakt nach den Himmelsrichtungen zu orientieren und überhaupt den gesamten Bau so auszuführen, wie er ist, waren schon sehr genaue astronomische und mathematische Berechnungen notwendig. Erst in jüngerer Zeit ist nachgewiesen worden, daß das die Ägypter bereits im Jahre 5000 v.Chr. konnten.

›Es wurde dem Zufall zugeschrieben, daß die Fundamente fast fehlerlos nach Norden ausgerichtet sind, daß in ihrer Architektur der Wert für Pi enthalten ist (der Wert, mit dem man den Durchmesser eines Kreises multiplizieren muß, um dessen Umfang zu erhalten), und zwar bis auf mehrere Dezimalstellen genau‹, schreibt Tompkins in seiner Einleitung. Weiter heißt es dort, daß die Maße der Hauptkammer den berühmten pythagoreischen Lehrsatz enthalten, den Plato in seinem ›Timaios‹ als den Baustein des Kosmos bezeichnete.

›Für reinen Zufall hielt man auch die Tatsache, daß die Winkel der Seitenflächen der Pyramide ein hochentwickeltes Verständnis für trigonometrische Werte bezeugen, und daß ihre Größenverhältnisse ganz genau dem ›Goldenen Schnitt‹ entsprechen‹, fährt Tompkins fort.

Heutige Gelehrte behaupten, daß der erste, noch unbeholfene Umgang der Ägypter mit dem Wert Pi frühestens in die Jahre um 1700 v. Chr. zu datieren sei, also fast 1000 Jahre nach dem Bau der großen Pyramide. Der Lehrsatz des Pythagoras wurde ihrer Meinung nach erst im 5. Jahrhundert v. Chr. gefunden, und die Entwicklung der Trigonometrie schreiben sie erst Hipparch zu, der im 2. Jahrhundert v. Chr. lebte. So jedenfalls steht es in unseren heutigen Lehrbüchern, aber die Frage, wer was wann tat, ist jetzt Gegenstand neuer Überlegungen.

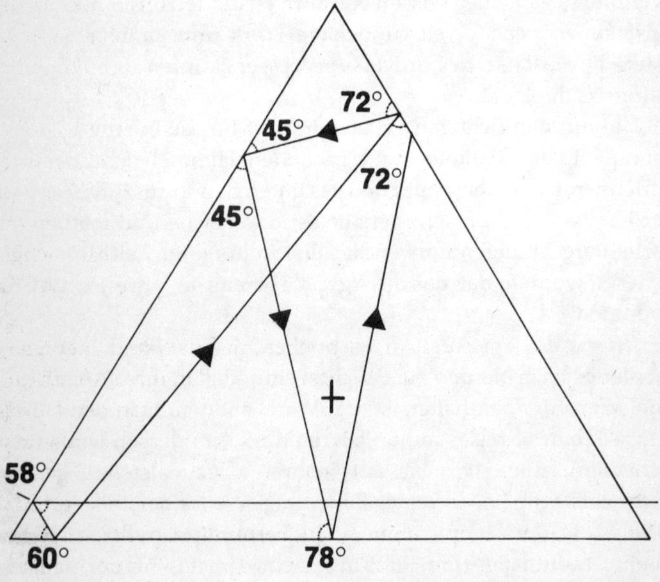

Die graphische Darstellung zeigt, wie ein Lichtstrahl, der z. B. von rechts oben in die Pyramide eindringt, kreuz und quer über den Bereich der Königskammer reflektiert wird.

Neuere Untersuchungen der altägyptischen Hieroglyphen und der uns in Keilschrift überlieferten mathematischen Tafeln der Babylonier und Sumerer haben bewiesen, daß im mittleren Osten schon um 3000 v. Chr. eine hochentwickelte Wissenschaft blühte, und daß Pythagoras, Eratosthenes, Hipparch und andere Griechen, die als Begründer der Mathematik auf unserem Planeten gelten, nur Bruchstücke einer uralten Wissenschaft weitergaben, die von unbekannten Vorgängern vor unvordenklichen Zeiten entwickelt worden war. Wie die meisten großen Tempel des Altertums wurde auch die große Pyramide auf der Grundlage einer magischen Geometrie entworfen, die nur ein kleiner Kreis von Eingeweihten kannte, und von der sich in der klassischen Antike und bei den alexandrinischen Griechen nur Spuren erhalten haben, erklärt Tompkins.

Diese und viele andere neue Erkenntnisse, deren Liste immer länger wird, zwingen uns zu einer neuen Einschätzung der Pyramide und zur eingehenden Beschäftigung mit der Geschichte; eine Umorientierung nach völlig neuen Gesichtspunkten erscheint unerläßlich. Wir müssen uns jetzt ernstlich überlegen, ob die Erbauer der großen Pyramide nicht viel mehr konnten und wußten, als wir ihnen zutrauen. Schon die Annahme, daß dieses Wissen überhaupt existiert hat, besitzt Brisanz und hat weitreichende Folgen. Auf jeden Fall ist die Ansicht unhaltbar geworden, daß die große Pyramide lediglich eine Art Mausoleumsberg für irgendeinen egozentrischen Pharao gewesen ist. Dazu sollte man sich daran erinnern, daß in der großen Pyramide niemals Mumien gefunden worden sind. Die Ansicht einiger Ägyptologen, daß die Sarkophage und Zugänge versiegelt wurden, um die Mumien der Pharaonen vor Dieben und Grabschändern zu schützen, scheint kaum noch vertretbar, denn als man die sogenannte Grabkammer zum ersten Mal nach der Versiegelung öffnete, war sie leer. Einige Gelehrte glauben, daß die große Pyramide als Ort der Einweihung gebaut wurde: nicht nur als Versammlungsort für die Zeremonien des Geheimordens, sondern auch als Instrument, das bei der Einweihung mitwirkt. Mit anderen Worten, daß die Pyramide durch Erzeugung oder Verstärkung von Energiefeldern bei der Bewußtseinserweiterung mithilft.

In seinem Buch ›Die Geheimlehre aller Zeiten‹ (The Secret Teaching of all Ages) betrachtet Manly Palmer Hall die große Pyramide als die sichtbar gewordene Übereinstimmung des ewigen Wissens mit der Welt. Die Winkel repräsentieren Stille, Stärke, Intelligenz und Wahrheit. Die dreieckigen Seiten symbolisieren die Dreieinigkeit der geistigen Kraft. Die Südseite der Pyramide hat die Bedeutung ›Kälte‹, die Nordseite die der ›Hitze‹, die Westseite die der ›Dunkelheit‹ und die Ostseite die des ›Lichts‹. Hall sieht in der Pyramide den ›ersten Tempel der Mysterien‹, einen Speicher geheimer Offenbarungen. Menschen betraten die große Pyramide und kamen heraus als ›Erleuchtete‹ im Sinne der Alten. Man nimmt an, daß sich das Drama des ›zweiten Todes‹ in der Königskammer abspielte, wo der Novize symbolisch ans Kreuz geschlagen und dann in einen Sarkophag gelegt wurde. Er erfuhr dann die Loslösung von der körperlichen Welt und ein Hinübergleiten in den übersinnlichen Bereich der Natur.

In einem bestimmten Moment während des Rituals hat man wahrscheinlich dann an den Sarkophag geschlagen und dadurch einen ungewöhnlichen Ton erzeugt. In dem Kapitel ›Die Stimme der Pyramide‹ berichten wir von Experimenten mit dem Schall und seiner Wirkung auf körperliche Objekte, Pflanzenwuchs, seine Verwendung bei Heilbehandlungen und als uraltes und neues Mittel zur Beeinflussung des Bewußtseins.

Nachdem die geheimen Riten vollzogen waren, wurde der Eingeweihte angeblich wiedergeboren, hatte also eine zweite Geburt erlebt und war jetzt in zwei Welten zu Hause. Er war nun aufgeklärt oder erleuchtet und besaß das Wissen des Kosmos.

Nach der Joga-Philosophie gibt es für den Menschen drei Erkenntnisebenen, die körperliche, die seelische und die geistige. Während seiner Entwicklung nimmt der Mensch sich selbst und die Welt nicht nur mit den körperlichen Sinnesorganen wahr, sondern auch mit seiner Psyche.

Das geschieht mit Hilfe von Energie, die die Energiezentren oder -wirbel innerhalb der ätherischen oder elektrischen Aura aktiviert, die den Körper umgibt. Die erhöhte Aktivität der ›Schakras‹ oder Zentren machen es dem Individuum möglich, nicht nur auf physische, sondern auch auf psychische Stimulierung zu reagieren. Ein sich weitendes Bewußtsein und erhöhte Funktionsbereitschaft führen dann gleichzeitig wieder zur Aktivierung aller Schakras oder Zentren. Energie durchströmt den Körper und steigert das Bewußtsein bis zu seiner höchsten Form oder geistigen Erweckung. Dieses Stadium bezeichnet man auch als Erleuchtung, und es wird hervorgerufen durch Anspannung der psycho-physiologischen Mechanismen des Menschen und größere Ausnutzung der Energiequellen. Hand in Hand mit der Aktivierung aller 7 Schakras geht eine gesteigerte Lichtabstrahlung (Halo) seitens des Individuums. Von ihrem Sitz am Ende der Wirbelsäule steigt die Energie durch die Zentren nach oben, und im Wechselspiel zwischen Hypophyse (Hirnanhangsdrüse) und Zirbeldrüse im Gehirn kommt es zur Bewußtseinskonzentration in den höheren Zentren. Der Strom der Prana-Energie durch die Zentren wird von der Jogalehre als Erwachen der Schlangenkraft, Aufsteigen des Kundalini oder die Taufe durch das Feuer bezeichnet. Geistige Erweckung kann nach dieser Lehre auf verschiedenen Wegen erreicht werden, obwohl keiner der Wege gänzlich isoliert von den anderen ist:

1. durch die natürliche Entfaltung der eigenen Fähigkeiten auf dem Wege eines Entwicklungsprozesses, der durch die Taten des Individuums gebremst oder beschleunigt werden kann.

2. durch die gezielte Hilfe eines Guru oder Lehrers, der die besagte Energie unter völliger Selbstkontrolle hat und sie dadurch so steuern kann, daß sie auf den Schüler einwirkt.

3. durch bestimmte Übungen, Vorschriften und Techniken, die die Schakras aktivieren und die Kundalini-Kraft stärken.

Wir bleiben bei der Vermutung, daß die große Pyramide geschaffen wurde, um höhere Energiestufen zu erzeugen und das Bewußtsein zu erweitern. Daß dies eines der Ziele der Erbauer der großen Pyramide gewesen ist, bestätigen unsere und die Erfahrung anderer Leute, daß durch längeren Aufenthalt in Pyramiden die psychischen Fähigkeiten deutlich gesteigert werden. Mit dieser Tatsache werden wir uns noch ausführlicher im Kapitel über Bewußtseinserweiterung befassen.

Obwohl die Araber schon lange behauptet hatten, daß die große

Pyramide als astronomisches Observatorium errichtet worden ist, gab es doch erst um die Jahrhundertmitte eine befriedigende Erklärung dafür, wie man die polierten Außenflächen und die Gänge im Inneren zu astronomischen Beobachtungen verwenden kann. In einem Dokument aus römischer Zeit fand der britische Astronom Richard Anthony Proctor einen Hinweis, der besagte, daß die große Pyramide ein ausgezeichnetes Observatorium gewesen sein könnte, als ihr Bau bis zur Höhe der großen Galerie gediehen war. In dieser Bauphase hätten die alten Astronomen die Bewegung der Gestirne von einer großen quadratischen Plattform aus gut beobachten können. Sie brauchten nur noch eine genau festgelegte Mittagslinie und deren Projektion an das Himmelsgewölbe, einen Meridian also. Sobald ein Gestirn, Sonne oder Mond, diesen Meridian passiert, kann man seine oder ihre Bewegung mit aller Genauigkeit beobachten und aufzeichnen. Nach Proctor gruben die Erbauer der Pyramide zuerst einen langen, schrägen Schacht mit schlitzartiger Öffnung in die Erde und richteten ihn dabei genau nach der Mittagslinie aus. Nun konnten sie die Bewegungen und Vorübergänge oder ›Transite‹ der Sterne von verschiedenen Positionen hinter dem Schlitz aus messen. In seinem Buch ›Die große Pyramide, Observatorium, Grab und Tempel‹ beschreibt Proctor, wie die Architekten in etwa vorgegangen sein mochten, um solch ein Observatorium zu errichten. Um die exakte Nord-Süd-Richtung für eine Mittagslinie zu erhalten, visierten sie über die Spitzen mehrerer Säulen oder Pfähle einen polnahen Stern an, bis sie den obersten und untersten Punkt seiner Kreisbahn um den Himmels-Nordpol festgestellt hatten. Mit der Senkrechten durch diese beiden Punkte (oberer und unterer Kulminationspunkt) – leicht mit einem Senkblei an einer Schnur zu bestimmen – erhielten sie dann die genaue Nordrichtung. Mit der Mittagslinie am Boden kannten sie auch deren Fortsetzung über das Himmelsgewölbe hinweg und konnten nun jedesmal, wenn ihr ›Circumpolarstern‹ den Meridian passierte, die Tunnelgrabung nach ihm ausrichten. Auf diese Weise, so meint Proctor, erhielten sie einen Gang, der unverrückbar auf die Leitlinie des Meridians zeigte, und je länger der Tunnel war, um so größer wurde die Meßgenauigkeit. Proctors Theorie wäre eine Erklärung für die perfekte Gradlinigkeit der Wände im absteigenden Gang.

Nach Ausmessen der Länge und des Neigungswinkels des absteigenden Ganges hätten die Baumeister nur noch eine einfache trigonometrische Aufgabe zu lösen gehabt, um den Mittelpunkt für die Pyramide direkt über dem Ende des absteigenden Gangs zu finden. An Hand von Mittelpunkt und Meridian konnten die Erbauer nun die Ecksteinlöcher festlegen und auf der eingeebneten Terrasse die Grundsteinschichten ausbreiten. Proctor nimmt an, daß die Baumeister Wassergräben und die reflektierten Lichtstrahlen der Gestirne dazu benutzten, um stets ein Maß für die genaue Waagerechte zu haben. Bis der absteigende Gang mit seinem Ende die Außenseite der Pyramide erreicht hatte, brauchte man ihn nur einfach durch die einzelnen Bauschichten immer weiter fortzuführen. Um dann die restlichen Bauschichten genau auszurichten, schufen die Baumeister, nach Proctors Meinung, einen aufsteigenden Gang mit dem gleichen Neigungswinkel (26° 17') wie der des absteigenden. Dazu füllten sie den absteigenden Gang mit Wasser, bis sich an dessen Oberfläche der polnahe Stern spiegeln konnte. Der Strahl des Sternenlichts gab die Richtung für den aufsteigenden Gang an und konnte auch zur Nivellierung der den Gang umgebenden Bauschichten herangezogen werden. Damit der absteigende Gang das Wasser halten konnte, mußte seine Auskleidung mit Steinplatten besonders fein gefugt sein, damit er dichthielt, schreibt Proctor. Interessanterweise waren nun auch die Steine an der Abzweigungsstelle viel härter und besser eingepaßt als im restlichen Teil des Ganges. Ganz unvermittelt geht der enge absteigende Gang in eine Galerie von 8,5 m Höhe über, und man fragt sich nach dem Grund. Einen solchen Grund müsse es gegeben haben, meint Proctor, dazu waren Planung und Bauausführung der ganzen Anlage viel zu außergewöhnlich. Proctors Überlegungen gingen dahin, daß sich ein Astronom in jener Zeit wohl einen besonders langen Mauerspalt hoch über dem Beobachter gewünscht hätte, dessen Mitte durch den Meridian geteilt ist, denn je länger der Spalt war, um so mehr Sterne konnte man beim Durchgang durch die Himmelslinie beobachten. Der Astronom hätte den Baumeister gebeten, den Mauerspalt mit möglichst hohen Seitenwänden einzufassen oder eben eine Galerie zu schaffen, die so gebaut ist, daß ihre Öffnung in der Decke durch die Meridianlinie zweigeteilt wird. Als Orientierungshilfe hatte dabei das reflektierte Licht des polnahen Sterns zu dienen. Wenn der Beobachter durch einen solchen Spalt schaute, konnte er ohne Schwierigkeiten den Durchgang aller Sternbilder des Tierkreises durch den Meridian, d.h. Beginn und Ende ihres Erscheinens exakt am Einzelstern vermessen. Genau das gleiche macht ein Astronom auch heute, wenn er sich hinter sein Transit-Fernrohr setzt, das genau auf den Meridian fixiert ist. Proctor vermutet, daß ein Helfer in der Kammer der Königin die Zeit mit einer Sand- oder Wasseruhr maß, während die anderen Beobachter in der großen Galerie Beginn und Ende eines Durchgangs meldeten. Mit einem Blick hinunter auf den reflektierenden Wasserspiegel am Ende des absteigenden Gangs sah der Astronom den Stern genau in dem Augenblick seines Meridiandurchganges, denn nur in diesem Moment wurde der Lichtstrahl in sein Auge reflektiert. In diesem Zusammenhang erinnert Tompkins daran, daß an der Sternwarte der US-Marine in Washington D.C. noch heute nach diesem Verfahren vorgegangen wird. Dort mißt man den Meridiandurchgang der Sterne auf Sekundenbruchteile genau im Augenblick ihrer Reflexion an der Oberfläche eines Quecksilberbands.

Tompkins zitiert George Sarton, Professor für Geschichte der Naturwissenschaften an der Harvard-Universität, der gesagt hat, daß der hohe Stand der Astronomie bei den alten Ägyptern ›nicht nur durch ihre Kalender, ihre Sternkulminations- und -aufgangstabellen, sondern auch durch einige ihrer Instrumente belegt ist, wie z.B. die geradezu genial entworfenen Sonnenuhren oder die Kombination eines Lot mit einem gegabelten Stab, um das Azimut eines Sterns zu bestimmen‹.

Kurz nach der Jahrhundertwende versuchten eine Reihe von Pyramiden-Spezialisten zu beweisen, daß in der großen Pyramide Prophezeiungen über das Schicksal der Welt auf 6000 Jahre hinaus zu finden wären, und zwar für den Zeitraum von 4000 v.Chr. bis 2045 n.Chr. In der Bibel sah man diese Prophezeiungen bestätigt. Vor ihren Augen entstand die Vision von einer Allegorie in Stein, wobei der absteigende Gang die Humanität auf ihrem Weg in Gleichgültigkeit und Zerfall verkörperte. Wo absteigender und aufsteigender Gang zusammentrafen, blieben die üblen Geister dann in der Grube, während die Reste der Humanität, gerettet durch die christliche Philosophie, sich entlang des aufsteigenden Gangs zum Licht der großen Galerie emporschwingen. Hat sie die große Stufe überwunden, muß die Humanität auf dem Weg durch das Vorzimmer noch das Chaos bestehen, bevor sie in die Königskammer gelangt, um dort die strahlende Rückkehr des Herrn zu erfahren.

Wie Tompkins schreibt, war die prophetische Chronologie an den Wänden der Gänge und Kammern aufgezeichnet, wobei ein Pyramidenzoll einem Jahr entsprach. Sie beginnt mit dem ersten Menschen und endet mit dem Jüngsten Gericht.

In seinem Buch ›Die Entstehung des Maßes‹ (›The Source of Measure‹) vertritt J. Ralston Skinner die Meinung, daß die große Pyramide ein Tempel der Einweihung war. Er verglich die große Pyramide mit der jüdischen Kabbala, einem System allegorischer Symbole, das angeblich die Geheimlehre der Bibel darstellt und die großen kosmischen Gesetze des menschlichen Ursprungs enthüllen soll. Wenn man bedenkt, wie viele Anhänger heute die Propheten des Mittelalters wie Nostradamus und moderne Seher wie Edgar Cayce und Jeane Dixon haben, dann fällt es auch nicht schwer, Leute zu finden, die daran glauben, daß die alten Propheten uns ihre Vorahnungen in Stein hinterließen. Neuere Untersuchungen über das Wesen der Wahrsagerei und die Stadien der Bewußtseinserweiterung haben jedoch wieder die Pyramide als Ganzes in den Vordergrund gerückt, wobei das besondere Interesse ihren verkleinerten Nachbauten gilt, die als Mittel zur Bewußtseinserweiterung auch die prophetische Schau erleichtern.

Man weiß weder wann die große Pyramide erbaut worden ist, noch wer sie gebaut hat, und ein Bericht über ihre Erbauung ist auch nie gefunden worden. Die Ägyptologen sind sich zwar nicht ganz einig, neigen aber im allgemeinen zu der Ansicht, daß sie um 2720 bis 2560 v. Chr. während der 4. Dynastie entstand. Als Bauzeit nimmt man gewöhnlich einen Zeitraum von 30 bis 56 Jahre an. Es gibt aber viele, die darüber anders denken. Was die Gelehrten so verwirrt, ist z. B., daß die Konstruktion der Pyramide, und besonders der von Gizeh, zwar einen hohen Stand der Mathematik, Ingenieurskunst, Architektur usw. bezeugt, andererseits aber durch keine Epoche geschichtlich belegt werden kann, in der all diese Wissenschaften erlernt wurden. Einige Forscher vertreten die Ansicht, daß die Erbauer der Hochzivilisation von Atlantis angehörten und mit der Pyramide gleichzeitig ihr Wissen verewigten. Ebenso wollten sie eine Stätte für Einweihungsriten und ein Instrument zur Erzeugung mächtiger Energiefelder schaffen. Visionen, die Edgar Cayce während seiner Sitzungen hatte, unterstützen diese Ansicht. Danach kamen um 12000 v. Chr. eine Gruppe von etwa 900 Leuten nach Ägypten, die einer Hochzivilisation angehörten. Unter ihnen war ein junger Priester namens Ra-Ta, der es verstand, alle kreativen Kräfte in sich zu vereinigen. Warum hatten sie sich ausgerechnet für Ägypten entschieden? In der Sitzung 281/42 beantwortete Cayce diese Frage: ›Das hatte der Führer oder Lehrer bestimmt (›Führer‹ hier nicht im physischen, sondern mehr im Sinne von geistigem Dolmetscher und Hirte), weil er Ägypten als Aktionszentrum der Naturkräfte betrachtete und dort das kleinste Risiko einging, von solchen Katastrophen heimgesucht zu werden, wie die Erdbeben, die Lemuria und Atlantis vernichteten, und – noch früher – die Sintflut.‹ Alle Bemühungen Ra-Tas gipfelten im Bau der großen Pyramide, die ein zeitloses Urbild und Zeugnis ist. Um sie dazu zu machen, mußten die Gänge und Kammern mathematisch und geometrisch so gestaltet werden, daß sie das gesamte Wissen seines Volkes verkörpern konnten und auch Voraussagen für kommende Jahrhunderte enthielten. Außerdem diente der monumentale Bau – so Cayce in seiner Sitzung 5748/5 – als Einweihungstempel für das, was man die ›Weiße Bruderschaft‹ nennt, und wurde nach einer Methode errichtet, die nichts mit körperlicher Arbeit zu tun hatte, denn die Atlantiden halfen bei der Bauausführung mit. Wie wurde dann die Pyramide erbaut? ›Indem man sich jener Naturkräfte bediente, die Eisen schwimmen und Steine in der Luft schweben lassen.‹ (5748/6). Einige Gelehrte wie Piazzi Smyth und Joseph A. Seiss glaubten, daß der Pyramidenbau nur durch göttliche Offenbarung möglich war. Erich v. Däniken und andere meinen, daß die Errichtung der Pyramide und weiterer alter Gebäude nur mit Hilfe außerirdischer Intelligenz möglich war, die die Erde vor Tausenden von Jahren besucht hat. Heutige russische Autoren sind der Ansicht, daß die Baumeister vor etwa zehn- bis zwölftausend Jahren aus Indonesien kamen, nachdem ihre Hochkultur dort bei irgendwelchen Naturkatastrophen untergegangen war. Die Russen behaupten, einige Dinge gefunden zu haben, die diese Theorie stützen, darunter Sternkarten und Quarzlinsen von einer Qualität, wie sie nur durch einen elektrischen Schleifprozeß erzielt werden kann.

In ›Begegnungen mit bemerkenswerten Menschen‹ schreibt George Ivanovich Gurdjieff, daß er einmal eine Karte aus der Urzeit des alten Ägypten erhalten hätte, auf der bereits die Pyramiden und die Sphinx eingezeichnet waren.

Das älteste Datum für die Pyramide hat ein arabischer Schriftsteller namens Abu Said el Baki angegeben. Er zitiert eine alte Inschrift, die besagt, daß die Pyramide zu einer Zeit gebaut wurde, als das Sternbild der Leier dort stand, wo heute das Sternbild des Krebs steht, was soviel bedeutet wie ›zweimal 36000 Hagre vor der Hedschra‹ oder vor ca. 73000 Jahren. Diese Datierung scheint gut mit Ergebnissen der C-14-Methode übereinzustimmen, die man bei Bauteilen der Pyramide angewandt hat. Dabei ergab sich ein Alter von rund 71000 Jahren v. Chr., aber die C-14-Methode gilt heute nicht mehr als ganz zuverlässig.

Woher das Baumaterial der Pyramide stammt, ist auch umstritten. Man glaubt, daß die meisten Kalksteinblöcke aus den Mohattam-Steinbrüchen, einige Kilometer nilaufwärts, kommen, während einige Blöcke so aussehen, als kämen sie von den Hügeln von Gizeh.

Der nächstgelegenste Fundort für die 70 Tonnen schweren Granitblöcke der Königskammer ist der Assuan-Steinbruch bei Syene, etwa 310 km nilaufwärts. Einige Gelehrte scheinen sich mit der Vorstellung zufriedenzugeben, daß 2,6 Millionen 2 bis 70 Tonnen schwere Steinblöcke herausgebrochen, auf das feinste mit kupfernen Werkzeugen bearbeitet und dann auf Schlitten oder über Walzen in bereitstehende Lastkähne geschleppt wurden. An ihrem Bestimmungsort wurden die Blöcke dann wieder ausgeladen, bis zur Baustelle geschleppt und mit Hilfe von Seilen, Flaschenzügen, Rampen und hölzernen Kränen an ihren Platz gehievt.

Andere Autoren halten es wiederum für unmöglich, daß diese gewaltige Aufgabe mit so primitiven Gerätschaften gelöst wurde, denn selbst mit allen ihren technischen Möglichkeiten wären unsere heutigen Baumeister nicht in der Lage, das Kunststück nachzumachen. In ihrem Buch ›Pyramiden-Kraft‹ schreiben Toth und Nielsen, ›beim Transportieren und Ausladen der riesigen Steinblöcke bewiesen die alten Ägypter eine Ingenieurskunst, die der heutigen unserer Fachleute, mit modernen Techniken und Maschinen ausgeführt, absolut ebenbürtig ist‹. Das zeigte sich sehr deutlich, als in den sechziger Jahren der Assuan-Staudamm seiner Vollendung entgegenging. Damals retteten eine Handvoll von Ingenieuren mit hochentwickelten Maschinen und Ausrüstungen aus aller Welt in gemeinsamer Anstrengung so viele Tempel, Paläste und Statuen wie nur möglich vor der endgültigen Überflutung durch die aufgestauten Wassermassen des Nils. Aber sie konnten nur wenige der Monolithe heben, trotz moderner Ausrüstung, reicher Erfahrung, hoher Geschicklichkeit und bester Ausbildung der Ingenieure. Um sie transportieren zu können, mußten die Steinblöcke regelrecht in kleinere Stücke zerlegt werden. Steinblöcke, die die alten Ägypter offenbar als ein Ganzes gehandhabt hatten, mußten unsere Experten erst einmal auseinanderschneiden, und das war auch der Grund, warum nur relativ wenige der in Aussicht genommenen Bauwerke vor der Überschwemmung hatten gerettet werden können. Unter welchem Gesichtspunkt und von welcher Seite her man die große Pyramide auch betrachtet, immer bleiben einige Fragen offen, auf die alle nur möglichen Antworten passen. Viele Neugierige haben sie mit Maßband, Rechenschieber, Chemikalien und Instrumenten aller Art von außen und innen untersucht – dennoch, die große Pyramide bleibt ein Rätsel.

Geheimnisvolle Energiefelder

Das Wort ›Pyramide‹ stammt vom griechischen ›Pyro‹, was Feuer heißt, und ›amid‹, was soviel wie ›sich im Zentrum befinden‹ bedeutet. Feuer war eines der vier Elemente des Universums in der antiken Kosmologie, die anderen Elemente waren die Erde, das Wasser und die Luft. Nach der antiken Lehre war Feuer die Universalenergie, die Kraft, die alles Leben durchdringt. In einer Abhandlung unter dem Titel ›Die Pyramide und ihre Beziehung zur biokosmischen Energie‹ stellt G. Patrick Flanagan, Doktor der Philosophie, fest, ›das große Geheimnis der Pyramide von Gizeh, dem 7. Weltwunder, ist so augenfällig, daß es schon in dem Wort ›Pyramide‹ steckt. Wir werden uns bemühen, den Beweis dafür zu erbringen, daß das Feuer in der Mitte biokosmische Energie ist, eine Tatsache, die den Wissenschaftlern seit Tausenden von Jahren nicht aufgefallen ist.‹

Die derzeit laufende Erforschung der ›neuen‹ Energieform könnte den langersehnten Schlüssel zu einer ganzen Reihe von Erscheinungen liefern, von der Telepathie über die außersinnliche Wahrnehmung bis hin zur spontanen Wunderheilung. Die Erforschung der geheimnisvollen Energie wird in vielen Laboratorien betrieben, und man hofft, daß die verschiedenen psychischen Phänomene, die bis heute von der Schulwissenschaft ignoriert werden, eine einfache Erklärung finden, sobald man die Gesetze jener Energie erkannt hat. Durch Newtons Gravitationsgesetz und Einsteins Relativitätstheorie hat man gelernt, die universelle Gültigkeit einiger physikalischer Kräfte zu verstehen. Genauso erwartet man durch die Aufdeckung der speziellen Kraft ›X‹ einen Generalnenner für solche Erscheinungen zu bekommen wie Psychokinese (PK) – die Einwirkung von Denkvorgängen auf körperliche Gegenstände – und das Senden von telepathischen Botschaften über weite Entfernungen, wie z. B. die Versuche der Astronauten Edgar Mitchell, Verbindung vom Mond aus herzustellen. ›Da wir im Begriff stehen, die Eigenschaften dieses Energiefeldes zu enträtseln, und allmählich in der Lage sind, seine Gesetze zu definieren, scheint die Annahme gerechtfertigt, daß verschiedene Arten der sogenannten psychischen Phänomene keine zufallsbedingte Einzelerscheinungen, sondern ein Ergebnis dieser Kraft sind‹, sagt Dr. Stanley Krippner, Direktor des Schlaflaboratoriums am Maimonides Center in Brooklyn, New York.

Die Erforschung des Energiefeldes war auch das Hauptanliegen des sowjetischen Wissenschaftlers Dr. Genady Sergejew bei seinen Versuchen mit Neila Michailowa, der Leningrader Hausfrau, die mit ihren Fähigkeiten, durch Gedankenkonzentration alles mögliche in Bewegung zu versetzen, von Teetassen bis zu Zigaretten, eine internationale Sensation auslöste. Während einer Sitzung in einem vollisolierten Labor für Gehirnstrommessungen (Elektroenzephalographie) stellte Dr. Sergejew mit Hilfe eines Feldstärkenmeßgerätes starke elektrostatische und elektromagnetische Strahlungen fest, die noch in fast vier Metern Entfernung von Neila Michailowa ausgingen. Ähnliche Instrumente wurden eingesetzt, um die große psychokinetische Kraft von Uri Geller zu messen und zu beweisen. Dr. Abraham Hoffer und Dr. Harold Kelm von der Universität in Saskatchewan in Kanada haben sich mit der Messung menschlicher Energiefelder beschäftigt. Sie benützten dabei eine Meßvorrichtung, die aus zwei Kondensatorplatten, einem Vorverstärker und einem Zeilenschreiber bestand, wie man ihn in ähnlicher Ausführung bei Herzstromaufzeichnungen verwendet (Elektrokardiogramm, EKG). Die Meßvorrichtung zeichnete aus einer bestimmten Entfernung die unsichtbare Energiestrahlung oder elektrische Aura des Körpers auf.

»Im Weltsystem der Physik des Übersinnlichen gibt es eine Energievorstellung (und entsprechende Feldtheorie), die der der modernen Physik erstaunlich ähnlich ist. Dort gibt es auch eine Grundform der Energie, aus der alles übrige geschaffen ist«, stellte Dr. Elmer Green, Direktor des psycho-physiologischen Labors an der Menninger-Stiftung in Topeka, Kansas, fest. Und er fügte hinzu: »In der Physik des Übersinnlichen wird jedoch darüber hinaus gefordert, daß die Gesamtstruktur der einen Grundenergie nicht nur materielle, sondern auch gefühlsmäßige, geistige und sonstige verfeinerte Stoffe umfaßt und daß alle diese Stoffe im menschlichen Lebewesen kombiniert sind.«

Manly Palmer Hall, Präsident der philosophischen Forschungsgemeinschaft, Los Angeles, Kalifornien, kommentierte das, indem er ausführte: »Die alten Griechen lehrten, daß diese Kombination der Stoffe – symbolisiert durch Erde, Wasser, Feuer und Luft – das war, was aus dem Menschen einen Mikrokosmos machte. Im Menschen, so sagten sie, findet man alle Stoffe, aus denen der Makrokosmos, das Universum, besteht.«

Sri Aurobindo, der indische Philosoph und Lehrmeister, schrieb: ›Man kann sich das Universum so vorstellen, als sei es nur Geist mit Materie als dessen am meisten verdichtete Form; oder man denkt sich ein Universum aus allen Formen der Materie, wobei der Geist deren am meisten verfeinerte Form darstellt.‹

Die Idee von der Bioenergie ist gar nicht so neu. Die alten Chinesen lehrten, daß der Mensch in Verbindung mit der Lebensenergie steht, die das ganze Universum anfüllt. In Indien nennt man diese Kraft ›Prana‹, die alles einschließt. Mesmer nannte sie ›animalischen Magnetismus‹. Reichenbach nannte sie ›Od-Kraft‹ und Blondot ›N-Strahlen‹. Sowjetische Wissenschaftler bezeichnen sie als ›bioplasmatische Energie‹ und tschechische als ›psychotronische Energie‹. Über die Charakteristik der Energie scheint man sich also einig zu sein, auch wenn man ihr verschiedene Namen gibt.

Die tschechischen Fachleute Zdenek Rejdak und Karel Drbal schreiben: ›Menschen und alle lebenden Dinge besitzen eine bestimmte Form von Energie, die im Westen bisher unbekannt war. Auf dieser Bioenergie oder psychotronischen Energie, wie wir sie nennen, scheint das Phänomen der Psychokinese zu beruhen; sie könnte auch die Ursache des Wünschelruteneffekts sein, und wahrscheinlich wird sich herausstellen, daß sie an allen psychisch bedingten Phänomenen beteiligt ist.‹

Fachleuten aus den USA haben die Tschechen einen psychotronischen Generator vorgeführt, den man nach seinem Erfinder, Robert Pavlita, auch ›Pavlita-Generator‹ nennt. Der Generator kann angeblich Gegenstände aus Metall und Nichtmetall in Bewegung versetzen, sobald er mit menschlicher Psychoenergie aufgeladen ist. Er besteht aus unterschiedlich geformten Stücken aus allem möglichen Material. Die tschechische Akademie der Wissenschaften unterstützt die Forschungsarbeiten in dieser Richtung.

Nach den sowjetischen Wissenschaftlern, die sich mit dieser

Energie beschäftigen und ihre ›Neuentdeckung‹ bioplasmatische Energie nennen, kann sie jedermann, dank Kirlian-Fotografie, auf Fotos und in Elektronenmikroskopen sehen. Semyon Kirlian entwickelte ein neuartiges Verfahren zur Herstellung von Fotografien, bei dem ein Hochfrequenzgenerator elektrische Felder von 72–200000 Hertz erzeugt. Für sein Verfahren erhielt der Erfinder bis heute ungefähr 14 Patente. Es ist jetzt in den Vereinigten Staaten von einer Reihe von Wissenschaftlern weiterentwickelt worden, unter ihnen sind Dr. Thelma Moss vom UCLA und Harry Monteith von der Universität von Neumexiko.

Nachdem die Teslaspulen, die man zur Erzeugung der elektrischen Aura braucht, relativ billig sind, haben viele Amateure – wir eingeschlossen – sich ihre Apparatur selber gebastelt und sind nun mit der Auswertung ihrer Versuchsergebnisse beschäftigt. Olfa Worral, international anerkannte Magnetiseurin, zeigte uns neulich einige Hochfrequenzfotos der Aura von Weißdornblättern vor und nach der Behandlung mit Heilenergie. Die Aufnahmen entstanden am UCLA und zeigen, nach Frau Worrals Energiebeeinflussung, eine beträchtlich vergrößerte und aktivierte Aura. Mit Hilfe der Kirlian-Fotografie wird angeblich das elektrische oder biosplasmatische Energiefeld abgebildet, das den menschlichen Körper und andere lebende Dinge umgibt und durchdringt. Heiligenfiguren pflegte man bereits in der altägyptischen, -griechischen und -indischen Kunst mit einer Aura abzubilden, lange bevor die Heiligen der christlichen Ära ihren Heiligenschein bekamen.

Das berühmte verstorbene Medium Eileen Garrett, ehemalige Präsidentin der parapsychologischen Stiftung, New York, schreibt in ihrem Buch ›Bewußtsein‹ (›Awareness‹): ›Ich habe um jede Pflanze, jedes Tier und jeden Menschen stets eine dunstartige Umrandung gesehen.‹ Sie berichtet auch vom spiralförmigen Aufsteigen der gleichen Energie aus den Körpern Verstorbener, bis zu drei Tage nach Todeseintritt. An anderer Stelle schreibt Frau Garrett: ›Mein ganzes Leben lang war mir klar, daß jedermann einen zweiten Körper besitzt, einen Doppelgänger sozusagen. Dieser Doppelgänger ist eine unumstößliche Tatsache in östlichen und theosophischen Lehren und wird dort als Energiekörper oder als magnetische Hülle beschrieben, die mit dem materiellen Körper in Verbindung steht. Über diese Hülle beeinflussen die immateriellen Kräfte des Kosmos, des Sonnensystems, der Planeten und der unmittelbaren Umwelt normalerweise das Leben und Denken des einzelnen Menschen.‹ Und etwas später fügt sie hinzu: ›Der Doppelgänger ist das Medium für Telepathie und Hellsehen.‹

Dr. Wilden Penfield von der McGill-Universität in Montreal, Kanada, hat viele Operationen durchgeführt, bei denen den Patienten große Teile des Gehirns entfernt wurden. Verstand und Gedächtnis funktionierten trotzdem weiter, wie Dr. Penfield feststellte. ›Vielleicht werden wir immer wieder gezwungen sein, ein Element reiner Geistigkeit anzuerkennen, eine geistige Wesenheit, die den gesamten Organismus zu steuern vermag.‹

Als H. H. Rama neulich die Menninger-Stiftung besuchte, sagte er: »Der Energiekörper, auch Astralleib genannt, kann von einem gut trainierten Jogi geradezu als Vehikel benützt werden, um sich mit dem Bewußtsein vom Körper zu entfernen. Nach dem Tode verläßt das Individuum seinen Leib und lebt im Energiekörper weiter.« In allen seinen Experimenten, mit denen er demonstrieren wollte, daß der Geist den Körper beherrscht, wies Swami Rama immer wieder darauf hin, daß er Körper und Geist völlig unter seinen Kontrolle habe und daß ihm Einblicke in das Seelenleben möglich seien, weil er sich in vollkommener Harmonie mit der pranischen Energie befände. Dr. Charles Tart von der Universität von Kalifornien in Davis und Harold Sherman, Direktor der Stiftung für ESP-Forschung (ESP = extrasensory perception = außersinnliche Wahrnehmung) in Arkansas, befassen sich seit einiger Zeit mit dem Wesen des Energiekörpers. Über das gleiche Thema ist bei Doubleday ein Buch von Robert A. Monroe, Geschäftsmann in Charlotteville, Virginia, erschienen: ›Reisen außerhalb des Körpers‹. Monroe berichtet darin von über 900 solcher Reisen, die er, getrennt von seinem Leib, erlebte. Als wir ihn auf der überfachlichen Konferenz über die willkürliche Beherrschung geistiger Bewußtseinszustände (Internal States) besuchten, die, gefördert von der Menninger-Stiftung, in Council Groove in Kansas stattfand, erklärte er uns, daß er zu einem Astralleib würde, sobald er seinen

Körper verläßt. Von der Wirkung dieser ›X-Energie‹ berichtet Dr. Bernard Grad von der McGill-Universität. Er gab einem Magnetiseur eine Flasche mit Wasser in die Hand und bat ihn, damit Saatgut zu begießen. Nach Dr. Bernard Grad wuchsen die Keime dieser Samen eindeutig schneller als die von herkömmlich behandelten, und er vertritt die Meinung, daß dieser bislang unbekannten Energie noch ein weites Feld für medizinische Anwendung offensteht, sei es bei Heilvorgängen oder Labortests. In ihrem Buch ›Psychische Entdeckungen hinter dem Eisernen Vorhang‹ berichten die Autoren Sheila Ostrander und Lynn Schroeder von Jaque Errera, einem Mitglied des Beratungsausschusses für nukleare Angelegenheiten der belgischen Regierung, der kürzlich mit einem Heilmagnetiseur zusammengearbeitet hat. Der Magnetiseur hielt seine ausgestreckte Hand über ein Stück frisch geschlachteten Fleischs, und diese ›Behandlung‹ hatte dann offenbar genügt, um das Fleisch zu konservieren; es blieb einen Monat lang frisch, als sei es tiefgefroren.

Einige Fachleute glauben, daß es einen Zusammenhang zwischen dem Energiekörper und der chinesischen Akupunktur gibt, einer medizinischen Behandlung, bei der Heileffekte mit Hilfe von Nadeln hervorgerufen werden. Die Lehre der Akupunktur besagt, daß die Lebensenergie auf bestimmten Bahnen durch den Körper zirkuliert. Sie kann an vielen hundert Stellen auf der Haut mit Nadeln gestochen werden, und die Chinesen führen solche Nadeln ein, um das Gleichgewicht des Energieflusses wiederherzustellen. John Hersey schreibt in seinem Buch ›Hiroshima‹, daß durch Akupunktur Strahlenschäden geheilt werden können. Viele amerikanische Ärzte, Knochenspezialisten und Chiropraktiker, wenden heute die Akupunktur an, und medizinische Gesellschaften, Vereine und Hochschulen befassen sich intensiv mit ihrer wissenschaftlichen Erforschung.

Die durch telepathische Botschaften übermittelte Energie wirkt, nach Untersuchungen unter der Leitung von Dr. Douglas, Dekan an dem Newark-College für Ingenieurwesen, auf die Blutmenge des Empfängers. Die Untersuchungen wurden mit einem Volumenpulsschreiber durchgeführt, der ganz exakt die Blutmenge im Daumen mißt, und Forschungsergebnisse, die Schwester Justa

Smith am Rosary Hill College in Buffalo erzielte, zeigen, daß Denkvorgänge auf die Enzyme wirken können.

Die Übermittlung einer Energie muß auch bei der außergewöhnlichen Fähigkeit von Ted Serios, Chicago, Illinois, im Spiel sein, der ein Abbild seiner Gedanken auf Polaroidfilm projizieren kann. In Experimenten, die sorgfältig von Dr. Jule Eisenbud, außerordentlicher klinischer Professor der Psychiatrie, am medizinischen Institut der Universität von Colorado kontrolliert wurden, hat Serios durch angestrengtes Konzentrieren seiner Gedanken Hunderte von Abbildungen auf einem Film hervorgerufen. Die Kraft, die er auf den Film richtet, scheint die gleiche gesteuerte Energie zu sein, mit der eine Frau Michailowa oder ein Uri Geller Gegenstände bewegt.

Die aufsehenerregenden Versuche von Cleve Backster, Gründer der Backster-Forschungsstiftung, haben eindeutig bewiesen, daß das Energiefeld universelle Natur besitzt, weil alle lebenden Dinge an ihm teilhaben. Backster, ein anerkannter Experte für Lügendetektoren, bewies mit einer Reihe gut geplanter Versuche, daß Pflanzen auf Gedanken, Gemütsbewegungen und Aktivitäten von Mensch und Tier in ihrer Nähe reagieren. Der Tod lebender Dinge, wie z. B. einer Krabbe oder eines Fischs, rief eine intensive Reaktion am Lügendetektor hervor, wenn sich das Sterben in Nähe der Pflanzen ereignete.

»In jeder lebenden Zelle scheint es eine Art von Urwahrnehmung oder Urbewußtsein zu geben«, so Backster. Seine Versuche sind jetzt von Dr. Marcel Vogel, Seniorchemiker der IBM in San José, Kalifornien, wiederholt und bestätigt worden, genauso wie von vielen Amateuren, uns eingeschlossen. Die Versuche mit Pflanzen werden in Kapitel ›Pyramiden und Pflanzenwuchs‹ ausführlicher beschrieben. Wenn man alle diese Berichte und Erfahrungen zusammenfaßt, dann zeigt sich, daß die ›neue‹ Energie sowohl optisch gebrochen und reflektiert wie auch polarisiert werden kann. Sie kann auch mit anderen Energien gekoppelt werden und ruft ähnliche Effekte hervor wie Elektrizität, Hitze und Lichtstrahlung, ist aber dennoch etwas völlig anderes als diese Energieformen.

Die Pyramidenforschung hat heute schon einige Beweise dafür

erbracht, daß der Innenraum der großen Pyramide und der von kleineren Nachbauten Energie des elektromagnetischen Spektrums sowie andere Formen und Arten der sogenannten Universalenergie steigern, verstärken und/oder erzeugen kann. Wie wir in den folgenden Kapiteln beschreiben werden, ähneln die Kraftwirkungen innerhalb pyramidenförmiger Bauten offenbar einem Großteil solcher übernatürlichen Phänomene wie der Behandlung von Wasser durch Magnetiseure oder den entsprechenden Effekten bei behandelten Pflanzen. Weitere Beispiele: Wasser, das in Brownschen Zellen behandelt wurde – in den Zellen sind lichtempfindliche Farbkörperchen, Teilchen, die sozusagen Licht in fester Form enthalten –, kann bedenkenlos Tieren und Pflanzen gegeben werden, weil es einen Reinigungsprozeß durchgemacht hat, wie Labortests beweisen; Heilungen und Erhöhung des körperlichen Energiepotentials, wie sie der Eeman-Schirm bewirken soll, Anwendung von Feucht- und Trockenzellen, des Vielwellenoszillators, der Organenergie-Akkumulatoren usw., psychische Heilung und Bewußtseinserweiterung, die laut metaphysischer Literatur eintritt, wenn ein Guru oder Lehrer die Körperenergie des Schülers auf ein höheres Niveau bringt.

Bei einer wissenschaftlichen Untersuchung der Energiefelder in der großen Pyramide durch Dr. Luis Alvarez, Nobelpreisträger von 1968, wurden nur wissenschaftlich gesicherte Methoden angewendet. Die Idee war, daß kosmische Strahlen, die die Pyramide durchdringen, bisher unentdeckte Kammern sichtbar machen würden. Beim Durchdringen eines verborgenen Hohlraums wäre der Strahlungsverlust geringer gewesen als bei festem Mauerwerk. Zur Abbildung verwendete man eine Art Röntgenschirm. An dem Forschungsprogramm beteiligten sich mehrere Institutionen, und zwischen den USA und Ägypten wurde eine Vereinbarung auf Regierungsebene getroffen. Die gewonnenen Daten speicherte man auf Magnetbänder und analysierte sie mit den modernsten Computern. Nach Aussage eines der Mitarbeiter von Dr. Alvarez ließen sich aus den Bändern keinerlei Gesetzmäßigkeiten herauslesen, die sich logisch auf ein und demselben Null-Punkt aufbauten, und jedesmal, wenn man die Bänder erneut durch den Computer schickte, ergaben die Daten wieder ein völlig anderes Bild. Nicht nur Teile waren unterschiedlich, sondern auch Daten verschwanden von den Bändern. Schließlich kam man zu der Einsicht, daß das Ganze theoretisch unmöglich war, und daß außerdem noch eine Energie am Werke sein mußte, die den Gesetzen der Naturwissenschaft widersprach. Nach George W. van Tassel, Direktor der Verwaltung der Universal-Nissen-Inc., braucht es 28 Tage oder einen magnetischen Monat, um ein Maximum an Energie zu erzeugen. Van Tassel meint, daß eine Spitze aus Quarzkristall am oberen Ende der Pyramide von Gizeh, dort wo der Schlußstein gewesen ist, verstärkte Effekte hervorrufen würde, und daß Dünnschicht-Quarzkondensor mit Germanium zwischen den Quarzblättern, an der Spitze der Pyramide, so viel Energie sammeln und konzentrieren würde, daß man sie mit Meßinstrumenten nach dem heutigen Stand der Technik ohne weiteres messen könnte.

Die Steinblöcke der großen Pyramide wiegen bis zu 70 Tonnen. Wahrscheinlich kleidete man das Innere der Königskammer nur deshalb mit Granitplatten aus, weil sie einen piezoelektrischen Effekt erzeugen können, denn sie bestehen hauptsächlich aus Quarzkristallen, Glimmer und Feldspat. Der größte Teil der Pyramide wurde dagegen aus Kalkstein erbaut, der keinerlei elektrische Eigenschaften besitzt. So glauben denn auch einige Fachleute, daß die Granitkammern oberhalb der Königskammer eine Art von Granit-Luft-Kondensator sind und als Energiesammler dienten. ›Orgonenergie‹ nannte Dr. Wilhelm Reich, was er als ursprüngliche, masselose kosmische Lebensenergie betrachtet, von der wir und alle Dinge auf unserem Planeten umgeben und durchflossen sind. Den ›Orakku‹ entwickelte Reich dann, um damit angeblich Lebensenergie aus der Atmosphäre zu sammeln und zu speichern, damit sie für wissenschaftliche und medizinische Zwecke nutzbar gemacht werden kann. Reich behauptet, daß die Orgonenergie alles durchdringen kann, aber mit unterschiedlicher Geschwindigkeit. Sie ist zwar überall gegenwärtig, ihre Konzentration und Qualität weist jedoch beträchtliche Unterschiede auf.

Reich entdeckte, daß organische Stoffe wie Holz, Baumwolle, Schafwolle usw., Orgonenergie bereitwillig absorbieren, metallische Stoffe absorbieren sie auch, stoßen sie dann aber schnell wieder ab. Auf dieser Erkenntnis basiert das Bauprinzip des Orakku-Gerätes. Der normale Orakku ist ein einfacher Kasten mit 6 völlig gleichartig konstruierten Seiten. Die äußere Schicht jeder Seite besteht aus organischem Material wie Holz oder Preßspanplatten, während das Innere aus Eisenplatten oder geflochtenem Eisendraht gemacht werden kann. Bei beiden Schichten, der absorbierenden (organischen) sowie der abstoßenden (metallischen), sollte man auf Art und Menge des Materials achten. Für medizinische und wissenschaftliche Zwecke empfiehlt Reich Eisen als bestes metallisches Material. Andere Metalle, wie z.B. Aluminium, hält er bei medizinischer Anwendung für schädlich. Was die organischen Stoffe betrifft, so haben sie unterschiedliche Eigenschaften beim Absorbieren von Energie und Feuchtigkeit.

Ein ›einschichtiger‹ Orakku besteht aus einer äußeren Seite mit organischem Material und einer inneren aus Metall.

Für Experimente mit Pflanzen haben einige Bastler Orakkus mit bis zu 10 Schichten gebaut. Reich warnt jedoch davor, einen Orakku mit mehr als 3 Schichten ohne ärztliche Überwachung für medizinische Zwecke einzusetzen.

Die übereinandergeschichteten Platten organischen und metallischen Materials sollen die Ströme der Orgonenergie von außen in das Innere des Orakkus lenken, wo sich die Orgonenergie dann über das normale Niveau seiner äußeren Umgebung hinaus konzentriert. Orgonenergie fließt stets vom schwächeren Kraftfeld zum stärkeren – genau umgekehrt wie beim elektrischen Strom. Auf diese Weise führt ein Mensch, der sich im Inneren eines Orakku aufhält, seinem eigenen orgonischen System Energie zu, weil das Kraftfeld eines Menschen stärker als das des Orakku ist. Die Naturwissenschaft lehrt, daß jeder Atomkern von negativ geladenen Teilchen umgeben ist, die man Elektronen nennt. Ihre Zahl kann dabei von 1 bis 92 schwanken. Mit einer Geschwindigkeit von 299813 km/sec wirbeln diese Elektronen ständig um den positiv geladenen Kern herum.

Ein mit nahezu Lichtgeschwindigkeit herumwirbelndes, geladenes Masseteilchen erzeugt elektromagnetische Strahlung*.

* Die volle Lichtgeschwindigkeit beträgt aber bereits 299792 km/sec. Anm. d. Übersetzers

Von jedem Atom geht eine elektromagnetische Strahlung von extrem kurzer Wellenlänge aus, und alle Atome haben, je nach Element, eine eigene Kombination von Frequenzen, die sie unablässig abstrahlen.

Eine ausgezeichnete Erklärung dieser Theorie findet sich in Sir William Ramseys ›Physikalische Chemie‹: ›Die Strahlung selbst wird auf folgende Weise erzeugt: Von einer schwingenden elektrisch polarisierten Einheit – Atom oder Molekül mit ungleicher Ladungsverteilung – geht eine elektromagnetische Welle oder Störung aus, deren periodische Bewegung eine Schwankung des elektrischen Moments bewirkt. Die Frequenz der ausgesandten Strahlung ist identisch mit der des Schwingungserzeugers; seiner Polarisation entsprechen Phase und Feldstärke. Bringt man dagegen eine elektrisch polarisierte Einheit in ein Strahlungsfeld von annähernd gleicher Frequenz, so wird die Einheit durch Induktion dazu angeregt, in gleichem Sinne mitzuschwingen, wodurch sie aber dem Feld ständig Energie entzieht.‹

Dr. Robert A. Millikan, früherer Präsident des California Institute of Technology und Nobelpreisträger für Physik wegen seiner Arbeiten über die Masse des Elektrons, machte folgende Feststellung, als er vor einem Kreis von Fachleuten sprach, die in Kansas City, Missouri, zusammengekommen waren: »Eines Tages werden wir erkennen, daß sich jedes Element der Materie in einem Schwingungszustand befindet, und zwar ein jedes mit einer unterschiedlichen Frequenz.«

Dr. J. J. Rabi von der Columbia-Universität erhielt den Preis der American Association for Advancement of Science (amerikanische Gesellschaft zur Förderung der Wissenschaft) für seine Arbeit über Kernresonanzen. In ›Wissenschaftliches Nachrichtenblatt‹ vom 6. Januar 1940 schreibt er: ›Atome können wie kleine Radiosender wirken, die auf ultrakurzen Wellenlängen senden.‹

In einem Interview mit der Associated Press am 30. Dezember 1939 sagte Dr. Rabi: »Der Mensch selber, wie auch alle Formen der scheinbar toten Materie, senden ständig Strahlung aus. Jedes Atom und jedes Molekül arbeitet pausenlos als Rundfunkstation. Alle, die an Telepathie, das zweite Gesicht und Hellsehen glauben, erhalten mit dieser Feststellung einen ersten wissenschaftlichen Beweis für die Existenz unsichtbarer Strahlen, die regelrecht von einer Person zur anderen reisen.«

In seiner bereits erwähnten Abhandlung stellte Dr. Flanagan fest: ›Nur aufgrund der einfachen Tatsache, daß sie 5 Ecken hat, erzeugt die Pyramide von Gizeh Strahlungen im Millimikro- und Nanowellenbereich. Wir haben die 4 Ecken der Grundfläche und den Apex, und diese 5 Ecken wirken wie ein Nanowellenstrahler. Durch die Winkel an den Ecken wird die Strahlung der Moleküle und Atome des Baumaterials der Pyramide zu einem Strahl gebündelt, der die Winkel halbiert und auf das Zentrum der Pyramide gerichtet ist.‹ Dr. Flanagan fährt fort: ›Die Energien sammeln sich im Mittelpunkt, bzw. im Königskammerbereich der Pyramide. Die Moleküle oder Atome in diesem Bereich absorbieren die Energien durch Resonanz, und mit zunehmender Energie gerät das Elektron auf höhere Umlaufbahnen. Je mehr Energie absorbiert wird, um so größer werden die Umlaufbahnen, und irgendwann wäre der Punkt erreicht, wo bei zuviel Energiezufuhr das Elektron sich trennen und davonfliegen würde, aber so viel Energie anzusammeln, dazu ist die Pyramide nicht in der Lage. So erhalten wir lediglich eine Erweiterung der Umlaufbahnen, in dem Maße wie die Energiezufuhr steigt, und ein hochaufgeladenes Energiefeld im Bereich von 10 Nanometern. Dieses Energiefeld strahlt auch nach außen über die Ecken der Pyramide ab.‹

Diese Energie, bekannt und unbekannt, scheint die Stammmutter aller lebenden Dinge zu sein, und sie verbindet Mensch mit Mensch und die Menschen mit dem Kosmos. Daß die alten Baumeister der Pyramide das Wesen dieser Energie kannten und damit umzugehen verstanden, bleibt vielleicht auch weiterhin noch zu beweisen. Daß die große Pyramide (und ihre verkleinerten Nachkommen in Heimen und Laboratorien), durch Absicht oder Zufall, unter anderem ein omnipotenter Feldgenerator ist, dafür jedoch wächst das Beweismaterial ständig an.

Pyramiden und Pflanzenwuchs

Er kniete am Rande einer alten Büffelsuhle, an der die kleinen Prärieblumen blühten, halb verborgen vom Bartgras der Flinthills in Kansas, und ließ seine Finger behutsam über die Blütenblätter streichen. »Diese kleinen Brüder können deine Seele widerspiegeln. Sie merken es, wenn du an ihnen vorbeigehst, und melden dem großen Geist, wie du dich hier aufführst.«

Schul fragte ihn: »Hast du von Cleve Backsters Pflanzenexperimenten gehört und den Messungen ihrer Gefühlsreaktionen?«

Er schüttelte den Kopf und antwortete nicht, während er nachdenklich eine Gruppe naher Bäume betrachtete. »Ja«, sagte er schließlich: »Der weiße Mann geht so seine Wege, und er hat lange gebraucht, um das zu entdecken, was der Indianer schon immer gewußt hat – das Leben ist eine Einheit, und man kann es nicht zerteilen. An dem Tag, an dem er gelernt hat, daß auch Pflanzen das All-Bewußtsein haben, beginnt der Mensch sich selber und andere besser zu verstehen.«

Es war 1971, anläßlich der überfachlichen Konferenz über willkürliche Beeinflussung geistiger Bewußtseinszustände, veranstaltet von der Menninger-Stiftung. Einige von uns erholten sich ein wenig von den Sitzungen und machten mit Rollendem Donner, Obermedizinmann der Schoschonen-Indianer, einen Spaziergang über die Wiesen der Umgebung. Man hatte ihn zu der Konferenz eingeladen, damit er mit Fachleuten aus verschiedenen Ländern etwas von der großen, uralten Tradition der indianischen Medizinmänner beitragen sollte. Wie oft habe ich an ihn denken müssen, seit wir mit Pflanzen experimentieren, oder wenn ich von neuen Erkenntnissen über die wiederentdeckte Beziehung zwischen Menschen und Pflanzen las. Dann stellte ich mir Rollenden Donner vor, wie er dieselbe Nachricht liest und ein stilles, geheimnisvolles, leicht belustigtes Lächeln über sein Gesicht huscht. Eigentlich entdecken wir ja gerade nur, was zumindest einer der alten Kulturen längst bekannt war, einer Kultur, deren Kenntnisse größer waren als die unsrigen; das kommt einem jedenfalls unwillkürlich in den Sinn, wenn man mit Rollendem Donner in Berührung gekommen ist, der Stimme aus der Vergangenheit und dem Bewahrer uralten Wissens. Wie weit muß man wohl die Zeitrechnung zurückverfolgen, um auf jene Lehrer zu stoßen, die ihr Wissen an ihn weitergaben – unser indianischer Medizinmann weiß es selbst nicht. All diese Gedanken tauchen auf, wenn man nach den Zusammenhängen allen Seins forscht, Zusammenhänge, die dem Menschen einst wohlvertraut waren. Und genau darum ging es uns, als wir die Pflanzen beobachteten, die sich unter Pyramidenbedingungen entwickelten. Wir suchten nach dem Urwissen um jene Energiefelder, und was mit den Pflanzen geschah, sollte uns einen Fingerzeig geben. Es gibt heute eine ansehnliche Menge von Beweisen, daß Pflanzen der Schlüssel zu diesem Urwissen sind. Bei aller Hochachtung vor den Errungenschaften der exakten Naturwissenschaft – nur wenige Entdeckungen haben in den letzten Jahren unseren Gesichtskreis so erweitert wie diese Pflanzenexperimente. Was sich da in den Pyramiden mit Pflanzen abspielte, waren mächtige Denkanstöße. Und begonnen hat das alles am 2. Februar 1966, morgens, ohne daß überhaupt jemand an ›Forschung‹ dachte. Plötzlich waren Pflanzen das Studienobjekt für die unbekannte Energie, und was wir bisher unter Leben verstanden hatten, mußte gründlich revidiert werden. An diesem Tag entdeckte Cleve Backster nämlich, daß Pflanzen ähnlich wie Menschen reagieren. Mit den Elektroden eines etwas abgewandelten Lügendetektors – Cleve Backster ist Experte für Lügendetektoren und CIA-Verhöre – maß er die Wassermenge, die in einer Drazäne (Topfpflanze) von der Wurzel bis in die Blätter steigt. Mit einem Polygraphen oder Lügendetektor kann man bei einem Menschen gefühlsbedingte Veränderungen der Atemfrequenz, des Blutdrucks, Pulses und der Schweißabsonderung feststellen. Veränderungen der Hautfeuchtigkeit nennt man auch galvanische Hautreaktion oder psychogalvanischer Reflex (PGR). Die Messungen werden also mit Elektrizität vorgenommen, und das Ergebnis wird mit einem Stift auf Papierbahnen aufgezeichnet, um so festzuhalten, wie die Prüfperson reagiert. Backster hatte eigentlich erwartet, daß in dem Moment, wenn das Wasser in die Blätter steigt, der elektrische Widerstand abnimmt und das Meßinstrument stärker ausschlägt – aber genau das Gegenteil trat ein. Die Registrierkurve zeigte typisch menschliche Emotionen.

Eine Pflanze reagierte auf Gefühle! Wie ist das möglich? Backster war von dieser Erkenntnis natürlich fasziniert und überlegte sich jetzt, wie die Pflanze wohl reagieren würde, wenn er unter eines ihrer Blätter ein brennendes Streichholz hielte. Schon der Gedanke alleine genügte – der Lügendetektor schlug bereits aus, und die PGR-Aufzeichnung veränderte sich geradezu dramatisch. Dabei stand Backster noch nicht einmal in unmittelbarer Nähe der Pflanze, hatte das Streichholz noch nicht angezündet, und trotzdem tanzte die Nadel des Instruments wie wild über die ganze Breite des Meßstreifens.

Um die Alarmreaktion noch einmal zu prüfen, warf er einen lebenden Krebs in kochendes Wasser. Auch auf dieses Ereignis reagierte die Pflanze wieder und zeigte deutliche Erregung. Als nächstes fragte er sich, ob Zellen anderen Zellen ihre Not und Bedrängnis zufunken können, doch um das nachzuweisen, brauchte man ein besonders sorgfältig geplantes wissenschaftliches Experiment. Backster überlegte sich, daß er die Möglichkeit menschlicher Fehler durch Automatisierung des Experiments ausschalten könnte, und konstruierte eine Maschine, die so programmiert war, daß sie einen Krebs völlig zufällig tötete, der Zeitpunkt des Todeseintritts aber genau aufgezeichnet werden konnte; kein Mensch sollte am Ort des Experiments anwesend sein. Alle Fachleute waren sich darüber einig, daß dieses Verfahren narrensicher war. Weit entfernt von dem Ort, an dem der Krebs automatisch im kochenden Wasser getötet werden sollte, wurden an verschiedenen Plätzen drei einzelne Pflanzen aufgestellt und mit Elektroden verbunden. Die Aufzeichnungen der Polygraphen zeigten, daß die emotionelle Antwort der Pflanzen in genau demselben Augenblick erfolgte, in dem der Krebs starb. Das Experiment ist seither von Backster und anderen mit noch raffinierterer Zufallsverteilung, Programmen und Mechanik oft wiederholt worden – immer mit dem gleichen Ergebnis. Gleiche Ergebnisse erhielt man auch, wenn man irgendwelche anderen Formen lebender Organismen beschädigte oder tötete – die getesteten Pflanzen reagierten immer wieder auf die gleiche Art und Weise. Wir bestätigten diese Alarm-Reaktions-Tests, wenn auch inoffiziell, bei Versuchen in der Menninger-Stiftung und später, mit etwas abgeänderten Erregungsschreibern, in unserem Garagenlaboratorium.

Backster fand heraus, daß ein Faradayscher Käfig (mit dem man elektrische Ströme abhalten kann) oder sogar Schutzschirme aus Bleiplatten die Empfindlichkeit und das Wahrnehmungsvermögen jenes unbekannten Mechanismus in lebenden Zellen nicht blockieren können. Die Signale durchdrangen die Schutzvorrichtungen, als hätte diese Form der Energie nichts mit dem uns bekannten elektromagnetischen Spektrum zu tun.

Als wir neulich mit Backster zusammen in der Gutachterkommission der Ernest-Holmes-Stiftung für die Forschung saßen, hatten wir auch Gelegenheit, uns mit ihm zu unterhalten. Die neue Kraft sei eine völlig unerwartete Form der Lebensäußerung, sagte er uns, die sehr wohl eine Verbindung zwischen allen lebendigen Dingen der Schöpfung darstellen könnte. Seine Arbeitshypothese ist, daß alle Lebensformen mit ihrem Wahrnehmungsvermögen auf Zellebene miteinander in Verbindung stehen, daß Pflanzen wie Menschen wie auch Tiere sich auf einer viel höheren Ebene mitteilen können, als das bis heute mit irgendeiner Art von Telepathie möglich ist.

Entfernungen scheinen überhaupt kein Hindernis zu sein. Die Zimmerpflanze eines Freundes war Backster zur Pflege anvertraut worden, und während ihr Eigentümer bei einer Flugzeuglandung in Cincinatti unter großem Streß stand, bemerkte Backster, daß sich die Pflanze in heller Aufregung befand. Seitdem führt Backster, jedesmal wenn er in seinem Labor in New York ist, ein genaues Tagebuch mit der Stoppuhr in der Hand, und jeder Moment der Aufregung, des Streß usw. stimmt zeitlich genau mit den Kurven des Polygraphen an seinen Pflanzen überein. Unabhängig davon, wie weit er auch fort ist, sobald er in seinem Büro auch nur an die Rückkehr denkt, reagieren die Pflanzen. Ebenso interessant ist, daß Pflanzen nicht nur Sympathie für diejenigen zeigen, von denen sie gepflegt werden, sie zeigen auch Abneigung gegenüber Fremden und solchen Personen, die sie einmal verletzt haben. Backster hat diesen Punkt immer wieder getestet, indem er die Rolle des ›guten Kerls‹ übernahm und sein Assistens die des Bösewichts. Jedesmal, wenn sich Backster in den Finger schnitt oder sonstwie bei der Laborarbeit verletzte, antworteten die Pflanzen mit Sympathie.

Kurz, Backsters Experimente haben bewiesen, daß Pflanzen – obwohl man glaubte, sie hätten keine Nerven – Furcht, Besorgnis, Erleichterung und Freude empfinden. Doch hat nicht schon vor fast einem Dreivierteljahrhundert Indiens berühmtester Physiker, Sir Jagadis Chandra Bose, die Feststellung gemacht, ›Liebe, Haß, Freude, Furcht, Sorgen, Schmerz, Erregbarkeit, Schreckstarre und zahllose andere entsprechende Antworten auf Reize sind ein Allgemeingut der Tiere und Pflanzen‹.

Dr. Boses Feststellung beruhte nicht auf müßiger Spekulation. Als erster Inder, der internationale Auszeichnungen in Physik, Psychologie und Physiologie erwarb, führte er mit seinem ›Crescograph‹, der die Nervenerregung von Tieren erfaßte und vergrößert wiedergab, den Nachweis, daß das Pflanzenreich echte Sensibilität besitzt. Er zeigte mit seinem Apparat, daß die Pflanze auf mechanische Reize mit einer eindeutigen Antwort reagiert und physiologische Veränderungen durchmacht, die mit denen in tierischen Geweben identisch sind. Mit Hilfe seines Resonanzmessers, der die Fortpflanzungsgeschwindigkeit einer Reaktion feststellen konnte, und seines Schwingungsmessers, der das Pulsieren des Fernmeldesystems registrierte, demonstrierte Bose die Ähnlichkeit zwischen Pflanzenimpulsen und dem Herzschlag bei Tieren. Bose wies nach, daß die Wachstumsrate von Pflanzen sofort auf ein Viertel absank und sie zwei Stunden Erholung brauchten, wenn man sie mit einer Nadel stach. Er zeigte, daß ein minimaler elektrischer Reiz im Blattkissen der Pflanze eine Ladungsänderung zum Positiven hervorrief (ähnlich reagiert die kontraktile Faser des quergestreiften Muskels bei Tieren), und daß ein starker Reiz solch eine Ladungsänderung zum Negativen bewirkte. Seiner Vermutung nach wäre dann die positive Tonisierung der Pflanze sympathisch, die negative dagegen unsympathisch und schmerzhaft.

In seiner ›Autobiographie eines Jogi‹ berichtet Paramahansa Jogananda, wie Bose den unteren Teil eines Farnkrautes mit einem scharfen Messer durchschnitt. Auf dem Crescographenschirm, der jede kleinste Bewegung zehnmillionenmal vergrößert wiedergab, sah er, wie das Abbild des Farnkrautes krampfartig zitterte, als die Verletzung begann, und wie wild zitterte, als Bose den Stengel durchschnitt. Nach Jogananda glich der Todeskampf der Pflanze in jeder Beziehung dem eines Tieres. Mit Boses Schwingungsmeßgerät konnten so winzige Meßgrößen wie Impulse von 1/100 Sekunden bei Pflanzen, Tieren und Menschen erfaßt werden.

Nach Patrick Geddes, Professor der Botanik, der ›Das Leben und Werk von Sir Jagadis C. Bose‹ schrieb, hatte Dr. Bose den Schwingungsmesser in der Hoffnung entwickelt, daß Vivisektionen in Zukunft nur noch an Pflanzen statt an Tieren vorgenommen werden. Die Wirkung des Bebetens von Pflanzen ist oft demonstriert worden. Wohl die umfassendste Untersuchung auf diesem Gebiet hat Reverend Franklin Loehr durchgeführt, der zu diesem Zweck die ›Religious Research Foundation of America‹ gründete (Amerikanische Stiftung für religiöse Forschung). Seine drei Jahre dauernde Untersuchung, bei der 150 Personen über 700 Einzelexperimente machten und mehr als 100 000 Messungen vornahmen, zeigte, daß das Gebet die Gesundheit und das Wachstum der Pflanzen beeinflußt. Die Ergebnisse seiner Untersuchung wurden in dem Bestseller ›Die Kraft des Bebetens von Pflanzen‹ veröffentlicht. Dr. Robert Miller, ein Chemieingenieur aus Atlanta und emeritierter Professor am Institut für Technologie in Georgia, untersuchte die Wirkung einer Pflanzenbebetung aus großer Entfernung, nachdem er von den Loehrschen Experimenten gehört hatte. Er benutzte einen drehbaren elektromechanischen Energieumsetzer und ein Streifenregistriergerät, um die Wachstumsrate der Pflanzen zu kontrollieren. Die bekannten Heilmagnetiseure Dr. Ambrose und Dr. Olga Worral wurden aufgefordert, die Pflanzen von ihrem etwa 965 km entfernten Heimatort Baltimore aus zu bebeten. Während 11 Stunden wuchsen daraufhin die Pflanzen um 52,5 Tausendstel pro Stunde, und das sind mehr als 800 % der normalen Wachstumsrate. Dr. Bernard Grad, Biochemiker und Professor der Psychiatrie an der McGill-Universität in Montreal, wurde mit seinen Experimenten über das ›Liegen auf den Händen‹, besonders aber über die Wirkung der Psychokinese auf den Pflanzenwuchs international bekannt. Nachdem er in Oskar Estebany, einem ehemaligen Obersten der ungarischen Armee, einen hochbegabten Heilmagnetiseur gefunden hatte, testete Grad die Heilkraft dieses Mannes über eine Zeitdauer von sieben Jahren. Er ließ ihn, unter anderem, Samen vor dem Einpflanzen einige Minuten in der Hand halten, und auch mit dem Gießwasser wurde so verfahren.

Die behandelten Samen wurden dann nur mit diesem Gießwasser gegossen, und es stellte sich jedesmal heraus, daß sie schneller keimten und zu Pflanzen heranwuchsen als eine unbehandelte Kontrollkultur.

Alle diese Versuche scheinen das geflügelte Wort vom ›grünen Daumen‹ zu bestätigen, von dem man immer spricht, wenn Leute eine gute Hand für Pflanzen haben. Vor einem halben Jahrhundert schrieb Luther Burbank: ›. . . da pflanzt einer Blumen, und sie verdorren, trotz sorgfältigster Pflege. Ein anderer tut das gleiche, unter den gleichen Bedingungen, und erzielt eine gesunde üppige Pracht. Das Geheimnis ist ganz einfach: Liebe.‹ Man fragt sich natürlich sofort, kann eine Pflanze Liebe erwidern, ohne Gefühle zu haben? Lassen Liebe und Zuneigung Kräfte einer noch unbekannten Energie in uns entstehen, auf die die Pflanzen ansprechen? Die erwähnten Experimente scheinen offenbar zu beweisen, daß irgendeine unbekannte und unsichtbare Kraft das Verhalten der Pflanzen verändern kann, und das oft geradezu drastisch.

Das Wichtigste an diesen Experimenten sind jedoch die Parallelen zu den Ergebnissen der Pyramidenforschung, wie wir später noch sehen werden. Samen und Pflanzen verhalten sich innerhalb einer Pyramide anders als außerhalb. Bei unseren ersten Experimenten mit Pflanzen in Pyramiden unterschied sich die Wachstumsrate der Testpflanzen im Inneren der Pyramidenmodelle deutlich von der, die wir zur Kontrolle außen, neben die Pyramide gestellt hatten. Diese Beobachtungen brachten uns auf den Gedanken, daß die Pyramide eine Energie einfängt oder erzeugt, die auf Pflanzen wirkt. Als nächstes überlegten wir uns, ob man diesen Effekt wohl mit Zeitrafferfilmaufnahmen besser sichtbar machen konnte. Was wir sahen – und natürlich einer ganzen Anzahl von Wissenschaftlern und Amateuren vorführten –, waren Pflanzen, die im gleichen Takt kreisförmig hin und her schwankten, wie ein Tanz von Marionetten an unsichtbaren Fäden. Unser erster Film zeigte eine Sonnenblume, etwa 15 cm hoch, mit zwei gut ausgebildeten Blättern, die wir in der Mitte einer Pyramide, genau in Höhe der Königskammer, aufgestellt hatten, also auf das erste Drittel der Strecke von der Grundfläche zur Spitze. Die Pflanze vollführte eine regelmäßig wiederkehrende Ost-West-Bewegung. Sie neigte sich zuerst nach Osten, wobei sie fast den Boden berührte, beschrieb dann einen Halbkreis nach Süden, schwenkte von dort nach Westen zurück und richtete sich wieder auf, bis der Tanz von neuem begann. An einem Stativ neben der Pflanze war abzulesen, daß sich dieser Bewegungsablauf alle zwei Stunden wiederholte. Seither haben wir zwei Jahre lang diese Zeitrafferaufnahmen immer wieder gemacht, und nichts hatte sich an der Ost-West-Bewegung geändert, der Ablauf blieb immer der gleiche. Dann, plötzlich, im Juli 1974 hörte die Ost-West-Bewegung auf, und die Pflanzen begannen in nord-südlicher Richtung zu schwingen. Wir nehmen an, daß dieser Wechsel vielleicht durch Sonnenflecken oder -eruptionen hervorgerufen worden war, aber eine Nachforschung bei Meteorologen und Beobachtungsstellen, die solche Phänomene überwachen, verlief negativ. Zur Zeit dieser Niederschrift, November 1974, hält der nord-südlich gerichtete Bewegungsablauf noch immer an. Wir sind sicher, daß dieser radikale Wechsel irgendeine Bedeutung hat, und haben auch schon daran gedacht, ob die Pflanzen vielleicht auf irgendeine Veränderung in unserer Umwelt reagieren. Aber einstweilen bleibt uns nichts anderes übrig, als unsere Versuche weiter fortzusetzen.

Außerhalb von Pyramiden zeigen die Pflanzen keinerlei Kreisbewegungen. Auf Zeitrafferaufnahmen wirkten sie wie regelrechte Mauerblümchen, die es vorzogen, sich an dem Tanz ihrer sichtlich energiegeladenen Schwestern in der Pyramide nicht zu beteiligen.

Unsere Experimente scheinen auf eine Art kosmischen Wind hinzudeuten, der von Westen kommt. Wenn man nämlich an der Seite, die sich westlich der Pflanzen, in der Pyramide, befindet, eine Aluminiumplatte anbringt, läßt die Kreisbewegung der Pflanzen allmählich nach und hört völlig auf, bis die Platte wieder weggenommen wird oder die Pflanzen über deren Oberkante hinausgewachsen sind. Nur der Teil über der Plattenoberkante bewegt sich dann, während der untere Teil fast still steht. Solange die Platte westlich von der Pflanze bleibt, nimmt die Pflanze eine ganz merkwürdige Haltung ein, so als befände sie sich in Gefangenschaft. Dabei bleibt sie aber gesund und welkt nicht.

Das Energiefeld, das von der Pyramide aufgefangen, verstärkt oder erzeugt wird, umfaßt offenbar einige Teile des elektromagnetischen Spektrums, sonst könnten die Pflanzen nicht durch Aluminium vor dem Kraftfeld abgeschirmt und zur Ruhe gebracht werden. Nach unseren Untersuchungen ist Aluminium das einzige Metall mit dieser abschirmenden Wirkung.

Man gewinnt Aluminium mit Hilfe eines elektrischen Verfahrens, und es wäre denkbar, daß es daher eine elektrische Substanz enthält. Vielleicht erzeugt Aluminium ein negatives Feld oder blockiert auf irgendeine andere Weise das positive. Samen, die man in Untertassen auf Alufolie gestellt hatte, keimten vier Tage lang nicht, während Samen in den gleichen Untertassen ohne Alufolie schon nach zwei Tagen keimten. Läßt man Folie oder Platte für etwa zwei Wochen in der Pyramide liegen, so sättigt sich das Aluminium offenbar mit Pyramidenenergie und verliert dadurch seine abschirmende Wirkung. Bleibt es dann kurze Zeit außerhalb der Pyramide liegen, so verliert es seine Ladung wieder und läßt sich erneut als Abschirmung verwenden.

Bringt man einen Magneten in das Innere der Pyramide, hören kleinere Pflanzen sofort mit ihrer Bewegung auf. Stellt man einen Magneten neben eine etwa 15 cm hohe Sonnenblume, so hören deren Kreisbewegungen in Bodennähe auf, aber der obere Teil der Pflanze bewegt sich weiter. Sobald der Magnet entfernt wurde, begann sich die ganze Pflanze vom unteren Stengel an aufwärts wieder zu bewegen. Wenn man eine Plastikglocke über die Pflanzen stülpte, konnten zu unserem Erstaunen permanente Magnete von jedem Platz innerhalb der Pyramide aus die Pflanzenbewegung verhindern, nur nicht vom Apex, der Pyramidenspitze her. Es hat, mit anderen Worten, den Anschein, als ob unter der Spitze die Energie stark genug ist, um Gegenkräfte auszuschalten.

Denkt man an die Erfahrungen von Dr. Bose, daß Pflanzen, die man mit schwachen elektrischen Impulsen behandelt hatte, gesund und glücklich waren, während stärkere elektrische Impulse sie zum Verwelken brachten, so könnte man folgern, daß Aluminiumplatten und Magnete eine Überdosis an elektrischer Ladung verursachen, weil im Inneren der Pyramide ja bereits ein eigenes elektrisches Feld vorhanden ist. Die ganze Sache kommt einem wie Übertreibung oder Mißbrauch vor, denn bei Pflanzenexperimenten unter freiem Himmel genügte schon ein Magnet ganz alleine, um das Wachstum zu beschleunigen. In diesem Zusammenhang sei auch erwähnt, daß man bei der Elektrotherapie stets davor warnt, dem Patienten eine zu hohe Dosis zu verabreichen. Kleine Mengen Elektrizität können heilsam wirken, große dagegen schädlich sein.

Verglichen mit den Vorrichtungen, mit denen man heute die uns bekannten elektrischen Felder erzeugt, könnten die fünf offenen Zwischenräume oder Kammern über der Königskammer in der großen Pyramide ein Kondensator sein und mit all den elektrischen Eigenschaften, die so ein Kondensator hat, auf die darunterliegende Königskammer einwirken. Der Granit, der an vielen Stellen der Pyramide als Baumaterial verwendet wurde, stammt aus Assuan und hat fast die gleichen piezoelektrischen Qualitäten wie Quarz.

Das Verhalten von Sonnenblumen Gold gegenüber erscheint einem sehr menschlich, wenn man es auf Zeitrafferaufnahmen betrachtet. Als man in das Innere der Pyramide ein Röllchen Blattgold (22 Karat) legte, streckte sich die Pflanze ihrer ganzen Länge nach aus, um sich um das Röllchen herumzuwinden. Schließlich bewegte sie sich wieder in die Gegenrichtung, aber viel weniger weit als üblich, und kehrte dann schnell wieder zurück, um das Goldröllchen erneut zu umarmen.

Anton Mesmer, stark beeinflußt von den Schriften des Arztes Paracelsus (16. Jahrhundert), glaubte an ein zartes, unsichtbares magnetisches Fluidum, das von den Pflanzen ausgeht und die Gesundheit und das Wohlbefinden des Menschen fördert. Er bezeichnete diese Kraft als ›animalischen Magnetismus‹, und seine Schüler nannten sich daraufhin, nach seinem Tode 1815, ›Magnetiseure‹. Charles Lafontaine, ein französischer Wissenschaftler und Magnetiseur, führte bereits 1841 eine Reihe von Pflanzenexperimenten durch, um herauszufinden, ob jener körpereigene Magnetismus, von dem Mesmer glaubte, daß er ihn besäße und damit heilen könne, auch auf niedere Lebensformen wirkt.

Lafontaine strich mit den Händen wiederholt über eine absterbende Geranie und brachte die Pflanze nicht nur wieder zum Gedeihen, sondern sie wuchs auch noch höher und blühte prächtiger als alle anderen Geranien in ihrer Nachbarschaft. Angespornt vom Erfolg Lafontaines, versuchte es einer seiner Mitarbeiter, Dr. Picard, mit einem Pfirsichbäumchen – und hatte den gleichen Erfolg. Andere Mitarbeiter, die auch Versuche anstellten, hatten erstaunliche Heilerfolge an Obstbäumen, so daß diese schließlich mehr Früchte trugen als Vergleichsbäumchen daneben.

Schwester Justa Smith, Enzymologin und Vorsitzende der Abteilung Chemie am Rosary Hill College in Buffalo, New York, beschäftigt sich gegenwärtig intensiv mit den Kräften, die von der Hand eines Magnetiseurs ausgehen, und deren Wirkung auf die Enzyme. Frau Dr. Smith gelang der Nachweis, daß magnetische Felder die Aktivität der Enzyme steigern, während ultraviolettes Licht eine gegenteilige Wirkung hat. Zur Zeit untersucht sie die Ausstrahlungskraft von Estebany und vergleicht sie mit der Wirkung starker magnetischer Felder. Dabei verwendet sie vier Behälter mit Enzymen, eine Ampulle ist auf die Handtemperatur Estebanys stabilisiert, die zweite wird von Estebany 75 Minuten in einer Hand gehalten, in der dritten, die Estebany zur gleichen Zeit in der anderen Hand hält, befinden sich UV-Licht-geschädigte Enzyme. Der vierte Behälter wird einem Magnetfeld von 8000 bis 13000 Gauß ausgesetzt. Was das bedeutet, zeigt ein Vergleich mit dem erdmagnetischen Feld, das weniger als 1 Gauß hat. Ein solches Experiment wurde monatelang Tag für Tag durchgeführt, und Frau Dr. Smith fand ein deutliches Ansteigen der Enzymaktivität in den behandelten Ampullen, als sie sie mit den Kontrollproben verglich. Die von Estebany behandelten UV-Licht-geschädigten Enzyme waren ›geheilt‹ und konnten wieder ihre normale Funktion erfüllen. Besonders deutlich zeigte sich aber, daß die Aktivität der von Estebany behandelten Enzyme ebenso groß war wie die, die man dem Magnetfeld von 13000 Gauß ausgesetzt hatte. So stellt denn auch Schwester Justa Smith die Frage, ob die Ausstrahlungskräfte von Estebany – und anderen Magnetiseuren – und die der magnetischen Felder die gleichen sind, die den Heileffekt hervorrufen. Sie arbeitet auch als Leiterin des Instituts für menschliche Möglichkeiten am Rosary-Hill, das sich mit der wissenschaftlichen Erforschung der unbekannten Dimensionen menschlicher Fähigkeiten beschäftigt. Eines der Forschungsvorhaben dieses Institutes ist die Untersuchung der ESP-Wirkung auf Pflanzen (ESP = extrasensory perception = außersinnliche Wahrnehmung). Die Leitung des Projekts hat Dr. Douglas Dean als Gast des Newark College für Ingenieurwesen. Die Beteiligten befassen sich ausschließlich mit der Züchtung von Gerste, und Dr. Dean hat herausgefunden, daß die Studenten mit dem höchsten ESP-Grad auch den größten Wachstumserfolg bei diesen Pflanzen erzielen.

Daß Wachstum wie auch Heilung von den gleichen Kraftfeldern gefördert wird, erstaunt nun wohl niemanden mehr. Für die Pyramidenforschung stellt sich aber jetzt die Frage, ob das die gleiche Kraft ist, die man im Inneren einer Pyramide antrifft. Einige Dinge lassen zumindest vermuten, daß sie ähnliche Eigenschaften besitzt: Beschleunigung des Pflanzenwuchses, der Aktivität von Bakterien und Enzymen und Anzeichen für eine gesteigerte Heilwirkung, wie an anderer Stelle in diesem Buch beschrieben.

In fast allen Büchern über Pyramiden wird davon berichtet, daß Samen schneller keimen und Pflanzen besser wachsen, wenn man sie in das Innere einer Pyramide bringt. In ihrem Buch ›Pyramiden-Kraft‹ schreiben Max Toth und Greg Nielsen: ›Gärtner haben festgestellt, daß Samen besser keimen und schneller treiben, wenn man sie vorher in eine Pyramide legt. Auch die Pflanzen aus diesen Samen werden kräftiger und gesünder als die von Samen ohne Pyramidenbehandlung.‹

Die medial begabte Tenny Hale aus Oregon behauptet, daß sich Schnittblumen vier Tage ohne einen Tropfen Wasser in der Pyramide frischgehalten hätten. Aus der Pyramide herausgenommen und nach dieser Zeit ins Wasser gestellt, wären sie innerhalb einer halben Stunde verwelkt gewesen.

Andere, die sich auch mit Versuchen beschäftigen, haben von

gesteigertem Pflanzenwuchs berichtet, nachdem das Gießwasser eine Woche und länger in einer Pyramide war.

Wir selber hatten beste Erfolge mit Tomaten, die vor dem Auspflanzen drei Wochen in einer Pyramide gezogen worden waren. Die Sträucher bringen danach bei weitem mehr Früchte als die gleiche Anzahl von Kontrollpflanzen. An einem Strauch hingen sogar mehr als 100 Tomaten gleichzeitig. Einige andere Tomatensträucher entwickelten sich nach der Anzucht in der Pyramide zuerst auch ganz ausgezeichnet, wurden dann aber von Insekten befallen. Daraufhin befestigten wir einen flachen Rahmen, der mit metallbeschichteter Folie bespannt war, an der Spitze einer Metallstange und trieben die Stange neben einem der Sträucher in die Erde. Wir hofften, daß diese Konstruktion ein magnetisches Feld um den Strauch herum aufbauen würde. Der betreffende Strauch wuchs dann auch über 2,74 m hoch und trug 2,44 m über dem Erdboden Früchte, während der Rest der anderen Pflanzen abstarb.

Manchmal sind aber die Versuchsergebnisse auch widersprüchlich. Wie bei anderen Experimenten ergeben sich oft unvorhergesehene Abweichungen, die im krassen Gegensatz zu bisherigen Ergebnissen stehen, obwohl die Versuchsdaten unverändert blieben. Samen keimen im Inneren von Pyramiden durchaus nicht immer und manchmal sogar langsamer als Kontrollpflanzen auf dem Feld. Bei einem der Experimente nahmen wir vier Töpfe und taten jeweils zwei Samen von Limabohnen, gefleckten Bohnen und Sonnenblumen hinein und legten sie auf gefaltete Papierservietten. Ein Topf wurde mit normalem Leitungswasser gegossen, einer mit D-Zellen-Wasser (auf ›D-Zellen‹ kommen wir noch an anderer Stelle zu sprechen), und einer mit Pyramidenwasser. Einer der Töpfe, der auch mit Leitungswasser begossen wurde, erhielt noch eine Vielwellenoszillatorbestrahlung von 1 Minute. In diesem zuletzt erwähnten Topf wuchsen die Pflanzen dreimal schneller als in den anderen Töpfen. Dort waren auch die Unterschiede zwischen den Keim- und Wachstumsraten nur gering.

Einige Leute haben uns gefragt, ob es gut wäre, Treibhäuser in Pyramidenform zu bauen. Wir haben ihnen gesagt, daß dazu erst einmal weitere Forschungen nötig wären, und ihnen geraten, vorläufig kein Geld in einen solchen Bau zu investieren. Wenn Pflanzen auch in Pyramiden meist prächtig gedeihen, manchmal tun sie es auch nicht. Verbenien, die wir verschiedentlich in Pyramiden stellten, gingen jedesmal nach kurzer Zeit ein. Blätterpilze hielten es auch nur kurz aus. Tomaten, in einer Erde, die noch kurz vorher außerhalb der Pyramide in Gebrauch war, gingen ebenfalls ein. Hier und da stellt eine Pflanze ihr Wachstum völlig ein, sobald sie in eine Pyramide kommt, und rührt sich nicht mehr, als sei die Zeit für sie stehengeblieben. Vielleicht hängt es von der Menge der gerade vorhandenen nützlichen Energie ab, ob Pflanzen in der Pyramide mal besser und mal gar nicht gedeihen. Es könnte auch an einem Zuviel negativer Ladung liegen, wenn die Pflanzen verkümmern oder absterben. Es hat sich gezeigt, daß schwache Ströme das Wachstum fördern, während starke es hemmen, und unsere Experimente mit dem Vielwellenoszillator und keimenden Samen scheinen das zu bestätigen.

Hinzu kommt, daß im Inneren der Pyramide nicht alle Plätze gleichwertig sind. Wir hatten angenommen, daß sich die besten Wachstumschancen an der Stelle ergeben würden, wo die Königskammer liegt, aber es zeigte sich, daß das nicht der Fall ist. Die größte Wachstumsrate hatte immer die Pflanze, die dem Apex am nächsten war. Das scheint die These zu stützen, daß die Energie im Inneren immer nach oben strömt und beim Apex, der Spitze, austritt.

In den Berichten über die große Pyramide finden sich zahlreiche Hinweise auf elektrische Ladung oder Felder hoher Energie, die man körperlich spürt, wenn man auf dem obersten Punkt des gewaltigen Bauwerks steht. Alle, die diese Erfahrung gemacht haben, beschreiben ihre Empfindungen auf andere Weise. Das reicht vom Gefühl ›. . . so aufgeladen zu sein, daß ich mir wie ein Lichtstrahl vorkam‹ bis zu ›einem kräftezehrenden Energiefeld ausgesetzt zu sein, so daß ich schnellstens wieder herabsteigen mußte, um nicht ohnmächtig zu werden‹. Es gab aber auch Leute, die die Klettertour machten, um danach nur von der großartigen Rundsicht da oben zu schwärmen. Gelegentlich finden sich auch Augenzeugenberichte von einer Aura rund um die Pyramidenspitze oder Leuchterscheinungen an den Graten. Einige Hellseher behaupten, sie könnten die Energie spüren, die vom Apex der Pyramidenmodelle ausgeht. Als wir eines Abends ein Pyramidenmodell mit dem Kompaß nach der Nord-Süd-Linie ausrichten wollten, entdeckten wir, daß die Kompaßnadel wie wild herumtanzte, sobald man sie an den Apex hielt. Auch als wir den Kompaß dort fest anbrachten, trat keine Beruhigung der Nadel ein. Aber alle späteren Versuche, diesen Vorgang zu wiederholen, scheiterten. Die Nadel zeigte entweder kaum eine oder gar keine Bewegung mehr, Flugzeuge hat man wegen der aufwärtsgerichteten Strahlung davor gewarnt, die Pyramiden zu überfliegen.

Piloten, die die Bauwerke überflogen hatten, berichteten von Störungen an den Instrumenten.

Wenn die große Pyramide nur zu dem Zweck gebaut wurde, um einen Energiestrom zum Apex zu erzeugen und von dort aus ihn abzustrahlen, dann fragt sich, auf welches Objekt dieser Energiestrom gerichtet war. Unterscheidet sich diese Energie nach Qualität und Quantität von der, die man in der Königskammer oder anderen Teilen der Pyramide antrifft? Diese und viele andere Fragen können nur durch Untersuchungen beantwortet werden, die bis heute aber noch niemand durchgeführt hat.

Der verstorbene Verne L. Cameron aus Riverside in Kalifornien hat schon vor mehr als zwanzig Jahren Pyramidenmodelle untersucht. Unter den Zeichnungen in seinem Notizbuch findet sich auch eine, bei der ein aufwärts gerichteter Strom von Energie im Inneren der Pyramide durch den Apex fließt.

Um die mögliche Platzabhängigkeit von Wachstumsunterschieden bei Pflanzen im Pyramideninneren festzustellen, beschlossen wir, eine Reihe von Versuchen anzustellen. Für jeden Versuch plazierten wir 50 Sonnenblumensamen auf gefaltetes Löschpapier. Das Papier wurde angefeuchtet und in weit offene Krüge gelegt. Die Öffnungen der Krüge wurden mit angefeuchtetem Papier so zugedeckt, daß noch der Luftsauerstoff hinzutreten konnte. Wir ließen die Samen keimen und etwa 10 mm wachsen, dann wurden sie in etwa 30 cm große Plastiktöpfe umgepflanzt, die mit Gartenerde gefüllt waren. An jedem Topf wurde dann ein Stück Blumendraht befestigt, an dem man ihn in der Pyramide aufhängen konnte. Jeder Sprößling erhielt beim Einpflanzen 5 Gramm Leitungswasser und die gleiche Menge jeweils täglich um

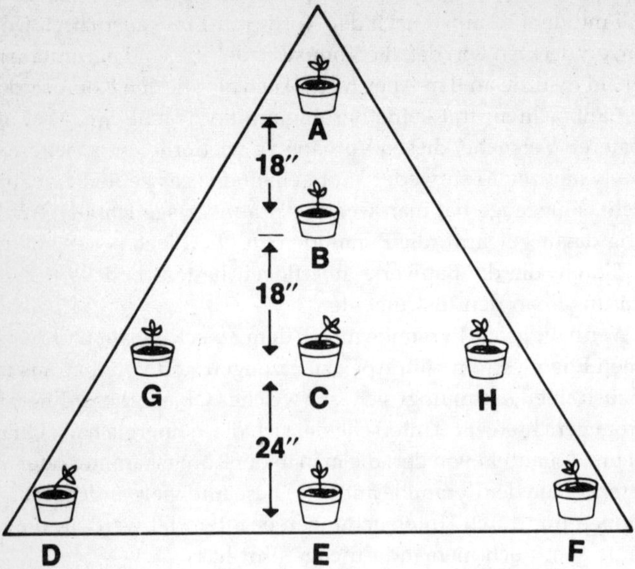

Anbringung der Versuchspflanzen beim Wachstumsexperiment.

8 Uhr morgens während des ganzen Experiments. Die folgende Tabelle zeigt das Wachstum der Pflanzen an den verschiedenen Aufstellungsorten in der Pyramide. Die Aufstellungsorte entsprechen den Angaben in der Zeichnung.

Interessant ist, daß die Pflanze oben in der Pyramidenspitze am schnellsten wuchs, ganz im Gegensatz zu der direkt darunter befindlichen, auf halber Apex – Königskammer (B). Das geringste Wachstum zeigten die Pflanzen am Boden der Pyramide und in den unteren seitlichen Ecken. Wir hatten sie allerdings auch so weit in diese Ecke hineingedrückt, wie die schrägen Seitenwände es nur erlaubten.

Alle Pflanzen waren in ein- und derselben Ebene aufgehängt worden, und zwar der, die die Pyramide genau in der Mitte von Nord nach Süd durchschneidet. Um die Luftfeuchtigkeit und Temperatur an den verschiedenen Aufhängeplätzen zu stabilisie-

In Millimeter

	Start	1. Tag	2. Tag	3. Tag	4. Tag	5. Tag
A	9,5	38	60,3	103	141	184
B	9,5	24	25,4	28,6	47,6	63,5
C	9,5	33,3	35	48	55,6	81
D	9,5	22,23	24	27	35	51
E	9,5	25,4	27	30	35	36,5
F	9,5	8	19	28,6	32	47,6
G	9,5	11	32	44,5	54	73
H	9,5	12,7	16	30	63,5	78

ren, wurde ein 46 cm großer Ventilator 3 m westlich der Pyramide aufgestellt und ein zweiter, ähnlicher 3 m östlich. Am Apex schnitten wir ein 10 cm großes Lüftungsloch heraus.

Es ist durchaus möglich, daß es für die Pflanzenzucht noch idealere Formen als die der Pyramide gibt. Wir unterhielten uns mit zwei Leuten, die in dieser Richtung Experimente unternommen hatten, und sie erzählten uns, daß man in konusförmigen Bauten hohe Wachstumsraten erzielen kann. Daraufhin entschlossen wir uns, einen Test ›Pyramide gegen Konus‹ durchzuführen, und bauten als erstes eine dreiseitige Pyramide mit den Winkeln der Standard-Pyramide. Die Grundfläche war 23 cm im Quadrat, die Seiten hatten 22,5 cm, und der Apex befand sich in 15 cm Höhe. Etwa 4 cm wurden vom Apex abgeschnitten, um einen kleinen Plastiktopf in die Spitze hängen zu können. Dann bauten wir einen Konus aus dem gleichen Material, mit einer Grundfläche von 25,4 cm Durchmesser und einer Höhe von ebenfalls 25,4 cm und trennten auch hier 5 cm von der Spitze ab für den Plastiktopf.

Auch die vierseitige Standard-Pyramide (Apexhöhe auch 15 cm) wurde aus diesem Grund an ihrer Spitze um 3,8 cm abgeschnitten.

Wir führten 5 Versuche durch, bei denen sich nachfolgende Mittelwerte ergaben:

Pflanzenhöhe in Millimetern

Form	Start	1. Tag	2. Tag	3. Tag	4. Tag	5. Tag
4seitige Pyramide	9,5	33	63,5	106	146	197
3seitige Pyramide	9,5	44,5	66,7	111	144	206,4
Konus	9,5	36,5	60,3	114	152,4	213

Im Konus war also das Wachstum am größten, an zweiter Stelle lag das in der dreiseitigen Pyramide, und in der Standard-Pyramide war es am geringsten – diese Reihenfolge blieb in jedem Test die gleiche.

Wie Konusse das Pflanzenwachstum beeinflussen, hat Cameron in seinem Notizbuch festgehalten.

›In einen Baum hinter meinem Haus hängte ich einmal 6 Konusse von 66 cm Höhe, die unten mit einem Aluminiumblech verschlossen waren. Ein Draht leitete die Energie vom Apex eines jeden zum Boden des nächsten. Dadurch wurde die Energie auf einer längeren Strecke gebündelt, und jeder weitere Konus verstärkte den Energiestrom. Die überschüssige Energie wurde dann mit einem weiteren Draht in ein gewöhnliches Küchenscheuerkissen aus Kupfermaschen abgeleitet.

Zuerst ließ ich den Boden der Konusse offen, entdeckte dann aber später, daß ein Konus mit geschlossenem Boden etwa genausoviel Energie sammeln konnte wie drei offene. Als Bodenverschluß nahm ich Aluminiumblech. Außerdem fand ich heraus, daß die Konusse gar nicht im Freien aufgehängt werden müssen, sondern auch im Inneren des Hauses tadellos funktionieren, wenn man sie hoch genug an einer Wand befestigt. Die Länge des Leitungsdrahtes spielte keine Rolle, denn der Energiestrom zeigte nur wenig Neigung, aus dem Draht auszutreten. Auch der Leitungsquerschnitt ist unwichtig. Bei einem der Tests hing ich die Konusse an den Gartenzaun, führte den Draht zu einem Radieschenbeet und unter die eine Hälfte der Saat. Die Saat, die nicht über dem vergrabenen Draht lag, kam ganz normal und wuchs gut heran, während die Pflanzen über dem Draht fast alle verkümmerten. Die wenigen überlebenden Pflanzen welkten bald oder entwickelten sich nicht.‹

Auch hier scheint es wieder einmal so zu sein, daß ein Zuviel an Energie das Pflanzenwachstum negativ beeinflußt.

Cameron hat einzelne Konusse verwendet, um die Wachstumsrate zu erhöhen. Außerdem sei festgehalten, daß in Camerons Versuchen mit einer Konuskette Aluminium als Material verwendet wurde. Wilhelm Reich, der mit bestimmten Energiefeldern experimentierte, nannte diese Energie ›Orgon‹ und bezeichnete sie als eine kosmische Energie, die eher funktionellen als mechanischen Gesetzen gehorcht. Ferner baute er Orgon-Akkumulatoren, die als ›Orakkus‹ bekannt wurden, und er bewies anderen damit das Vorhandensein und Wirkung der Orgonenergie. Wenn Reichs Arbeiten auch noch an anderer Stelle in diesem Buch ausführlich behandelt werden, so sei doch in diesem Kapitel über Pflanzen schon darauf hingewiesen, daß sich Pflanzen in Orakkus schnell und kräftig entwickeln, laut jenen, die damit Versuche angestellt haben.

Der Orakku ist normalerweise ein 6seitiger Würfel, dessen Seitenwände aus Schichten von organischem und anorganischem Material bestehen. In seinem Buch ›Biologische Krebsheilung‹ (The Cancer Biopathy), schreibt Reich: ›Bleibt ein Grasaufguß von Anfang an im Orgon-Akkumulator, so bilden sich gar keine oder nur sehr wenige Einzelzellen. Die Aufladung des Grasgewebes mit Orgonenergie verhindert ganz offenbar dessen Auflösung in Einzelzellen.‹

Das Stadium der Energiefelder, außerhalb des elektromagnetischen Spektrums, aber dennoch existent – mag man sie nun kosmisch, pranisch, odisch, psychotonisch oder orgonisch nennen –, hat uns an einen Punkt gebracht, an dem wir uns dem Bewußtsein auf Zellniveau gegenübergestellt sehen. Bei der Untersuchung dieser unbekannten Energien und ihres Einflusses auf Gefühl und Geist hat das Pflanzenexperiment eine wesentliche Rolle gespielt. Zwischen Pflanze und Mensch scheint eine enge Verbindung zu bestehen, die viel weiter reicht als die rein chemische Verwandtschaft. Seit er von Backsters Experimenten gehört hat, befaßt sich Dr. Marcel Vogel kritisch mit der Energieübertragung und Kontaktaufnahme zwischen Mensch und Pflanze. Vogel arbeitet als ranghöchster Chemiker in der Forschung bei IBM und ist Inhaber vieler Auszeichnungen als Wissenschaftler. Er hat sich durch eigene Versuche davon überzeugt, daß Denkenergie durch Konzentration das Energiefeld von Pflanzen beeinflussen kann. Durch das Aussenden geistiger Energie hielt sich ein abgepflücktes Ulmenblatt vier Wochen lang frisch, während ein zur Kontrolle aufbewahrtes Blatt vertrocknete und in wenigen Tagen braun und verwelkt war. Vogel glaubt, daß die Entstehung der Kristalle auf einer Vorform beruht oder einem Geisterbild aus reiner Energie, das die Struktur der Materie vorwegnimmt. Daß Pflanzen auf Vorsatz und Absicht menschlicher Wesen reagieren, führte ihn zu dem Schluß, daß die bloße Absicht bereits eine Art von Energiefeld erzeugt. Im Frühjahr 1971 begann Vogel mit Experimenten, bei denen der genaue Zeitpunkt ermittelt werden sollte, wann eine Pflanze nachweislich Kontakt mit dem Menschen aufnimmt. Er verband die Zuleitung eines Galvanometers mit einem Philodendron. Das Instrument zeigte keinerlei Reaktion und zeichnete eine gerade Linie auf. Dann stellte er sich vor die Pflanze hin, entspannte sich, atmete tief durch und konzentrierte sich mit herzlichen und liebevollen Gedanken auf die Pflanze, ganz so, wie man das vielleicht auch einem guten Freund gegenüber tut. Jedesmal, wenn Vogel diesen Versuch machte, zeichnete der Stift des Galvanographen eine Reihe steiler Schwingungen auf den Meßstreifen, und Vogel stellte fest, daß er genau in diesen Momenten eine Energiestrahlung der Pflanze auf seinen Handflächen spürte. Möglicherweise besteht ein Zusammenhang zwischen dem manchmal geradezu exzentrischen Verhalten von Pflanzen in Pyramiden und der von Vogel entdeckten Tatsache, daß einige Philodendrons schneller oder ausgeprägter reagieren als andere, und daß nicht nur Pflanzen, sondern auch einzelne Blätter sich ganz individuell verhalten. Er fand, daß Pflanzen Phasen der Aktivität und der Inaktivität durchmachen, mal scheinen sie energiegeladen und erregt zu sein, ein andermal träge und schwermütig.

›Vogel wußte aus eigener Erfahrung, daß die Meister der Kunst des Joga und andere Meditationslehrer, wie z. B. die des Zen, nichts davon wissen, daß sie im Meditationsstadium ihre Umgebung beeinflussen‹, stellen Peter Tompkins und Christopher Bird in ihrem Buch ›Das geheimnisvolle Leben der Pflanzen‹ fest (The Secret Life of Plants). ›In einem solchen Stadium zeigt das Enzephalogramm völlig andere Gehirnströme, als wenn sich der gleiche Mann, wach und munter, mit der Alltagswelt beschäftigt. Vogel wurde immer klarer, daß er sich zur Kontaktnahme mit seinen Pflanzen in einen ganz bestimmten Zustand konzentrierten Denkens versenken mußte, und daß dieser Zustand ein wesentlicher und genau abgewogener Teil der Kommunikation zu werden schien. Wenn er seinen normalen Bewußtseinszustand aufgab und sich nur auf den Gedanken konzentrierte, daß sich die Pflanze glücklich und geliebt fühlen und in Gesundheit gedeihen sollte, dann konnte sie dadurch aus einer gewissen Schläfrigkeit allmählich geweckt und sensitiviert werden. Auf diese Weise schien eine wechselseitige Beziehung zwischen Mensch und Pflanze zu entstehen, und über die so gewonnene Einheit wurden Eindrücke von Ereignissen oder dritten Personen, auf dem Umweg über die Pflanze, wahrnehmbar. Vogel fand, daß dieser Vorgang der Sensitivierung sowohl bei ihm als auch bei der Pflanze einige Minuten bis zu einer halben Stunde dauern konnte.

Auf die Bitte, den Vorgang im einzelnen zu beschreiben, erklärte Vogel, daß er zuerst versuche, die Reaktion seiner körperlichen Organe auf Sinnesreize zu unterdrücken, danach spüre er dann die energetische Beziehung zwischen ihm und der Pflanze. Sobald zwischen beiden, der Pflanze und ihm, ein ausgewogenes bioelektrisches Feldpotential herrscht, sei die Pflanze unempfindlich gegen Lärm, Hitze und elektrische Felder der Umgebung oder anderer Pflanzen. Sie reagiert nur noch auf Vogel, der sich völlig auf sie eingestellt oder einfach hypnotisiert hat.‹

Als ich (Schul) zusammen mit Vogel in der Gutachterkommission der Ernest-Holmes-Stiftung für die Forschung arbeitete, besuchte ich ihn eines Abends und unterhielt mich mit ihm über seine Versuche. »Ich glaube, wir haben bewiesen, daß der Mensch Kontakte mit lebenden Pflanzen haben kann«, sagte er zu mir. »Pflanzen sind sensible, lebendige Objekte. Wenn sie, in unserem Sinne, auch weder hören noch sehen können, so sind sie doch empfindliche Meßinstrumente für die Gefühlsbewegungen des Menschen. Pflanzen strahlen Energie aus, die dem Menschen guttut und umgekehrt auch.« Diese Ausführungen stimmen gut mit der Behauptung von Rollendem Donner überein, daß der Indianer ein Gefühl für die Energiefelder der Pflanzen und Bäume hat. Braucht ein Indianer seelische oder körperliche Kraft, dann würde er entweder eine Kiefer umarmen oder sich einige Minuten lang mit dem Rücken an den Baum lehnen, damit seine Energiereserven wieder aufgefüllt werden.

Interessant ist die Feststellung des New Yorker Psychiaters John C. Pierrakos, der die Energiepulse von Mensch und Pflanze listenmäßig erfaßt hat, daß das Energiefeld um Tannen und Kiefern 18- bis 22mal in der Minute schwingt, während die Vergleichszahl beim Menschen durchschnittlich 15 bis 25 beträgt.

In seiner Monographie ›Das Energiefeld in Mensch und Natur‹ erklärt Pierrakos die Entstehung der Schwingungen und führt dabei folgendes aus: ›. . . Aber was sind diese inneren Schwingungen? Sie sind die Gesamtsumme des Lebensprozesses oder aller Ereignisse chemischer Vorgänge im lebenden Organismus des Körpers. Die Gesamtsumme der im Körper freigesetzten Energien dringt auch aus diesem Körper nach außen, genauso wie die Wärmestrahlung, die von einem weißglühenden Metallgegenstand ausgeht. Sie schaffen ein Energiefeld in der Umgebung des Organismus, das aus Kraftlinien besteht. Der Körper des Menschen lebt mitten in diesem Energiefeld, das einige 30 cm weit bis in seine unmittelbare Nähe reicht, und manchmal kann beobachtet werden, wie es bis zu mehreren Metern aus ihm herausströmt. . . . Lebende Organismen können durch die gesamte Oberfläche ihres Körpers hindurch Licht ausstrahlen, sie haben ihre Fähigkeit zur Lumineszenz nicht verloren. Sie beweist das Vorhandensein des Energiefeldes, sie ist die Aura, die wiederum nichts anderes ist als der Widerschein der Energien des Lebensprozesses.‹

In Abschnitt über ›Die Energiefelder von Pflanzen und Kristallen‹ erklärt Dr. Pierrakos: ›Seiner Natur nach ist es (das Energiefeld) sehr empfindlich und reagiert auf seelische und körperliche Zustände. Je nachdem, ob der Mensch krank oder gesund ist, weist es ganz typische Merkmale auf. Jeder Mensch wirkt auf das Energiefeld des anderen, denn das Feld umgibt uns ja ständig und berührt so das Feld der nächsten Person oder die Felder einer ganzen Gruppe von Leuten. Jeder lebt im Feld des anderen, wenn wir nahe beisammen sind. Bei einem Menschen in Ruhestellung schwingt das Feld mit 15–25 Schwingungen in der Minute und breitet sich von der Kopfoberfläche her einige 30 cm aus. Der physische Körper spiegelt nur wider, was im Energiefeld geschieht. Er scheint den Zustand des Energiefeldes zu reflektieren, das oft schon krankhafte Veränderungen aufweist, bevor sie sich an Organen und Gewebsteilen zeigen.‹ Etwas später macht er im gleichen Abschnitt die folgende Feststellung: ›Während meiner Studien über das Energiefeld von Blättern wurde mir klar, daß die Orientierung der Pflanzen nach den Himmelsrichtungen von der Anzahl der Schwingungen abhängt, die von jedem Blatt ausgehen. So schwingen z.B. bei einer weißen Schneeballpflanze die Blätter, die nach Süden gerichtet sind, 28mal in der Minute, die nach Norden haben 32 Schwingungen in der Minute, und die nach Westen und Osten schwingen ebenfalls 28mal pro Minute. Rückt man die Pflanze in eine andere Stellung, so wird die Verteilung der Schwingungscharakteristik gestört. Als erste wiesen George und Marjorie de la Warr in ihrer Arbeit darauf hin, und als ich nach ihren Angaben auch einmal Pflanzen in verschiedenen Positionen aufstellte, erhielt ich die gleichen Ergebnisse. Die Pflanzen orientieren sich ganz von alleine nach den Himmelsrichtungen. Je nach Pflanze und welcher Teil von ihr wohin zeigt, ergeben sich dabei unterschiedliche Schwingungsraten. Nach einer Weile drehen sich die Blätter, die Pflanze richtet sich, ihrer inneren Natur gehorchend, von neuem aus, und der normale Energieaustausch mit ihrer Umwelt ist wieder hergestellt. Etwa 2–4 Sekunden schwingt das Energiefeld nach außen in die umgebende Atmosphäre, danach kehrt sich der Vorgang um, und die Energie der Atmosphäre strömt in die Pflanze. Ich glaube, daß das bei der Photosynthese eine wichtige Rolle spielt.‹

Mit Hinblick auf die Pflanzenexperimente in Pyramiden ergeben sich nach diesen Beobachtungen von Pierrakos einige interessante Fragen. Hält man sich einmal die weitläufigen Kreisbewegungen vor Augen, so scheint das Energiefeld in der Pyramide die natürliche Bewegung der Pflanzen in irgendeiner Weise zu verändern. Wenn das zutrifft, dann ändern sich auch wahrscheinlich die Schwingungen in den einzelnen Teilen der Pflanze. Die nächste Frage wäre dann, ob die Bewegungen der Pflanzen in der Pyramide ein Versuch sind, sich nach den Himmelsrichtungen zu orientieren? Würde sich bei einer Kontrolle mit dem Polygraphen oder Lügendetektor herausstellen, daß die Pflanzen verwirrt sind und leiden, während sie versuchen, sich in dem neuen Energiefeld zurechtzufinden? Pierrakos Entdeckungen basierten auf der Beobachtung der Pflanzenaura und ihrer Schwingungen. Würde Kirlian-Fotografie, also Aufnahmen der Pflanzenaura oder des elektrischen Feldes, während die Pflanze in der Pyramide ist, ein vergrößertes oder verstärktes Energiefeld zeigen? Ferner, folgt man den Angaben Pierrakos', daß die einzelnen Pflanzen verschiedene Schwingungsraten haben, dann müßte es auch Pflanzen geben, die die gleiche Schwingungsrate wie ein Mensch aufweisen. Wenn man nun von solchen Pflanzen die oben erwähnten Meßergebnisse bekäme, läge dann nicht der Schluß nahe, daß ein Mensch die gleiche Energiesteigerung zu spüren bekommt? Vielleicht könnte man auch die Frage stellen, warum man nicht einfach die elektrische Ausstrahlung eines Menschen innerhalb und außerhalb der Pyramide mißt, wobei allerdings die Ausschaltung von Angst oder Erwartung und ähnlichen Störeinflüssen noch ein Problem wäre. Mit einer genügenden Anzahl von Messungen sollte man aber dieser Störeinflüsse Herr werden können. Schließlich kann ein Forscher, nach den Versuchsergebnissen von Backster und Vogel, die Tatsache nicht einfach ignorieren, daß Pflanzen solche Emotionen haben, sei es, weil sie ihnen angeboren

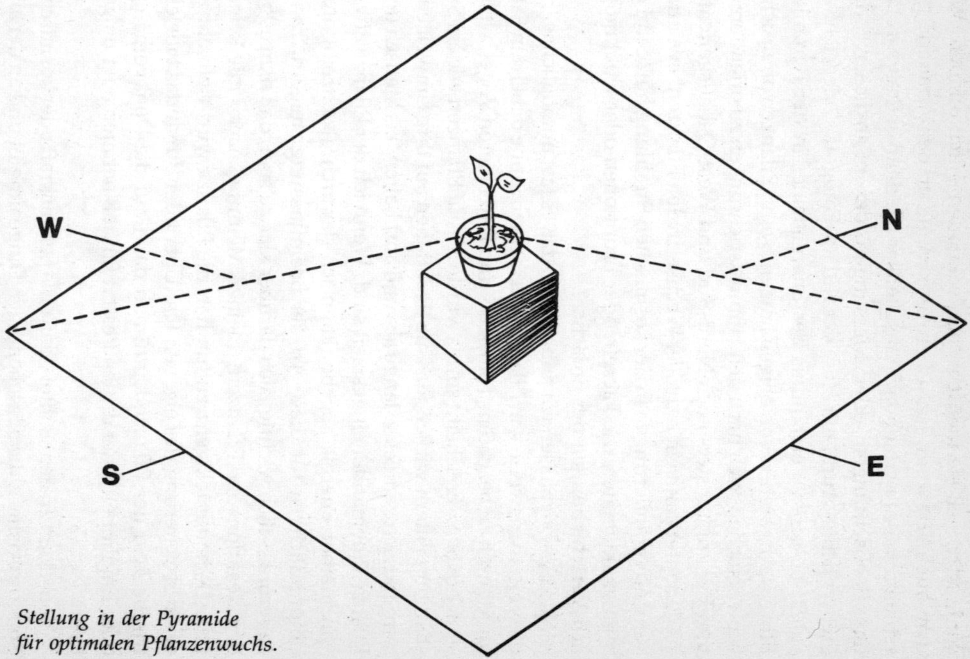

Stellung in der Pyramide
für optimalen Pflanzenwuchs.

sind, oder weil sie menschliche Reaktionen mitempfinden. Wie dem auch sei, wenn irgend etwas im Inneren der Pyramide geschieht, was außerhalb nicht feststellbar ist, dann sollten sorgfältige Beobachtungen oder Messungen der pflanzlichen oder menschlichen Aura, mit Hilfe der Kirlian-Fotografie, vielleicht zu einem besseren Verständnis der Energiefelder in der Pyramide führen. Abgesehen von obigen Fragen, wenn Pflanzen offensichtlich versuchen, sich nach den Himmelsrichtungen zu orientieren, und Pyramiden stets nach Nord-Süd und West-Ost ausgerichtet sind, deutet dann ein radikaler Wechsel in den Pflanzenbewegungen auf Veränderungen in der kosmischen Strahlung hin? Sind es Sonnenaktivitäten wie Fackeln oder Eruptionen oder wohl möglich Verschiebungen der Erdachse?

Nach Vogel müssen wir annehmen, daß es fast unmöglich wäre, die Verhaltensweise von Pflanzen zu messen, ohne dabei den Faktor Mensch zu beachten. Tompkins und Bird zitieren Vogel, wenn sie schreiben: ›Es scheint so, als würde ich auf Pflanzen wie ein System von Filtern wirken, das die Reaktionen auf ihre Umwelt einschränkt. Ich kann es so lange ab- und anschalten, bis Mensch und Pflanze aufeinander eingespielt sind. Wenn ich der Pflanze etwas von meiner Energie abgebe, kann ich dadurch gleichzeitig ihre Empfindlichkeit für diese Art der Beeinflussung steigern. Es ist außerordentlich wichtig, sich darüber klar zu sein, daß man es bei der Reaktion der Pflanzen, meiner Meinung nach, mit keiner pflanzlichen Intelligenz zu tun hat, die Pflanze wird vielmehr zu einer Erweiterung des eigenen Ich. Über oder durch das bioelektrische Feld der Pflanze kann man dann auf die Denkvorgänge oder Emotionen einer dritten Person Einfluß nehmen oder umgekehrt.

Vogel kam zu dem Schluß, daß eine Lebenskraft oder kosmische Energie existiert, die alle lebendigen Dinge umgibt und an der alle Pflanzen, Tiere und Menschen teilhaben. Durch diese Teilhaberschaft können Mensch und Pflanze zu einer Einheit werden. Diese Einheit wiederum ermöglicht gegenseitige Sensibilität und erlaubt Mensch und Pflanze nicht nur, miteinander Kontakt aufzunehmen, sondern den Verlauf dieser Kontaktnahme auch noch via Pflanze aufzuzeichnen.

Pierrakos nimmt Pflanzen, um den physischen und psychischen Gesundheitszustand seiner Patienten zu kontrollieren. Der Psychiater beobachtet die Reaktionen seiner Zimmerpflanzen, die Schwingungen ihrer Aura und baut darauf seine Diagnose auf, ohne daß der Patient etwas von dieser Pflanzenbeobachtung erfährt. Die Pflanzen scheinen die Schwingungen des Patienten zu empfangen und ihre eigenen entsprechend zu steigern oder zu vermindern.

Vogel und Backster sagen in etwa, daß sich das menschliche Wesen in der Mitte des Universums befindet und daß wir nicht erkennen können, was mit irgendeiner anderen Lebensform – Mineral, Pflanze, Tier – geschieht, wenn wir die Komponente ›Mensch‹ dabei außer acht lassen. In dieser Vorstellung bildet der Mensch einen wesentlichen Bestandteil aller Naturerscheinungen. Untersuchungen, bei denen dieser Bestandteil unbeachtet bleibt, können nur unvollständig und fehlerhaft sein. Bis zu welchem Grad aber empfinden Pflanzen die Umwelt über ihr eigenes Selbst hinaus, und wie, bzw. wie weit spielt für sie der Mensch in ihrer Umwelt eine Rolle? Wäre es möglich, daß das Tun und die Hinwendung, mit der man eine Pflanze in die Pyramide stellt, eigentlich eine Aufforderung an sie ist, das widerzuspiegeln, was allzu menschlich ist? War das die Absicht der Pyramidenbauer? Versuchen die Pflanzen uns irgendwie diese Nachricht zu übermitteln?

Wirkung auf Flüssigkeiten

Als Ponce de Leon nach der Quelle der Jugend suchte, glaubte er offensichtlich daran, irgendwo in der Florida-Kiefer Wasser zu finden, das ganz andere Qualitäten haben sollte als die gewohnte Sorte von daheim. Hielten seine Zeitgenossen Ponce de Leon nun für leicht verrückt oder senil? Ganz und gar nicht. Wenn auch nicht jeder seinen Glauben teilte, so war es doch für die Europäer des 16. Jahrhunderts keineswegs ungewöhnlich, an Geheimnisse der Natur zu glauben, die das Leben fördern und verlängern können, nur entdeckt mußten sie werden.

Sie glaubten an das, was ihnen die Sagen des Altertums erzählten, daß es nämlich in ferner Vergangenheit eine weit überlegene Menschenrasse gegeben hätte, die alle diese Geheimnisse kannte. Ihre Religionen, auch die christliche, lehrten, daß der Mensch einst mehrere hundert Jahre alt geworden wäre, dann aber moralisch heruntergekommen und körperlich verseucht worden wäre. Die Alchemisten unter ihnen suchten eifrig nach Geheimrezepten und erzählten ihren Geldgebern natürlich ständig, daß der Erfolg greifbar nahe sei. Und heute? Die Sagen leben weiter, die Theologen treten von der Kanzel herab für einen besseren und reineren Lebenswandel ein, und die Alchemisten in unseren Laboratorien suchen immer noch, landauf, landab, alle nach dem Nektar, in Flüssigkeiten, Pillen oder Kapseln, der uns verjüngt und unsere Kräfte erneuert. Hirngespinste? Ein sinnloser, unerfüllbarer Traum? Wer kann da, über eine bloße Meinung hinausgehend, eine Antwort geben? Entscheidend ist allein, daß der Mensch daran glaubt, Antworten finden zu können, und er bekennt diesen Glauben immer wieder aufs neue, wenn er in ein Mikroskop schaut oder sich mit seinem Teleskop um ein neues Stückchen vom Weltall abmüht. Der Mensch ist gläubig, und vielleicht schafft er sich letzten Endes die Welt sogar selber, an die er glaubt. Der Traum hat also nichts an Aktualität verloren. Stellt man einen Behälter mit Wasser oder mit irgendeiner anderen Flüssigkeit in das Modell einer Pyramide und prüft etwas später das Ergebnis, so zeigen sich seltsame Dinge, und das ist es, was die Gemüter heute erregt. Durch die Veröffentlichung interessanter eigener

Versuchsergebnisse in Zeitungen, in Radio und Fernsehen, und dadurch, daß wir andere ermutigten, selber zu experimentieren, haben wir wohl einiges von dieser Aufregung mitverursacht. Auch andere Leute, die Versuche mit B-Zellen und Vielwellenoszillatoren gemacht haben, trugen ihren Teil dazu bei. Wir werden in diesem Kapitel kurz darauf eingehen und etwas ausführlicher in einem späteren. Mit knappen Worten also: Wasser und andere Flüssigkeiten wurden in Pyramiden oder mit anderen Methoden behandelt, und die Ergebnisse der Behandlung wurden dann entweder an den Flüssigkeiten selber entdeckt oder an den Empfängern dieser Flüssigkeiten. Die Ergebnisse, von uns geprüft oder von anderen bestätigt, sind: die Reinigung von Wasser, Veränderungen am Körper – selbst empfunden und von anderen beobachtet –, gesteigerter Pflanzenwuchs, schnellere Wundheilung, Nachlassen von Krankheitserscheinungen, Konservierung von Milch, Fruchtsaft usw., ohne chemische Mittel oder Kälteanwendung, und beschleunigtes Reifen von Wein.

Doch bevor wir diese Untersuchungen und ihre einzelnen Experimente beschreiben und von den Ergebnissen berichten, möchten wir den Leser auf etwas aufmerksam machen, das unter Umständen ein wichtiges, aber noch wenig bekanntes Forschungsgebiet im Bereich der Chemie sein könnte. Wir müssen es hier erwähnen, denn es könnte zumindest ein Teil der wissenschaftlichen Basis sein, auf der die zu schildernden Phänomene beruhen.

Die Theorie von der biologischen Transmutation besagt, daß bestimmte chemische Stoffe in andere umgewandelt werden können. Heute hat man die einst umstrittene chemische Gesetzmäßigkeit solcher Umwandlung im großen und ganzen erkannt. Lavoisier, der Vater der modernen Chemie, begründete das Prinzip: Nichts verschwindet, nichts entsteht neu, alles wandelt sich um. Das Atom hielt man für den kleinsten Baustein der Materie, eine Naturkonstante, und man war der Meinung, daß die Herstellung von Elementen unmöglich sei. Ebenso unmöglich war, daß ein Atom verschwindet. Wenn sich ein Atom aus der molekularen Bindung mit einem oder mehreren anderen löst, so würde man es völlig unverändert in irgendeinem neuen Molekül wiederfinden. Diesen Lehrsatz des Lavoisier konnte man nicht widerlegen, und man dachte nicht daran, ihn auch nur zu diskutieren. Er war das Fundament der Wissenschaft im 19. Jahrhundert, und es sollte 100 Jahre dauern, bis der Gegenbeweis gelang. Der Anlaß war Marie Curies Entdeckung der natürlichen Radioaktivität, die zeigte, daß sich bestimmte Stoffe in andere verwandeln, so wie es sich die Alchemisten des Mittelalters vorgestellt hatten und weswegen sie dann später verlacht wurden. Ein Atom Radium verwandelt sich in ein nicht-radioaktives und damit stabiles Atom Blei.

1959 verblüffte ein französischer Chemiker, Louis C. Kervran, seine Fachkollegen, als er sein Buch ›Biologische Transmutationen‹ veröffentlichte. Im Nachwort schreibt er dort:

›Auf den voraufgegangenen Seiten wurde gezeigt, daß die biologische Transmutation der Elemente in keiner Weise den Gesetzen der Chemie widerspricht. Chemie ist die Wissenschaft von der Verschiebung der Elektronen, die ihren Platz in den äußeren Schalen der Atome haben . . . Die von mir entdeckten Vorgänge spielen sich in der Welt des Atoms ab, und so ist eine neue Wissenschaft entstanden, die sich von der der Chemie erheblich unterscheidet, denn letztere handelt ja lediglich von den Endergebnissen der Transmutationsvorgänge und findet auch dort ihr Ende.‹

Im Vorwort zu Kervrans Buch schildert Michel Abehsera etwas von dem historischen Hintergrund zu dieser Entdeckung. Er berichtet, daß sich im Jahre 1799 der französische Chemiker Vauquelin dafür interessierte, wieviel Kalk eine Henne täglich mit der Verdauung ausscheidet. Er sperrte eine Henne in einen Käfig und fütterte sie ausschließlich mit Hafer, dessen Kalkgehalt er vorher gemessen hatte. Nachdem das Getreide aufgefressen war, untersuchte er, wieviel Kalk durch die Verdauung und die Eier wieder zum Vorschein kam, und entdeckte, daß fünfmal mehr ausgeschieden worden war, als das Futter enthalten hatte.

Der erste, der das Wesen der stofflichen Umwandlung klar umriß, war nach Abehsera 1822 ein Engländer namens Prout.

Prout überprüfte systematisch das Anwachsen des Kalkgehalts in bebrüteten Hühnereiern und bewies, daß der Kalk nicht nur aus der Eierschale stammte.

Im Jahre 1831 zog ein Franzose mit dem Namen Cheubard Brunnenkresse in einer Schüssel aus wasserunlöslichem Material.

Obwohl er nur destilliertes Wasser verwendete, enthielten die jungen Pflänzchen Mineralstoffe, die in den Samen überhaupt nicht vorhanden gewesen waren.

120 Jahre lang nahm niemand Notiz von diesen Forschungsergebnissen, bis sie schließlich durch Kervrans Enthüllungen Beachtung in Europa fanden, wo sich Chemiker und andere Wissenschaftler nun darüber streiten.

Kervran zitiert in seinem Buch noch viele einschlägige Fälle. Er behauptet, daß die Ansichten über den Kalkstoffwechsel der Knochen revidiert werden müssen, und verweist auf die Heilerfolge mit organisch gebundener Kieselerde (Siliciumoxid) bei Knochenbrüchen. Als er vor einen besonders schwierigen Fall gestellt wurde, bat der Chefchirurg eines Krankenhauses Kervran um Hilfe: Ein junger Mann hatte sich bei einem Unfall äußerst komplizierte Knochenbrüche zugezogen, und die klassische Behandlung mit Vitamin D und Kalziumphosphat brachte keine Fortschritte. Kervran verordnete organisch gebundene Kieselerde, und die Knochen heilten in kurzer Zeit.

An einem anderen Beispiel zeigte Kervran, daß unter bestimmten Voraussetzungen Natrium im Blut zu Kalium werden kann und daß Magnesium und Silicium Rohstoffquellen für den Kalziumstoffwechsel im menschlichen Körper sind.

›Ich erinnere den Leser an eine sechsmonatige Untersuchung an Ölarbeitern in der Sahara. Sie schieden täglich 320 Milligramm Kalzium mehr aus, als sie aufgenommen hatten, und das ohne Entkalkung der Knochen‹, berichtet Kervran. ›Alles, was bisher über den Kalziumstoffwechsel geschrieben worden ist, ohne dabei die biologische Transmutation zu berücksichtigen, muß völlig neu erarbeitet werden, denn es handelt sich um so wichtige Tatsachen, daß die Medizin an ihnen nicht mehr vorbeigehen kann.‹ Über Kervrans Veröffentlichung seiner Entdeckungen schreibt Abehsera im Vorwort: ›Nachdem er in jahrelanger Geduld, mit Tausenden von Analysen der Wahrheit nähergekommen war, konnte er schließlich erfolgreich nachweisen, daß nicht nur Moleküle umgewandelt werden können, sondern auch die Atome selbst. Er bewies, daß es eine Umwandlung der Materie von einem Stoff in den anderen und von einem Atom in ein anderes gibt . . .‹

Wenn nun ›A‹ nicht immer ›A‹ bleibt und statt dessen zu ›B‹ werden kann, dann ist es wohl unumgänglich, daß wir uns nochmals um ein besseres Verstehen der Natur chemischer Substanzen bemühen. Der Austausch von Atomen wird dann teilweise zum chemischen Ballspiel.

Abehsera hat auch die eigentliche Bedeutung der biologischen Transmutation klar erkannt. Er schreibt: ›Von besonderer Bedeutung ist, daß sie (die biologische Transmutation) ihren Platz zwischen Naturwissenschaft und Metaphysik einnimmt. Bisher gab es nie einen unmittelbaren Dialog zwischen den beiden, weil sie in verschiedenen Sprachen reden. Jetzt, glaube ich, wäre eine Verständigung möglich, denn die biologische Transmutation lehrt uns etwas über die fortschreitende Entwicklung des Lebens. Sie wird den Wissenschaftler zu der Einsicht bringen, daß sich Wissenschaft nicht länger mehr auf das Studium physischer Erscheinungen beschränken kann, denn Entwicklung beinhaltet Erhebung ins Metaphysische und ist nicht durch eine endliche Zustandsgröße begrenzt (Entropie).

Jene Vielfalt in der Entwicklung, durch die sich die unsichtbaren Elemente manifestieren, wird den Metaphysiker lehren, daß es durchaus ein Studium wert ist, wenn man das Leben einmal von den außergewöhnlichsten Aspekten her betrachtet. Er wird sofort entdecken, was er schon immer wußte, daß das Leben eine ständige Erneuerung ist – von den Elementen bis zur Zelle.‹

Vor unseren Experimenten mit behandeltem Wasser hatten wir Erfahrungen mit anderen Flüssigkeiten gesammelt. Als wir erfuhren, daß zwei verschiedene Firmen in Frankreich und eine weitere in Italien pyramidenförmige Verpackungen verwenden, weil sie entdeckt hatten, daß ungekühlte Milch länger darin frisch bleibt als in viereckigen Behältern, fingen wir an, Milch zu testen.

Wir besorgten uns etwas frische homogenisierte Milch, füllten damit zwei gleiche Behälter und legten leicht zerknülltes Papier darüber, um die Verunreinigungsgefahr durch Luftbakterien zu verringern. Ein Behälter wurde in eine Pyramide gestellt, der andere außen davor, beide unter ähnlichen Bedingungen, was Licht, Temperatur und Luftbewegung betraf. Sechs Tage später war die Milch in der Pyramide ausgeflockt und bestand schichtweise aus

Quark und Molke, mit einem puderartigen Anflug von Kalzium, wie es schien. Die Milch draußen vor der Pyramide war auch irgendwie ausgeflockt, aber längst nicht so stark, und Schimmel bildete sich an der Oberfläche.

Einen Tag später hatte die Ausbreitung des Schimmels auf der draußen stehenden Milch erheblich zugenommen, während die Milch in der Pyramide fast noch deutlicher geschichtet war. Die Milch außerhalb der Pyramide wurde jetzt weggeworfen, aber die Milch im Inneren blieb auf ihrem Platz. Als der Versuch dann sechs Wochen später beendet wurde, war aus der Milch im Inneren der Pyramide eine kompakte, cremig weiche Substanz geworden, die wie Joghurt aussah und schmeckte. Kein Schimmel war zu sehen, und auch die einzelnen Schichten waren ineinander übergegangen und damit praktisch verschwunden.

Dieser Versuch wurde seither mehrfach wiederholt, und die Ergebnisse waren fast immer die gleichen. Manchmal wird die Milch nicht zu Joghurt, sondern bildet lediglich Schichten, in denen sich die Bestandteile der Milch ablagern, aber sie wird niemals schimmelig, solange sie in der Pyramide bleibt. Wodurch und wann aus der in Schichten abgelagerten Milch Joghurt wird, haben wir noch nicht herausgefunden. Wir nehmen an, daß Temperatur- und Feuchtigkeitsschwankungen etwas damit zu tun haben, obwohl wir stets versucht haben, beide konstant zu halten. Auch an Einflüsse durch die Jahreszeiten, Mondphasen, Schwankungen der kosmischen Strahlung usw. haben wir gedacht. Vielleicht hängt es aber auch mit den Schwankungen der Energiefelder innerhalb der Pyramide zusammen. Sie ändern sich ja von Zeit zu Zeit aus noch unbekannten Gründen, obwohl man unwillkürlich an die Erfahrung denken muß, die Dr. Alvarez bei Messungen der kosmischen Strahlung gemacht hat.

Eines Tages interessierte sich ein Chemiker, der bei einer staatlichen Behörde von Oklahoma angestellt war, für die Wirkung der Pyramide auf Flüssigkeiten. Er hörte sich einen unserer Vorträge an, und nachdem er noch zwei unserer praktischen Vorführungen besucht hatte, entschloß er sich, einen Versuch mit Milch zu machen.

Seinen ersten Versuch machte er im Laboratorium der Behörde, konnte aber keinen Unterschied an den beiden Milchproben feststellen, und wir vermuteten, daß vielleicht das metallgedeckte Dach des Gebäudes und die Gegenwart hochfrequenter Ströme, das Betreiben von 120- bis 220-Volt-Geräten, die Beleuchtung mit Hochspannungsröhren usw. die Kräfte in der Pyramide überlagert hatten.

Daraufhin wiederholte der Chemiker den Versuch in einem nur aus Holz errichteten Gebäude, das weit genug vom Laboratorium entfernt war. Nach 10 Tagen stellte er fest, daß der Bakterienbefall bei der Milch im Inneren der Pyramide um 16 % zurückgegangen war. Hätte man die Testdauer verlängert, so wären seiner Meinung nach sicherlich noch mehr Bakterien zerstört worden.

In einem Brief an die Redakteure von ›Der Pyramidenführer‹ (The Pyramid Guide) berichtet Irwin Trent aus Tustin, Kalifornien: ›Bei irgendeiner Gelegenheit erzählte mir Mr. Cameron von dem einzigen Experiment mit Käse, das er einmal in einer Pyramide durchgeführt hatte. 35 Tage hatte es gedauert. Das nahm ich zum Anlaß, auch einmal etwas rohe Milch in Gläsern unter zwei Pyramiden aus Brettern zu stellen. Die Pyramiden waren verschieden groß und hatten keinen Boden. Nach etwa einer Woche hatte sich an der Oberfläche eine 1,5 mm dicke Schicht gebildet, die oben leicht bräunlich verfärbt war. Nach zwei Wochen war unter dieser Schicht Käse entstanden, und von da ab breitete sich stets ein kräftiger Käsegeruch aus. Nach 60 Tagen blieb noch ein Rückstand von 1,2 cm übrig. Nachdem ich mich mit einer Wünschelrute von ihrer einwandfreien Beschaffenheit überzeugt hatte, habe ich dann die fertigen Käse probiert. Sie schmeckten hervorragend! Vielleicht ist für die braune Oberfläche der Milchzucker verantwortlich.

Ein andermal stellte ich rohe Milch, aufgelöstes Ziegenmilchpulver und ein kleines Glas mit Schlagsahne unter verschiedene Pyramiden. Zwei Wochen später sah alles so aus wie oben geschildert. Danach entwickelten sich auf den jeweiligen Oberflächen Flecken von unterschiedlicher Verfärbung, außer bei der Schlagrahmprobe. Dort wucherten graue Spinnengewebe nach oben, die wie Gaze aussahen. Ich kratzte sie weg und probierte den Käse darunter. Der war einwandfrei, und so ließ ich den Test weiter laufen. Jetzt erschienen auch hier Flecken verschiedener

Färbung. Ich begann wieder mit dem Wegkratzen, aber diesmal wurde dadurch offenbar der natürliche Reifungsprozeß unterbrochen. Nur im Nachbarglas, das auch Bewuchs zeigte, entwickelte sich der Schlagrahm zu einem normalen, fetten Sahnekäse.‹

Jeder, der mit flüssigen Stoffen umgeht, sollte ständig daran denken, daß sie von einem Tag zum anderen, ja von Stunde zu Stunde andere Eigenschaften haben können. Das hat Michel Gauquelin sehr gut in seinem Buch ›Die Uhren des Kosmos‹ (Cosmic Clocks) erklärt: ›Wie allgegenwärtig die Einflüsse des Kosmos zu jeder Zeit um und in uns sind, das hat man in seiner ganzen Tragweite erst vor kurzem erkannt. Noch vor wenigen Jahren konnte man sich nicht erklären, warum trotz aller Sicherheitsvorkehrungen Reaktionen zwischen organischen oder anorganischen Stoffen an jedem Tag anders ausfielen. Heute weiß man, daß es für flüssige Stoffe niemals konstante Bedingungen geben kann. Bei identischen Versuchen mit festen Körpern ist das natürlich anders. Hier gibt es keine abweichenden Ergebnisse, denn die Struktur der Festkörper ist kaum modifizierbar. Schwache Einflüsse können sich bei ihnen nicht auswirken – aber die harte Materie ist auch nicht Träger des Lebens! Leben, das ist das labile Gleichgewicht flüssiger Stoffe. Keine noch so umfangreichen Schutzmaßnahmen können die regellose Molekularstruktur von Flüssigkeiten gegen jene Kräfte abschirmen, die von außen auf sie eindringen. Daß Experimente mit Flüssigkeiten schon nach einer Stunde nicht mehr identisch zu reproduzieren sind, ist kein Zufall, sondern ein ehernes Gesetz der Natur.‹

Gauquelin berichtet uns dann von den Versuchen, die Prof. Giorgio Piccardi, Direktor des Instituts für physikalische Chemie in Florenz, durchgeführt hat, um das unberechenbare Verhalten von Wasser zu ergründen. Auch Piccardi war natürlich bekannt, daß Wasser an den Innenseiten von Behältern Kalkablagerungen hinterläßt, wie z.B. in Kochtöpfen oder Heizkesseln der Industrie. Solche Ablagerungen sind perfekte Wärmeisolatoren und beeinträchtigen den Wirkungsgrad der Anlagen ganz erheblich. Jetzt ist jedoch ein Verfahren entwickelt worden, mit dessen Hilfe die Ablagerungen entfernt werden können – das regelmäßige Impfen der Kessel mit präpariertem Wasser.

Piccardi verrührte etwas Wasser in einem Glas zusammen mit einem Tropfen Quecksilber und etwas Neongas und schüttete es dann in das zu behandelnde Kesselwasser. Mit dem Rührvorgang entsteht durch Reibung des Quecksilbers an den Innenwänden des Glases eine elektrische Spannung, die genügt, um eine rötlich schimmernde Entladung durch das Neongas hervorzurufen. Sobald dieses ›aktivierte‹ Wasser in die Röhren des Heizkessels kam, erweichten der Kesselstein und sonstige Ablagerungen auf geradezu magische Weise und konnten als Schlamm weggespült werden.

Piccardi entdeckte aber, daß diese Methode nicht immer gleich gut wirkte. An einem Tag hatte man ausgezeichnete Erfolge, an einem anderen verhielt sich das aktivierte Wasser wie ganz normales. Man testete das aktivierte Wasser nach allen Regeln der Kunst, konnte aber keinen Unterschied zu reinem Leitungswasser feststellen. Welche Veränderung bewirkte dann das Verrühren von Neon und Quecksilber in dem Wasser, das solch einem Vorgang ausgesetzt war?

Die Unzuverlässigkeit des aktivierten Wassers war ein Problem, das Piccardi zunächst nicht lösen konnte, bis er schließlich zu der Überzeugung kam, daß das Wasser unter dem Einfluß kosmischer Kräfte stand. Er legte feine Metallgitter über die Gläser mit aktiviertem Wasser und beobachtete, daß sich dadurch die Reaktionsgeschwindigkeit des Wassers beeinflussen ließ – irgendwelche von außen kommenden Kräfte waren durch die Gitter aufgehalten worden. Daraus schloß er, daß das Verhalten des aktivierten Wassers von Vorgängen abhängt, die im Raum außerhalb der Gläser zu suchen waren. Um die Ursache des unvorhersehbaren Verhaltens von Wasser bei chemischen Reaktionen mit wissenschaftlicher Genauigkeit nachweisen zu können, ersann Piccardi eine originelle Testmethode. Er nahm für seine Versuche Wismuthtrichlorid als Reaktionssubstanz: Löst man Wismuthtrichlorid in destilliertem Wasser, so fällt Wismuthoxichlorid aus und setzt sich am Boden des Reaktionsgefäßes ab.

Nachdem er neun Jahre lang täglich 20 Tests gemacht hatte, gelang Piccard der Nachweis, daß die Reaktionsgeschwindigkeit genau mit der Sonnenaktivität übereinstimmt. Sie ist hoch, wenn die

Sonnenaktivität groß ist, und niedrig, wenn diese Aktivität nachläßt.

Doch nun wieder zurück zu den Versuchen mit Pyramiden.

Wir testeten einen Krug mit Instantkaffee und eine Flasche des billigsten Weins, den wir finden konnten. Eine Aluminiumplatte von 25,4 cm Durchmesser wurde fünf Wochen lang in eine Pyramide gelegt, dann wieder herausgenommen und der Kaffee und die Weinflasche darauf gestellt. Bevor wir die Weinflasche öffneten, ließen wir sie zwei Wochen auf der Platte stehen.

Den Kaffee probierten wir sofort. Je länger er auf der Platte stand, um so milder schmeckte er. Als der Wein geöffnet wurde, war er mild und lieblich und schmeckte wie ein Wein, der sonst weitaus teurer ist. Zwischen ihm und einer unbehandelten Flasche war ein deutlicher Unterschied festzustellen. Natürlich sind das rein subjektive Tests, und man kann leicht dagegen einwenden, daß hierbei Einbildung mit im Spiel ist. Wir haben aber den Wein von mehreren Personen probieren lassen, denen man nicht gesagt hatte, daß sie an einem Test teilnahmen; sie wurden nur gebeten, die Qualität der beiden Weine zu beurteilen. Jedesmal wählten sie den ›behandelten‹ Wein, und ganz typisch war die Bemerkung eines jungen Mannes, der sagte: »Man braucht keinen besseren Wein, um den Unterschied zu schmecken.«

Daß sich Wassertropfen völlig selbständig verhalten können, weiß man schon seit einiger Zeit. Nimmt man reines Wasser und setzt auf dessen Oberfläche einige Wassertropfen, so nehmen ein paar davon die Form einer Kugel an und beginnen beim leisesten Windzug über die Wasseroberfläche dahinzugleiten oder zu rollen.

Man hat nun solche Versuche mit einfachem Wasser und mit Pyramidenwasser gemacht, von denen letzteres vier Wochen in der Energiezone einer Pyramide gestanden hatte. Um auf einfache Art Wassertröpfchen zu erzeugen, wurde ein kleines Loch in den Boden eines Metallbehälters gebohrt. Zuerst wurde der Behälter mit normalem klaren Wasser gefüllt und über eine Pfanne ebensolchen Wassers gehalten. Die Pfanne war so hoch mit Wasser aufgefüllt worden, daß sich die Wasseroberfläche nach oben wölbte und am Rand entlang einen Meniskus bildete. Sobald die

Tropfen aus dem Metallbehälter auf die Wasseroberfläche trafen, wurden kleine Kügelchen aus ihnen. Einige blieben mitten auf der Oberfläche, andere wieder wanderten zum Rand der Pfanne. Mit Pyramidenwasser in dem Tropfbehälter hielten die Tropfen jedoch weniger fest als Kügelchen zusammen. Es schien so, als hätte die Pyramidenenergie die Moleküle etwas auseinandergedrückt, so daß die Oberflächenspannung der Wassertropfen geringer war.

Tenny Hale, eine Psychosensitive aus Oregon, berichtet, daß Pyramidenwasser, nach ihrer Erfahrung, den Sauerstoff stärker bindet. Wenn man das Wasser immer wieder aus der Pyramide herausnimmt, entstehen weniger Sauerstoffbläschen.

Nach unseren Messungen verdunstet Wasser, das vier Wochen in einer Pyramide gestanden hat, schneller als normales, unbehandeltes Wasser. Dazu wurden mehrere Versuche mit je 250 Gramm Pyramiden- und Normalwasser gemacht, und jedesmal verlor das Pyramidenwasser, innerhalb von 15 Tagen, 21 Gramm mehr als das normale Wasser. Wenn das Wasserstoff-Sauerstoff-Gefüge der Molekularstruktur des Wassers in irgendeiner Weise durch die Pyramidenenergie verändert wird, dann wäre auch eine veränderte Oberflächenspannung des Wassers denkbar, und dieser Umstand wäre wiederum eine Erklärung für die unterschiedliche Verdunstungsgeschwindigkeit.

Wir haben mehrere Keimversuche durchgeführt, mit B-Zellen-, Pyramiden-, Oszillator- und Normalwasser. B-Zellen werden aus einer Zellkultur entwickelt, die angeblich Sonnenenergie hoher Frequenz abstrahlen kann. Die Zellen werden in kleinen, aus Zement gegossenen Formen aufbewahrt. Der Vielwellenoszillator erzeugt Frequenzen im Bereich des Radiowellenspektrums, und wenn man die elektromagnetischen Kräfte auf den Kern der Zellen richtet, so erhöhen sie angeblich die Stoffwechselraten der Zellen. Gleichgroße Mengen von Wasser wurden einzeln in B-Zellen mit dem Vielwellenoszillator und in Pyramiden behandelt. Je zwei Samen von Limabohnen, Pintobohnen und Sonnenblumen wurden auf Papierkissen in flache Metallschalen gelegt und mit den verschiedenen Wasserproben angefeuchtet. Die Samen, die das Oszillator-behandelte Wasser bekommen hatten, wuchsen dreimal schneller als die in den anderen Schalen.

Wir haben die Erfahrung gemacht, daß Pyramidenwasser wohl das Wachstum einer Pflanze beschleunigt, die Keimzeit ihrer Samen aber verlangsamt. Ausführlich wird auf diese Experimente im Kapitel über die Pflanzen eingegangen.

Interessant ist, in diesem Zusammenhang ein Abschnitt aus dem Artikel ›Medizinische Anwendung des Magnetismus‹ von Dr. E. H. Frei zu zitieren. Dr. Frei ist Leiter der Abteilung Elektronik am Weizman-Institut.

›Nach den Vorstellungen von Labes sollen Lebensvorgänge durch magnetische Felder über Flüssigkeitskristalle beeinflußt werden können. Flüssigkeitskristalle befinden sich stofflich in einem Zustand zwischen fest und flüssig und erscheinen in vielen organischen Zusammensetzungen. Ihre Moleküle lagern sich zwar parallel in bestimmte Richtungen aneinander, haben dabei aber fast völlige Bewegungsfreiheit. Bekanntlich genügen etwa 1000 Gauß, um Flüssigkeitskristalle auszurichten, und Svedberg hat nachgewiesen, daß sich bei solchen parallelorientierten Systemen die Diffusions- und Reaktionsgeschwindigkeit merklich ändert, wenn man sie magnetischen Feldern aussetzt. Flüssigkeitskristalle und Stoffe, die mit ihnen nahe verwandt sind, gibt es im lebenden Körper, und über sie könnte der Ablauf von Lebensvorgängen beeinflußt werden.‹

Wir nahmen ein Stück verdorbenes Fleisch und teilten es in zwei Hälften, eine Hälfte legten wir in normales Wasser, die andere in Pyramidenwasser. Nach einer Woche war das Fleisch im unbehandelten Wasser weiter verdorben, der Geruch unerträglich, und das Wasser hatte sich verfärbt. Beim Behälter mit Pyramidenwasser war der Geruch verflogen, die Schwebstoffe hatten sich abgesetzt, und das Wasser war klar.

Wir haben Pyramidenwasser bei Schnittwunden und Verbrennungen ausprobiert und glauben, daß die Heildauer etwas abgekürzt wird. Hierzu ein Beispiel: Die vier Jahre alte Tochter eines unserer Freunde quetschte sich Hand und Daumen in einer zuschlagenden Tür. Der Freund brachte seine Tochter zuerst zum Arzt, erinnerte sich aber dann an das Pyramidenwasser, das er in seinem Eisschrank aufgehoben hatte. Er nahm das Wasser und hielt die Hand des Kindes hinein. Innerhalb einer Minute hörte das Kind auf zu weinen und sagte: »Papi, das tut gut.« Man ließ das Kinderhändchen noch 30 Minuten lang im Wasser, und am nächsten Morgen begann das auseinandergerissene Gewebe bereits wieder zusammenzuwachsen, die Schwellung und das meiste der Blaufärbung durch den Bluterguß waren verschwunden. Zwei Tage später war von der Verletzung nichts mehr zu sehen.

Mrs. Pettit nahm Pyramidenwasser als Hautwasser für ihre Gesichtspflege und stellte als erstes fest, daß es in Perlen auf der Haut stehen blieb, bevor es eindrang oder verdunstete, während unbehandeltes Wasser meist in Streifen von der Haut abfloß. Nach 4–5 Wochen regelmäßiger Anwendung machten ihr die Freunde Komplimente wegen ihres Aussehens und sagten zu ihr: »Mein Gott, Inez, du schaust so frisch und jugendlich aus, was hast du gemacht?«

Wir haben auch herausgefunden, daß täglich ein Glas Pyramidenwasser der Verdauung hilft. Auch Magenverstimmungen werden günstig beeinflußt, und die Beschwerden scheinen schneller abzuklingen. Es gibt zahlreiche sogenannte Wunderquellen auf der Welt, denen man heilungsfördernde Eigenschaften nachsagt. Hört man ihre Verehrer davon berichten, welch wohltuende Wirkung eine Bade- oder Trinkkur mit solchen Wassern hat, dann kommen einem unwillkürlich die Erfolge mit Pyramiden-, B-Zellen-, Oszillator- und ähnlichen Wassern in den Sinn.

In ›Gesundheitsrezepte aus Europa‹ (Health Secrets From Europe) setzt sich Paavo O. Ariola kritisch mit der Anwendung von Wasser in der Therapie auseinander und schreibt über eine Wasserheilanstalt in Deutschland:

›Die moderne Forschung auf dem Gebiet der Balneologie (medizinische Wissenschaft von der Anwendung der Bäder zur Heilung und Vorbeugung) und der medizinischen Anwendung von Mineralwassern ist noch jung und lückenhaft. Man hat aber bereits erkannt, daß Mineralwasser Heilkräfte besitzen, und das ist auch logisch, denn viele Erkrankungen werden durch Störung des Mineralhaushalts und des biochemischen Gleichgewichts hervorgerufen. Fast noch bedeutsamer ist die Tatsache, daß diese Wasser hier in Bad Pyrmont schon seit fast 2000 Jahren zu Heilzwecken verwendet werden. Millionen kranker Menschen haben sie geholfen, und Patienten wie Ärzte erleben täglich neue Beispiele!‹

Und man fragt sich: Ist Wasser, das so wichtig für alles Lebendige ist, nicht nur ein Transportmittel für Mineralstoffe, sondern auch ein Mittler bekannter und unbekannter Energien für die Lebensvorgänge in den Zellen?

In Christopher Hills Buch ›Die Entwicklung des Zellkerns‹ (Nuclear Evolution) finden wir folgende Zeilen über die Natur des Wassers:

›In belebter organischer Materie erfolgt der Transport elektrischer Energie stets mittels Spaltung chemischer Verbindungen durch Wasser (Hydrolyse). Das Leben begann im Wasser, und man hat den Eindruck, als sei es die Funktion des Körpers als Träger des Bewußtseins, Wasser zu bilden und festzuhalten, damit der Fortbestand und die Ernährung des Protoplasmas gesichert sind. Ohne dieses Wasser in jeder Zelle gäbe es in den Energie produzierenden Naßzellenbatterien, die wir Mitochondrien nennen, keine Ionisation der Membranen, und die Elektronenpumpen könnten nicht funktionieren. Es ist, wie schon Christus sagte: ›Ohne Geist und Wasser gibt es keine Wiedergeburt.‹

Vielleicht werden wir eines schönen Tages entdecken, daß Weihwasser tatsächlich Eigenschaften besitzt, die dem normalen Wasser fehlen. Was seinem Empfänger hilft, hängt vielleicht damit zusammen, daß das Wasser zusätzliche Energien speichert, wenn es von jemandem gesegnet wird, der die dazu notwendigen außergewöhnlichen Fähigkeiten besitzt. Vielleicht ist der Ritus der Baptisten doch mehr als nur ein Symbol der Eingliederung und Reinigung für den Neuling, und vielleicht war Ponce de Leon am Ende ein Mann, der seiner Zeit weit voraus war.

Die Wirkung auf feste Körper

Gewöhnliche Metalle in Gold zu verwandeln war der Wunschtraum aller Alchemisten der Antike und des Mittelalters, und es ist ein Kunststück, das wir auch von der Pyramide nicht erwarten können. Oder doch?

Von der Alchemie geht eine ganz eigenartige Faszination aus. Das Wichtigste an ihr, so sagt man, sei nicht ihr Geruch nach Geld und Gold, sondern daß sie den niedrig geborenen Menschen in einen Gott verwandelt hat. Einige Historiker glauben, daß die Alchemisten Meister der Metaphysik gewesen sind, die ihr wahres Anliegen – eine Metamorphose des Menschen – hinter chemischen Tricks versteckten, um der Verfolgung durch religiöse Fanatiker zu entgehen. Viele Alchemisten wurden nur deshalb von reichen Gönnern unterstützt, weil diese an dem uralten Aberglauben festhielten, unsterblich zu werden, sobald sie ein Elixier getrunken hatten, das im Augenblick der Transmutation hergestellt worden war. Doch welche Ziele sie auch immer verfolgten, die Alchemie wollte stets die tiefsten Geheimnisse des Lebens enthüllen. Es ist das Schicksal des Menschen, nach dem Stein der Weisen suchen zu müssen.

Der Alchemist von heute weiß, daß er es mit Energiefeldern zu tun hat und daß die Materie nichts anderes ist als eine Anordnung von Energieteilchen. Sobald er hinter das Geheimnis des Atomkerns gekommen ist, kann jedes Metall so umgebaut werden, wie es gerade gewünscht wird. Mag auch die nackte Gier Triebfeder so mancher Alchemisten gewesen sein, so waren ihre Träume doch gar nicht so weit von der Realität entfernt, wenn es damals auch nicht so aussah. Die neuesten Forschungsergebnisse der Atomwissenschaft haben uns so weit gebracht, daß wir die Formen der Energiestrukturen verstehen lernen, in die alles eingebettet ist, was existiert. Vielleicht wußten auch die Menschen in der Antike darüber Bescheid, und die Alchemisten versuchten nur das verlorengegangene Wissen neu zu entdecken. So ist im Grunde das Erforschen jener eigenartigen Energiefelder in den Pyramiden nichts anderes als ein Fortsetzen dieser Tradition. Wir wissen heute, daß es Transmutationen gibt, d.h. daß sich ein Stoff oder eine Substanz in eine andere verwandeln kann. Lavoisier, ein Gelehrter des 18. Jahrhunderts, gilt als Vater der modernen Chemie. Seine Arbeitshypothese und der Schlüssel zu seinen neuen Erkenntnissen war: Nichts geht verloren, nichts entsteht neu, alles wird nur verwandelt. Weil man das Atom für den kleinsten Baustein der Materie hielt und somit als Naturkonstante betrachtete, nahm man an, daß Elemente nicht neu entstehen können. Andererseits war es schlicht unmöglich, daß ein Atom verschwindet. Wenn es sich von einem Molekül aus zwei oder mehreren Atomen trennte, dann konnte man es in einem anderen Molekül unverändert wiederfinden. Es war praktisch unmöglich, diese Lehrsätze des Lavoisier zu widerlegen; selbst eine Diskussion fand nicht statt. Sie waren das Fundament der Wissenschaft des 19. Jahrhunderts, und wer sie studierte, erhob sie zur Allgemeingültigkeit und wendete sie auf alle Zweige der Wissenschaften an, die mit der Chemie in irgendeiner Verbindung stehen. Erst in unserem Jahrhundert kam es zu einem offiziell anerkannten Widerspruch gegen diese Prinzipien, die 100 Jahre lang unangefochten das Feld beherrscht hatten. Es war die Entdeckung der natürlichen Radioaktivität und die damit zusammenhängende Erkenntnis, daß sich einige stoffliche Substanzen in andere verwandeln können. Ein Radium-Atom wurde zu einem nicht radioaktiven und stabilen Blei-Atom. Jederman konnte das in Büchern über die Arbeiten der Marie Curie und ihrer Entdeckung des Radiums nachlesen. Die Behauptung, daß Transmutationen nur durch den Aufwand ungeheurer Kernenergien möglich wären, war unhaltbar geworden. Die Arbeiten des französischen Biologen Louis C. Kervran haben gezeigt, daß spontane Transmutationen in der Welt der organischen Materie eine ganz natürliche Erscheinung sind. Es scheint jetzt erwiesen zu sein, daß das Verhältnis zwischen dem Atomkern und seinen Elektronen bei organischen Stoffen ein anderes ist als bei anorganischen. Dazu wurden einige interessante Versuche mit Hühnern gemacht. Hühner brauchen Kalzium zum Aufbau der Eierschalen, und aus diesem Grund bekamen einige Hühner bei diesen Versuchen eine kalziumfreie Diät. Anstelle von Kalzium war ihr Futter mit Mika (Glimmer) angereichert, einem Aluminiumsilikat mit Pottasche (K_2CO_2). Man fand heraus, daß die Hennen ihr Kalzium für die Eierschalen selber produzierten, womit klar war, daß Pottasche zusammen mit einem Wasserstoff-Ion in Kalzium verwandelt worden war.

In der UdSSR gibt es eine neue Theorie, genannt ›die Theorie der magischen Zahl‹, nach der es jenseits von Uran superschwere Elemente geben soll, die stabil sind. Nach herrschender Auffassung sind alle transuranen Elemente radioaktiv und instabil. Nach neuesten Spekulationen soll es aber ein Element mit dem Atomgewicht 310 und der Ordnungsnummer 135 geben. Man nennt es ›Eka-Blei‹ oder ›Superblei‹, und Spuren davon sollen im gewöhnlichen Blei zu finden sein, so wie es in der Natur vorkommt. Eine gegenwärtig zwar noch rein theoretische Untersuchung der möglichen Eigenschaften des Eka-Bleis hat ergeben, daß es im Falle einer Transmutation wahrscheinlich zu einem stabilen Goldisotop werden würde. Nachdem man heute weiß, daß die bekanntesten Atome durch elektrische Kräfte umgewandelt werden können, erhebt sich die Frage, ob die außergewöhnlichen elektromagnetischen Kräfte im Inneren der Pyramide eine Transmutation der Elemente bewirken könnten. Zur Zeit gibt es noch keine Antwort auf diese Frage. Klar ist nur das Phänomen der Veränderung, eine Veränderung, die außerhalb der Pyramide oder in Behältern ohne Pyramidenform nicht stattfindet.

Schaut man sich eine grafische Darstellung des elektromagnetischen Spektrums an, dann erkennt man, daß der Bereich, in dem die Wellen länger als Radiowellen sind, unbekannt ist. Das gleiche gilt für den Bereich, in dem die Wellen kürzer als die kosmische Höhenstrahlung sind. Wahrscheinlich gehören die Strahlungen im Pyramideninneren wenigstens teilweise zum kurzwelligen Ende des elektromagnetischen Spektrums. Man kann das zumindest annehmen, denn gramnegative Bakterien werden ganz offensichtlich durch die Pyramidenkraft zerstört. In unserem Auftrag untersuchte ein staatliches Labor Proben verunreinigter Milch, die in Pyramiden gestanden hatten, und es zeigte sich, daß die meisten Bakterien abgetötet waren. Bei unseren Versuchen mit Fleisch entdeckten wir, daß es nicht verwest, sondern schnell an Feuchtigkeit verliert und Bakterien gegenüber praktisch immun wird. Nach einer Verweildauer von drei Wochen verliert es in der

Pyramide 66 % seines Gewichts, aber es verdirbt nicht. Wenn man dieses Ergebnis einmal mit den üblichen Konservierungsverfahren vergleicht, bei dem vorhandene und entstehende Bakterien durch ultraviolettes Licht abgetötet werden, erkennt man auch den Vorteil: das Fleisch kann gefahrlos auch bei höheren Temperaturen gelagert werden. Um Vergleichstests mit mehreren Nahrungsmitteln machen zu können, bauten wir uns fünf gleiche Pyramiden aus 6fach geschichtetem Karton. Jede Pyramide erhielt eine Grundfläche von 24 × 24 cm und war 15 cm hoch. Zur Lüftung bohrten wir in jede Seite, dicht unter der Spitze, 2 cm große Löcher. In alle fünf Pyramiden kamen Proben der Nahrungsmittel und wurden dort etwa in Höhe der Königskammer aufgestellt. Gleiche Proben standen auf einem Tisch, außen neben den Pyramiden. Unter anderem hatten wir 4 Eier ausgesucht, von denen jedes 51 Gramm wog. 2 Eier blieben in der Schale und wurden in und neben die Pyramide gelegt, dazu 2 aufgeschlagene auf Untertassen. Weitere Proben bestanden aus frischer Kalbsleber, Fisch und Sirloin-Steak. Die Sirloin-Steaks waren so zurechtgeschnitten, daß sie gleiche Fettmengen und eine ähnliche Faserstruktur aufwiesen. Für die kleinen Pyramiden waren sie jedoch zu groß, darum hingen wir sie an Nylonfäden, die vom Apex herunter reichten, in unserer begehbaren 1,83 m hohe Pyramide auf. Während der ersten Woche wurden alle Nahrungsmittel außerhalb der Pyramide schlecht, sie waren verschimmelt oder verrottet. Das aufgeschlagene Ei verdarb als letztes, indem es zu verschimmeln begann. Innerhalb der Pyramiden war jedoch nicht eine der Nahrungsmittelproben schlecht geworden. Die einzigen Veränderungen waren Schrumpfungen und Gewichtsverluste. Das Nachwiegen der Proben aus dem Pyramideninneren ergab Gewichte wie in der umstehenden Tabelle genannt.

Bei einem anderen Test nahmen wir zwei reife Tomaten von gleicher Größe und einem Gewicht von etwa 199 Gramm. Eine Tomate legten wir in die Königskammerzone der 1,83-m-Pyramide und die Kontrolltomate auf einen Styroporsockel an die Außenseite neben der Pyramide. Die Tomate außerhalb der Pyramide verfaulte und mußte am 12. Tag weggeworfen werden. Die Tomate in der Pyramide trocknete aus, behielt aber ihre rote Farbe

	Anfangs-gewicht	Anzahl d. Tage i.d. Pyramide	End-gewicht
Frischei i.d. Schale	51 g	60	19 g
Frischei ohne Schale	34 g	19	18 g
Frische Kalbs-leber	45 g	20	16 g
Frischer Fisch	45 g	15	14 g
Sirloin-Steak	245 g	40	94 g

und zeigte keine Spur von Fäulnis. Das einzige Zeichen der Veränderung waren scharfe Runzeln auf der äußeren Haut, die durch das Einschrumpfen entstanden waren. Nach 60 Tagen holten wir die Tomate dann wieder aus der Pyramide heraus, und als wir sie aufschnitten, war das Fruchtfleisch so fest und saftig wie bei einer frischen Frucht. Irgendwelche Anzeichen von Verderb waren nicht festzustellen, und das Gewicht betrug etwa 85 Gramm.

Eine große Traube dunkler Weinbeeren (Labrusca-Concord) wurde in drei gleiche Teile geteilt. Ein Drittel kam auf Königskammerhöhe in die größere Pyramide, das zweite legten wir außerhalb der Pyramide in eine würfelförmige Plexiglasschachtel, und das letzte legten wir auf ein Regal in der Nähe der Pyramide. Obwohl die Trauben in der Schachtel Luftzutritt hatten, entwikkelten sie viel Schimmel, der nach 10 Tagen die ganze Schachtel ausfüllte. Die Trauben auf dem Regal begannen am 14. Tag zu verschimmeln. Die Trauben im Inneren der Pyramide fingen dagegen nach Ablauf des gleichen Zeitraums an einzutrocknen und hatten nach 5 Wochen nur noch 92 Gramm ihres Originalgewichts von 220 Gramm. Nach 7 Wochen wogen sie nur noch 81,5 Gramm und hatten damit ihr Gewichtsminimum erreicht. Sie waren trocken, verrunzelt und sahen fast wie Rosinen aus, aber von Fäulnis oder Schimmel war nichts zu sehen.

In seinem Buch ›Übernatur‹ (›Supernature‹) berichtet der Autor Lyall Watson über seine Pyramidenexperimente mit drei verschiedenen Gegenständen: Eiern, Rumpsteaks und toten Mäusen. Die Kontrollproben waren in einem Schuhkarton. Die Proben in der Pyramide wurden konserviert, während die in der Schuhschachtel bald anfingen zu riechen und fortgeworfen werden mußten. Er schrieb dazu: ›Ich muß daraus schließen, daß eine Nachbildung der Cheops-Pyramide aus Pappe nicht einfach eine wahllose Zusammenstellung verschiedener Papierstücke ist, sondern zweifellos außergewöhnliche Eigenschaften besitzt.‹

Dr. Boris Vern, Leiter des Pyramiden-Erkundungsprojekts für die Menschheitsforschung Unlimited, Inc., Washington, D.C., machte mehrere Versuche mit 25,4 cm hohen Plastikpyramiden und Plastikwürfeln gleichen Rauminhalts. Er berichtete, daß rohe Eier in den Pyramiden in weniger als drei Wochen hart und trokken wurden. Schimmel, den man auf die Eier brachte, wuchs nicht mehr weiter. Die Kontrolleier blieben feucht und verschimmelten.

Vor einigen Jahren stellte ein kalifornischer Forscher, der verstorbene Verne Cameron, eine kleine Pyramide in seinem Badezimmer auf. Die Bedingungen in diesem Badezimmer, als dem heißesten und feuchtesten Raum im ganzen Hause, waren alles andere als ideal für ein Konservieren von Nahrungsmitteln. Er legte ein fettes Stück Schweinefleisch in das Innere der Pyramide. Nach drei Tagen bemerkte er einen schwachen Geruch, aber nach weiteren sechs Tagen war der Geruch wieder verschwunden und das Schweinefleisch mumifiziert. Es blieb noch einige Monate in der Badezimmer-Pyramide, und Cameron behauptete, daß es danach immer noch absolut genießbar war.

Nahrungsmittelkonservierung, Mumifizierung und die starke Austrocknung weisen eigentlich darauf hin, daß die Strahlungskräfte in der Pyramide zum kurzwelligen Ende des elektromagnetischen Spektrums gehören. Es muß aber auch magnetische Kräfte geben, wenn man an das Schärfen von Rasierklingen denkt und die Berichte über 200 Rasuren mit einer Klinge. Der Erfolg scheint von der Qualität des Rasierblatts abzuhängen, denn die besten Ergebnisse brachten Klingen aus geschmiedetem Stahl. Je mehr Nicht-Eisen im Klingenstahl ist, desto weniger scheinen die Pyramidenkräfte zu wirken. Gehört die Kraft zum elektromagnetischen Spektrum, und es scheint so, dann müßte sie sich genauso verhalten wie die uns bekannten Wellen dieses Spektrums, also wie z.B. das sichtbare Licht. Nun ist das Licht aber immer noch ein Rätsel für die Wissenschaft. Es gibt Theorien, die für fast alle beobachtbaren Erscheinungen des Lichts eine passende Erklärung anbieten, aber es sind eben nur Theorien. Derzeit nimmt man an, daß das Licht sowohl eine elektromagnetische Welle als auch ein Strom von Photonen ist, das sind Teilchen, die keine Masse, aber Energie besitzen. Aufgrund dieser Eigenschaften wird das Licht abgelenkt oder gebrochen, wenn es von einem Medium in ein anderes übergeht. Trifft ein Lichtstrahl z.B. unter einem Winkel auf eine Glasoberfläche, so wird es abgelenkt und gebrochen. Stellen wir uns nun vor, daß ein Energiestrahl durch eine der schrägen Seiten der Pyramide dringt, so würde auch er gebrochen, und wahrscheinlich in einem bestimmten Verhältnis zur Energie der Teilchen, aus denen er besteht. Angenommen, der Strahl kommt von Westen, dann würde er beim Eindringen so gebrochen, daß er den Zentralpunkt unterhalb des Apex trifft, dort, wo sich ja auch der Hauptwirkungsbereich befindet.

Die Schneide der Rasierklinge hat eine Kristallstruktur, und Kristalle wachsen, indem sie sich selbst reproduzieren. Durch Abreiben einiger Kristalle wird die Klinge stumpfer, und theoretisch sollten dann die Kristalle in der Lage sein, sich selbst zu ersetzen. Die Wellen des Sonnenlichts schwingen bekanntlich in allen Ebenen um die Strahlungsrichtung. Wird das Licht aber von einem Gegenstand, wie z.B. dem Mond, reflektiert, so wird es teilweise polarisiert, d.h., ein Teil der Lichtwellen schwingt nur noch in einer Ebene (7–16 %). Es wäre nicht undenkbar, daß die Schneide einer Klinge zerstört wird, wenn man sie dem Mondlicht aussetzt, und genau das scheint auch zu geschehen. Dieser Vorgang ist allerdings keine Erklärung für das Wiederscharfwerden der Klinge in einer Pyramide. Man kann nur vermuten, daß Pyramiden die Energiestrahlung wie Sammellinsen in einem Brennpunkt vereinigen und dadurch das Wachsen der Kristalle gefördert wird.

Es ist eine interessante Tatsache, daß die Ausrichtung eines Kristalls dessen Pulshäufigkeit bestimmt. In seiner Schrift ›Die Energiefelder in Mensch und Natur‹ schreibt John C. Pierrakos, daß es von der Orientierung nach den vier Himmelsrichtungen abhängt, wie schnell Kristalle pulsieren. ›Zeigt z.B. die Hauptkante eines Kristalls nach Süden, so pulsiert es etwa 9mal in der Minute, zeigt sie nach Westen, beträgt die Anzahl der Pulse 6 pro Minute. Nach Norden gerichtet sind es 4, und zeigt die Kante nach Osten, so steigt die Pulszahl auf 14.‹ Um dieses Phänomen weiter zu erforschen, sei zuerst einmal festgehalten, daß sich die Erde bekanntlich von West nach Ost dreht. Ein von Westen kommender Energiestrom könnte, nachdem er in die Erdatmosphäre eingedrungen ist, ihr folgen und rundum einen Energiefluß verursachen, der sich von West nach Ost bewegt. Seit einigen Jahren ist der Wissenschaft bekannt, daß die Luft rund um den Erdball ionisiert ist. Zuerst dachte man, daß eine sehr harte, radioaktive Strahlung diese Ionisierung hervorruft. Dann fand man, daß die ionisierten Teilchen immer weniger wurden, je weiter man mit einer Meßsonde in die Tiefen des Meeres vordrang. Die Wassermassen scheinen einen Teil der Strahlung zu absorbieren. Man glaubte auch anfänglich, daß die Strahlung von der Radioaktivität in der Erde selbst stammt. Als man aber ionenempfindliche Instrumente in die obere Atmosphäre aufsteigen ließ, stellte sich heraus, daß die Ionisation mit zunehmender Höhe stärker wurde. Damit war bewiesen, daß die Strahlung aus den Tiefen des Weltalls kommt, und so gab man dieser Kraft den Namen ›kosmische Strahlung‹.

Die Quelle dieser Strahlung ist unbekannt; man weiß nur, daß sie außerhalb des Sonnensystems entsteht und aus allen Himmelsrichtungen zu kommen scheint. Die Intensitätsverteilung entlang der Breitengrade zeigt, daß die Strahlung vom irdischen Magnetfeld abgelenkt wird. Strahlung, die vom Kosmos aus in die Erdatmosphäre eindringt, nennt man Primärstrahlung und unterscheidet sie von der Strahlung, die im Luftmeer, z.B. durch Radiumteilchen, entsteht. Weitere Beobachtungen weisen jetzt darauf hin, daß die Höhenstrahlung zwar grundsätzlich aus allen Richtungen kommt, aber scheinbar doch mehr von Westen als aus den übrigen Richtungen. Die Theorie besagt, daß die Strahlen vom erdmagnetischen Feld aufgefangen und nach Osten abgelenkt werden. Das könnte mit eine Erklärung dafür sein, daß sich Pflanzen im Inneren von Pyramiden in einem Bogen über Süd, von West nach Ost bewegen und diese Bewegung ständig wiederholen, wie das im Kapitel ›Pyramiden und Pflanzenwuchs‹ beschrieben wird. Es könnte auch erklären, warum Rasierklingen nur dann wieder scharf werden, wenn sie in der Pyramide genau auf der Nord-Süd-Achse liegen, denn auf diese Weise zeigt eine der beiden Schneiden nach Westen und die andere nach Osten. Wie wir feststellten und auch andere berichtet haben, wird eine Rasierklinge an manchen Tagen schärfer als an anderen. Haben wir vielleicht an einem Tag die Schneide benützt, die in der Pyramide nach Osten lag und am anderen Tag die, die nach Westen zeigte?

Wenn Wasser, wie beschrieben, ionisierte Teilchen absorbieren kann, dann könnte die dehydrierende Wirkung der Pyramide auch eine Erklärung dafür sein, warum Rasierklingen im Innenraum der Pyramide scharf bleiben. Wasser kann die Härte von Stahl bekanntlich um 20 % herabmindern. Die Pyramide oder sonst ein dafür geeigneter Hohlraumresonator scheint die einzige Abhilfe für Kristallücken in der Rasierklingenschneide zu sein. Sie treibt die dipoligen Wassermoleküle durch Resonanz aus der Schneide hinaus, wie Karel Drbal erklärt, jener tschechische Radioingenieur, der das Rasierklingenschärfen durch Pyramiden entdeckt hat. Man könnte auch mit anderen Worten sagen, daß die Rasierklingenschneide in der Pyramide dehydriert wird.

Die deutschen Physiker Born und Lertes bewiesen, daß die dipoligen Wassermoleküle tatsächlich so reagieren, wenn man sie in einem Hohlraumresonator, wie die Pyramide einer ist, der Mikrowellenbestrahlung aussetzt. Born und Lertes entdeckten, daß Mikrowellen und deren Harmonische die Rotation der Wasserdipole beschleunigen können. Das Ergebnis ist ein Austrocknungsprozeß, d. h., die Wasserdipole werden regelrecht aus der Kristallstruktur hinausgeschleudert. Es findet eine Art elektromagnetische Dehydration statt. Warum werden dann Pyramiden aus isolierendem, nichtleitendem Material gebaut und haben noch dazu einen besseren Wirkungsgrad, als wenn man sie aus leitenden Stoffen bauen würde? Die Antwort darauf scheint damit zusammenzuhängen, daß Mikrowellen nichtleitendes Material besser durchdringen können. Mit Aluminiumblech oder -folie gedeckte Pyramiden haben irgendwie nicht die gleichen Eigenschaften wie solche, die mit Plastik, Holz oder Segeltuch und dergleichen gedeckt sind. Die kreisförmigen Bewegungen der Pflanzen werden stark behindert, wenn man an der Westseite in der Pyramide ein Stück Aluminiumfolie oder -blech anbringt; wie Zeitrafferaufnahmen beweisen, werden sie sogar völlig bewegungslos. In dem Kapitel über Pflanzen haben wir zwar unsere Versuche mit Metallen und Pflanzen bereits beschrieben, aber es sei hier nochmals erwähnt, daß Aluminium das einzige Material zu sein scheint, welches diese hemmende Wirkung hat. Gebrauchsaluminium ist eine Legierung und wird auf elektrischem Wege gewonnen, und unsere erste Vermutung war, daß es auf die von außen in die Pyramide eindringenden Energiefelder irgendwie elektrisch negativ oder blockierend wirkt. Wir haben aber auch schon daran gedacht, ob es nicht eine zusätzliche Aufladung hervorruft, was dann zusammen mit anderen elektromagnetischen Kräften zu einer Art Überladung führt. Die Tatsache, daß auch Magnete die Pflanzenbewegung behindern, wenn man sie ins Innere der Pyramide stellt, scheint für die letztere Theorie zu sprechen. Was unser Problem jedoch noch schwieriger macht, ist, daß Samen auf Aluminiumfolie gar nicht oder nur sehr viel langsamer keimten als Samen, die auf einem anderen Material lagen. Die Erklärung dafür muß wohl damit zusammenhängen, daß Aluminium anscheinend die Arbeit der Enzyme hemmt. Magnetiseure, die mit der Strahlungsenergie ihrer Hände das Keimen von Samen fördern und das Pflanzenwachstum steigern können, sind auch in der Lage, die Enzymaktivität anzuregen. Ein Freund von uns, Charles Rhoades, ist als Magnetiseur recht erfolgreich gewesen. Er kannte unsere Rasierklingenexperimente und machte uns einmal, halb im Scherz, den Vorschlag, Rasierklingen durch ›Behandlung‹ mit seinen Händen wieder scharf zu machen. Nach fast 700 Rasuren verwendet er jetzt immer noch dieselbe Klinge, mit der er den Versuch gemacht hat. Ein fähiger Magnetiseur kann von seinen Händen offenbar die gleiche Energie abstrahlen, die auch in der Pyramide wirkt. Wir kamen zu dem Schluß: Wenn Aluminium diese Energie abschirmt und die Aktivität der Enzyme hemmt, dann muß das gleiche auch mit den Pflanzen geschehen. Wenn das der Fall war, dann mußte Aluminium anders auf Pflanzen wirken als ein Magnet. Aluminium schien wie eine Sperre zu wirken, während Magnete eine Überdosis an Aufladung erzeugten.

Dann entdeckten wir, daß die blockierenden Eigenschaften des Aluminiums verschwanden, sobald das Material lange genug in einer Pyramide gelegen hatte, um sich mit Pyramidenenergie aufzuladen. Aluminium, das zwei Wochen in einer Pyramide gelegen hatte, verlor seine hemmende Wirkung auf die Pflanzen, und sie verhielten sich, als wäre das Aluminium überhaupt nicht vorhanden. Behandelte Aluminiumfolie diente sogar als Pyramidenersatz. Die Aluminiumatome absorbierten die Energie offenbar durch Resonanz. Wenn dann die Folie aus der Pyramide wieder herausgenommen wurde, bekamen die Atome keine Energie mehr von außen zugeführt, so daß die Umlaufbahnen der Elektronen um den Kern langsam kürzer wurden. Durch diesen Vorgang wurde Energie freigesetzt, die dann genauso wirkte wie die in der Pyramide.

Auf behandeltem Aluminium keimten Samen ebenso schnell wie in Pyramiden, und auch die schwingenden Bewegungen der Pflanzen waren die gleichen. Unter anderem haben wir auch Versuche mit Roastbeef gemacht. Ein Stück wurde in behandelte und ein Stück in unbehandelte Aluminiumfolie gewickelt. Das Stück in der behandelten Folie brauchte zum Garwerden nur $^1/_3$ der Zeit des anderen.

Als Erklärung haben wir uns dann folgendes zurechtgelegt: Das Aluminium schirmt Pyramidenenergie nicht einfach ab, sondern saugt sich damit voll. Ist es gesättigt, wirkt es wie ein Resonator und gibt die Energie weiter, statt das Feld zu unterdrücken. Am Anfang dieses Kapitels sprachen wir von der Anziehungskraft, die das Gold auf den Menschen ausübt und von den Anstrengungen der Alchemisten, die Gier nach Gold zu befriedigen. Aber Gold bedeutete nicht nur Wohlstand, es war auch Symbol für zwei der wichtigsten Idealvorstellungen des Menschen: Unsterblichkeit und geistige Erleuchtung. Die alten Sagen berichten von Menschen aus Eisen und Silber, und ein Mensch aus Gold zu werden, hieß das Höchste zu erreichen und den wahren Sinn des Lebens zu erfüllen. Viele Menschen glaubten in vorgeschichtlicher Zeit daran, und viele glauben es auch heute noch, daß bestimmte Metalle und Edelsteine demjenigen physische und geistige Kräfte schenken, der sie trägt. Medizinmänner vieler Kulturen trugen Armbänder und Fußringe aus Gold, weil sie an die magischen Kräfte dieses Metalls glaubten. In seiner ursprünglichen Bedeutung war Gold nicht nur zur Krönung des Herrschers da, es gab seinem Besitzer auch Weisheit und Kraft. Vielleicht ist die Anziehungskraft des Goldes als vergessenes Erbe tief im menschlichen Unterbewußtsein verankert. Erst heute lernen wir von den Biochemikern, daß unser Körper ohne Spuren einiger Metalle nicht lebensfähig wäre. Daß wir Eisen und Kupfer brauchen, ist bekannt; nach den neuesten Forschungsergebnissen soll nun aber auch Zink von geradezu überragender Bedeutung für ein normales Funktionieren unseres Gehirns sein, und vielleicht lernen wir eines Tages, daß Gold für uns noch viel wichtiger ist. Edgar Cayce empfiehlt die Anwendung von Gold in mehr als 40 medizinischen Fällen. Die meisten dieser Fälle betreffen Drüsenfunktionsstörungen.

Gold scheint für die Zellen lebenswichtig zu sein, denn wie wir bereits in dem Kapitel über die Pflanzen schrieben, streckt sich in der Pyramide eine Pflanze fast waagerecht aus, nur um mit der Goldfolie in Berührung zu kommen, die neben ihr liegt.

Irgend etwas muß aber mit der Goldfolie geschehen, sobald man sie einige Tage in der Pyramide läßt, denn auf unbehandelte Goldfolie reagiert eine Pflanze überhaupt nicht. Sie zeigt dann nur ihr normales Wachstum und die üblichen Schwingbewegungen. Doch wenn behandelte Goldfolie in ihre Nähe kommt, beginnen wieder die fast ›herzlichen‹ Umarmungen.

Eine interessante Nebenerscheinung, die bei unseren Versuchen mit Gold und den Pflanzenbewegungen auftrat, sei hier noch erwähnt. Wir stellten eine junge Sonnenblume in die Pyramide, als die Pflanze so etwa eine Handbreit hoch war. Wie zu erwarten, begann sie ihre Schwingbewegungen von West nach Ost. Dann legten wir für kurze Zeit unbehandelte Goldfolie dazu, und als wir sie wieder entfernt hatten, begann die Pflanze sofort in nord-südlicher Richtung zu schwingen. Was diesen Wechsel so plötzlich auslöste, wissen wir auch nicht, aber wir experimentieren weiter. Einen anderen Versuch, den wir allerdings nicht wiederholt haben, machten wir mit Messing. Wir legten einen dünnen Messingstreifen auf eine feine Nadelspitze und stellten das Ganze ins Zentrum einer Pyramide. Zu unserem Erstaunen wich dann der Streifen jedesmal zurück, sobald wir uns mit der Hand näherten. Nach unserer Meinung handelt es sich bei diesem Phänomen um statische Aufladung, und wir spielten eine Weile damit. Dann dachte ich (Pettit) mir: ›Wahrscheinlich hat mein Körper jetzt die gleiche negative Ladung wie der Messingstreifen‹, und überlegte mir, wie ich mich oder den Messingstreifen umpolen könnte. Genau in diesem Moment kehrte sich der Vorgang plötzlich um, und der Metallstreifen wurde von meinem Finger angezogen. Als ich es aber am nächsten Morgen wieder versuchen wollte, war alles beim alten, der Messingstreifen wich wieder nur vor meinem Finger zurück, und alle Versuche, die Polarität zu ändern, waren vergeblich.

Viele Gründe sprechen dafür, daß die Königskammer in der großen Pyramide ganz speziell für den Zweck konstruiert worden ist, um jene geheimnisvolle Energie zu sammeln und zu konzentrieren. Die Decke der Königskammer besteht aus 9 Granitblökken, die in Nord-Süd-Richtung verlaufen. Über der Kammer befinden sich im ganzen 5 Zwischenräume, etwa 90 cm weit und mit einer Abdeckung von jeweils 8–9 Granitblöcken. Die oberste Kammer ist mit riesigen Kalksteinblöcken giebelförmig abgedeckt. Jeder der 43 Granitblöcke wird auf etwa 70 Tonnen geschätzt. Die Königskammer selbst ist völlig aus Granit, alle Wände, die Decke und der Boden. Granit setzt sich aus Quarzkristallen, Glimmer und Feldspat zusammen, und man weiß, daß er ein piezoelektrisches Feld erzeugt, vor allem dann, wenn er unter Druck gerät. Im Fall der Cheops-Pyramide lastet auf dem Granit eine Schicht von 61 Metern Kalkstein. ›Göttlicher Stein‹ nannten die Ägypter den Granit, wahrscheinlich wegen seiner elektrischen Eigenschaften. Und so wird auch von manchen behauptet, daß die Ägypter gerade deswegen die Königskammer aus Granit erbauten, weil dieser unter Druck ein hochaktives elektrisches Feld erzeugt und die verschiedenen Granitschichten über der Kammer den Ladungszustand wie ein Kondensator dauernd aufrechterhalten.

Nach Meinung einiger Fachleute ist die große Pyramide nicht

nur ein Energiesammler, sondern dient auch dazu, diese Energie umzuwandeln. Es ist wissenschaftlich erwiesen, daß jedes Objekt, in dem sich Energie in Schwingung befindet, als Resonanzkörper wirken kann, und daß sich die Energie in diesem Körper dann auf einen bestimmten Brennpunkt konzentriert. Dabei spielt es keine Rolle, ob das Objekt massiv oder hohl ist, und einige glauben, daß die große Pyramide nichts als ein riesiger Resonanzkörper ist, der wie eine Sammellinse die Energie des Kosmos in einem Brennpunkt vereinen kann.

Die scharf gebündelte Energie wirkt auf die Materie oder Moleküle eines jeden Objekts, das in den Strahlengang gerät.

Nach Toth und Nielsen können Leute, die dafür begabt sind, mit Hilfe der Radioästhesie oder Wünschelruten einen Energiewirbel nachweisen, der an der Pyramidenspitze austritt und sich nach allen Seiten hin ausbreitet. Wünschelrutengänger behaupten, daß es nach ihren Messungen selbst über einer nur 10 cm großen Pyramide aus Pappkarton noch 2,5 m hohe Wirbel mit 1,8 m Durchmesser gäbe. Bei einem der Versuche versteckte man eine kleine Pyramide unter einer Schachtel und stellte drei gleiche, aber leere Schachteln daneben. Dann ließ man den Wünschelrutengänger jede Schachtel testen, und tatsächlich schlug die Rute nur über der Schachtel aus, unter der sich die kleine Pyramide befand.

Der verstorbene Verne Cameron entwickelte ein Instrument, das er ›Aurameter‹ nannte. Angeblich konnte man mit dessen Hilfe das Kraftfeld messen, das Menschen und Gegenstände umgibt. Er behauptete, daß er bei einer kleinen Pyramide einen Energiewirbel gemessen hätte, der bis an die Decke des Zimmers reichte. Nachdem die Pyramide wieder aus dem Zimmer entfernt worden war, hätte er dort trotzdem noch mehrere Tage lang eine Ladung messen können. Wenn schon die Spitze einer Miniaturpyramide einen solchen Energiewirbel erzeugen kann, dann fragt man sich natürlich, was erst die Spitze der großen Pyramide alles vermag. In der Geschichte findet sich kein Hinweis auf die Spitze der großen Pyramide, und es wurden auch nie irgendwelche Spuren von ihr gefunden. In ›Die Geheimlehre aller Zeiten‹ (The Secret Teaching of all Ages) meint Manly Palmer Hall, daß eine

Spitze als Abschluß der großen Pyramide auch nie geplant gewesen wäre.

›Man kann heute nicht mehr genau bestimmen, wie groß der Schlußstein der Pyramide war, denn Spuren hat er nicht hinterlassen, wenn auch die meisten Forscher annehmen, daß es ihn einst gegeben hat. Die Architekten großer Sakralbauten haben eine seltsame Neigung, ihre Werke unvollendet zu lassen, um damit zu zeigen, daß nur Gott allein vollkommen ist. Der Schlußstein, wenn er je existiert hat, war selber eine Miniaturpyramide, die von einem kleinen Block gleicher Form abgeschlossen wurde und so weiter, und so weiter. Der Schlußstein ist sozusagen ein Abbild des gesamten Bauwerks. So betrachtet, könnte die Pyramide dann auch eine Darstellung des Universums sein, und der Schlußstein hätte die symbolische Bedeutung eines Menschen. Treibt man solche Analogieschlüsse noch weiter, so ist das Bewußtsein ›Schlußstein‹ für den Menschen, Geist der Schlußstein des Bewußtseins und Gott – Bild des Ganzen – der Schlußstein oder die Krone des Geistes. Als roher, unvollendeter Block kommt der Mensch aus dem Steinbruch und wird durch das geheimnisvolle Wirken der Mysterien allmählich in einen echten und vollkommenen Schlußstein der Pyramide verwandelt. Der Tempel ist erst vollendet, wenn aus dem Eingeweihten ein lebendiger Apex geworden ist, der die Kraft Gottes sammelt und konzentriert in das verzweigte Bauwerk unter ihm hinabsendet.‹ Andere Autoren sehen es als durchaus nicht gesichert an, daß die große Pyramide keinen Apex oder Schlußstein gehabt haben soll. Cayce meinte, daß die Pyramide mit einem Stein aus seltenem Kristall abschloß, der enorme Energie abstrahlte. Einige glauben, daß der Schlußstein aus verschiedenen Materialien zusammengesetzt war, Gold in den unteren Schichten, dann Kristall und als Spitze Diamant oder Rubin. George W. van Tassel, ein Erfinder aus Kalifornien und Direktor des College für Universalwissen in Yucca-Valley, behauptet, seine Versuche an einer Modellpyramide hätten gezeigt, daß die Energiefelder von Pyramiden durch Quarzspitzen verstärkt werden. Um diesen Effekt noch zu fördern, schlug er vor, eine Spitze aus Schichten von Quarz und Germanium zu konstruieren. Unter anderem wurde auch vermutet, daß man eine Kristallspitze oben an der Pyramide, als Bremse, zur Verlangsamung der Lichtstrahlen benutzte, um auf diese Weise den Energiefeldern ihre magnetischen Eigenschaften zu nehmen. Cayce wies darauf hin, daß abgebremstes Licht Menschen verjüngen kann.

Welche Vorteile das Bauwerk den Architekten der großen Pyramide auch immer brachte, wird man im einzelnen wohl nie mehr völlig ergründen können. Trotzdem, schon die mageren Versuchsergebnisse genügen vollauf, um selbst für die Miniaturpyramide eine Fülle zukünftiger Anwendungsmöglichkeiten zu sehen. Bisher noch nicht erwähnte Möglichkeiten sind pyramidenförmige Wohnhäuser, Dachgeschosse als Luftreiniger, aufgestockte Schwimmbecken unter einem Pyramidendach als Quell der Wiedergeburt, ideale Mülldeponien wegen der dehydrierenden und bakterienzerstörenden Eigenschaften von Pyramiden, Versorgungslager für pharmazeutische Artikel, Supermärkte, die teilweise oder sogar ganz in Pyramidenform gebaut sind, pyramidenförmige Aufenthaltsräume in Raumschiffen, um auf langen Reisen die Stoffwechselvorgänge der Astronauten zu verlangsamen, Speichereinheiten für Sonnenenergie, Studienzellen in Hochschulen und höheren Lehranstalten sowie Kammern für physische und psychische Therapien – um nur einige der weiteren Anwendungsmöglichkeiten zu nennen.

Vielleicht beginnt schon bald ein neues Zeitalter des Pyramidenbaus.

Der Zahn hatte einen Abszeß und verursachte erhebliche Schmerzen. Es war Sonntagmorgen und kein Zahnarzt zu erreichen. Die üblichen Schmerzmittel halfen nicht. Schließlich ging Frau Inez Pettit und setzte sich in ein Pyramidenmodell aus Holz und betete, daß ein Wunder geschehe. Es ist ihr zwar heute noch nicht klar, was dann im einzelnen geschah, aber nach zehn Minuten ließen die Schmerzen allmählich nach und kamen auch seither nicht wieder. Frau Pettits Zahnarzt hat dann später den Zahn genau untersucht – der Übeltäter war völlig in Ordnung und ohne Befund.

Wir kennen eine ganze Reihe von Leuten, die entweder unsere Pyramiden oder ihre eigenen benützen, und alle schwören, daß sie dadurch bei den verschiedensten Beschwerden Besserung verspüren. Eindeutige Heilungen gab es in erstaunlich kurzer Zeit bei: Verstauchungen, Schnittwunden, Quetschungen, Zerrungen, Infektionen usw.

Eines Tages rief Judy Fuller, eine Freundin, an und sagte, daß sie zum Zahnarzt müsse und vor Angst nur noch ein Nervenbündel sei. Sie fragte, ob sie sich eine Weile in eine der Pyramiden setzen dürfe, um sich etwas zu beruhigen. Nachdem sie sich eine halbe Stunde in der Pyramide aufgehalten hatte, ging sie von dort direkt zum Arzt. Der Arzt gab ihr Spritzen zur örtlichen Betäubung und wunderte sich, daß sie wirkungslos blieben. Nach der fünften Injektion begann er besorgt ihren Puls zu fühlen, und erst die neunte Spritze brachte den erwünschten Erfolg. Später erzählte der Zahnarzt dann Judys Mann, Jerry, daß er nicht begreifen könne, warum Judys Puls so ruhig geblieben wäre. Eigentlich hätte er geradezu rasen müssen, aber man hätte nicht die geringste Veränderung feststellen können. Nach der neunten Injektion wurde schließlich der Einschnitt gemacht, die chirurgische Behandlung am Unterkiefer durchgeführt und danach die Wunde wieder vernäht. Als Judy am nächsten Tag zur Nachuntersuchung erschien, stellte der Zahnarzt fest, daß ihr Zahnfleisch gesund und rosa aussah und der Heilungsprozeß bereits Fortschritte gemacht hatte. Sowohl bei dieser Gelegenheit als auch drei Tage später, als Judy wieder in seine Praxis kam, konnte er nur noch staunen, mit welcher Geschwindigkeit die Heilung voranschritt.

Eine derartig verkürzte Heildauer scheint die Grenzen des medizinisch Möglichen zu überschreiten. In der Fachliteratur findet sich kein Hinweis, aber in Berichten über Vielwellenoszillatoren oder andere Vorrichtungen zur Erzeugung elektromagnetischer Wellen wird das Phänomen ausführlich erwähnt. Auch im Schrifttum über Psychoheilungen wird es beschrieben. Was hier in Erscheinung tritt, ist offenbar irgendeine Form von Energie, die den natürlichen Heilungsprozeß beschleunigt.

Schon immer haben die Mystiker gelehrt, daß sich Krankheiten zuerst in der ätherischen oder elektrischen Hülle des Körpers zeigen, bevor sie physisch ausbrechen. An anderen lebenden Objekten hat man diesen Sachverhalt bereits nachweisen können. Das Forstministerium der Vereinigten Staaten benützt heute die Infrarotfotografie, um gewisse Baumkrankheiten rechtzeitig zu erkennen. Es scheint, als wäre der Baum zuerst von seinem Leiden umgeben, bevor die Erkrankung dann wirklich in seine materielle Substanz eindringt. Das Infrarotfoto zeigt Ort und Art der Erkrankung an, bevor sie eindringt, und ermöglicht so ein frühzeitiges Eingreifen. Das gleiche Ziel verfolgen die Forschungen jener Leute, die sich mit der Kirlian-Fotografie befassen, ein Vorgang, der auf Hochfrequenz beruht und das elektrische Feld, von dem Mensch und Tier umgeben sind, bildmäßig aufzeichnet. Man erhofft sich von dieser Technik, Krankheiten in noch früheren Stadien erkennen zu können, als das bisher möglich war. In dem Buch ›Die Kirlian-Aura‹, herausgegeben von Dr. Stanley Krippner, steht: ›Der angeborene Defekt am Schienbein eines Jungen wurde mit elektrischem Gleichstrom stimuliert, und nach einer Behandlungszeit von 2 Monaten hatte sich an der defekten Stelle neues Knochengewebe gebildet . . . Das gesteigerte Knochenwachstum als Folge elektrischer Stimulation könnte man mit gewissen Formen der Akupunktur vergleichen, und vielleicht liegt hier der Schlüssel zum Geheimnis des Wirkungsmechanismus dieser Heilmethode.‹ Und weiter: ›Es gibt eine ganze Menge Beweise dafür, daß natürliche wie künstliche Magnetfelder bedeutenden Einfluß auf lebendige Organismen haben.‹

Unsere Zeitrafferaufnahmen von den Pflanzenbewegungen in Pyramiden liefern den Beweis, daß bereits vorhandene Kräfte durch ein Magnetfeld im Inneren des Pyramidenmodells verändert werden. Nachdem ein Magnetfeld bekanntlich einen Elektronenstrahl oder ein bestehendes anderes Magnetfeld ablenken bzw. verformen kann, scheinen wir es bei den Pyramiden wohl mit einer Art von elektromagnetischem Feld zu tun zu haben.

Im Kapitel über ›Pyramiden und Pflanzenwuchs‹ wurde erwähnt, daß der Magnetiseur Oskar Estebany unter Aufsicht der Forscherin Schwester Justa Smith ein magnetisches Feld erzeugte, das etwa 13000 Gauß entsprach. Das Energiefeld förderte die Keimwilligkeit von Samen, das Pflanzenwachstum und die Enzymaktivität – offenbar das gleiche Feld, mit dem Estebany seine Heilerfolge erzielte. Welch ungewöhnliche Energie ein fähiger Magnetiseur zu erzeugen vermag, zeigte eine aufsehenerregende Demonstration, die im Jahre 1974 stattfand. Für die Wissenschaft ist damit der erste objektive Beweis für die Existenz solcher Kräfte gelungen.

Dr. Robert Miller, Professor für Industriechemie am Georgia-Institut für Technologie seit 15 Jahren, jetzt in der Industrie beschäftigt, und Dr. Philip B. Reinhart, Leiter der physikalischen Abteilung am Agnes Scott College in Atlanta, hatten die Idee, mit Hilfe einer Wilsonschen Nebelkammer nachzuprüfen, ob die Kräfte eines Magnetiseurs den Weg geladener Kernteilchen beeinflussen können.

Zu diesem Experiment am Agnes Scott College wurde Frau Dr. Olga Worrall eingeladen, weitbekannte Magnetiseurin und Leiterin eines Unternehmens für Psychoheilung in Baltimore. Zuerst legten die Herren Dr. Miller und Dr. Reinhart und viele andere ihre Hände um die Nebelkammer. Nichts geschah. Dann legte Frau Dr. Worral ihre Hände an die Kammer, ohne sie jedoch dabei zu berühren. Dann konzentrierte sie sich genauso, wie sie es bei ihren Heilungen tut, und plötzlich zeigte sich in der Nebelkammer ein dunkles Wellenmuster. ›Wir sahen Energie von einer Hand zur anderen fließen. Nach einigen Minuten wechselte sie ihren Standort und bewegte sich dabei langsam um die Kammer herum; das Wellenmuster in der Kammer bewegte sich mit‹, schreibt Dr. Miller. Mehrere Professoren und graduierte Studenten waren Zeuge des Experiments, und alle waren sich darin einig, daß sie eine echte Selbstdarstellung jener Kräfte gesehen hatten, die von der Magnetiseurin ausgingen.

Doch die beiden Wissenschaftler entschlossen sich, noch weitere Versuche zu machen. Am 12. März konzentrierte sich Frau Dr. Worrall von ihrem fast 1000 km entfernten Wohnsitz auf die Nebelkammer, und wieder traten dort die eigenartigen Wellenmuster in Erscheinung. Um das Ergebnis nochmals zu bestätigen, riefen sie Frau Dr. Worrall an und baten sie um eine Wiederholung. Wieder mit dem gleichen Erfolg. »Jedesmal«, sagte Frau Dr. Worral, »konnte ich fühlen, wie die Energie aus mir herausfloß. Ich bin sehr beeindruckt von dem Ergebnis dieses Tests.«

Dr. Reinhart kommentierte: ›Das Erstaunlichste an der ganzen Sache ist eigentlich, daß sie das gleiche aus einer Entfernung von fast 1000 Kilometern hat tun können. Dabei mußte sie ihre Energie durch geistige Konzentration übertragen, einen anderen Weg gab es nicht.‹

Die Energieabstrahlung der Hände und Fingerspitzen von Frau Dr. Worral hat Dr. Thelma Moss an der UCLA mit Hilfe der Kirlian-Fotografie sichtbar gemacht. Frau Dr. Worrall zeigte uns einige Fotos, und es war deutlich auf ihnen zu sehen, wie sich Größe und Helligkeit des elektrischen Feldes änderten, je nachdem sie sich nun in Ruhe befand oder auf eine Heilung konzentrierte. Über ihre Begabung zu heilen hatten wir ein eingehendes Gespräch mit ihr, und sie sagte uns, daß sie zwar nie Veranlassung gehabt hätte, an ihren Fähigkeiten zu zweifeln, daß es ihr aber sehr am Herzen läge, diese Heilkräfte vor der Wissenschaft zu beweisen, um der Psychoheilung die allgemeine Anerkennung zu verschaffen. Als uns Frau Dr. Worrall dann einige ihrer Fälle schilderte, staunten wir immer wieder über die offensichtlichen Parallelen zwischen Psycho- und Pyramidenheilung.

Vor einem Jahr war ich (Pettit) davon überzeugt, alle Symptome eines Prostataleidens zu haben und daß der operative Eingriff nur noch eine Frage der Zeit sein konnte. Dann begann ich zwei oder drei Tage in der Woche in der Pyramide zu schlafen und regelmäßig Pyramidenwasser zu trinken. Sechs Monate vergingen darüber, und eines Tages wurde mir plötzlich klar, daß ich schon lange Zeit keinerlei Prostataschwierigkeiten mehr gehabt hatte, und als ich mich neulich untersuchen ließ, war die Prostatadrüse völlig normal. In ihrem Buch ›Pyramiden-Kraft‹ schreiben Max Toth und Greg Nielsen, daß ihnen einige Leute berichtet hätten, sie fühlten sich schon besser, wenn sie sich nur in der Nähe von Pyramidenmodellen aufhielten. Sie schreiben: ›Noch schwieriger nachzuprüfen sind Berichte von Leuten, die sich ein Pyramidenmodell neben ihr Bett oder auf einen Stuhl stellten und behaupten, daß bestimmte Schmerzen oder Krankheiten verschwanden oder nachließen, sobald sie einige Nächte neben der Pyramide geschlafen oder tagsüber neben ihr gesessen hatten.‹

Wenn das Energiefeld innerhalb einer Pyramide stärker ist als in ihrer Umgebung und dadurch gesundheitsfördernd oder heilend wirkt, dann kann daraus geschlossen werden, daß die erzeugten Schwingungen das Resonanzniveau der Zellen, des Gewebes, der Organe usw. auf die Höhe optimaler Funktion heben.

Dr. W. A. Tiller, Leiter der Abteilung Materie-Wissenschaft an der Stanford-Universität, veröffentlichte zum Symposium über Heilmethoden, das unter der Schirmherrschaft der amerikanischen Akademie für Parapsychologie und Medizin stattfand, einen Aufsatz, in dem er folgendes erklärte: ›In der Physik der Elektronen geht man grundsätzlich davon aus, daß jeder Organismus oder jedes Material Energie abstrahlt und absorbiert. Als Mittler dient dabei ein ganz bestimmtes Schwingungsfeld, das eine genau festgelegte geometrische Schwingungs- und Strahlungscharakteristik aufweist. Es handelt sich dabei um ein ausgedehntes Kraftfeld, von dem alle belebten und unbelebten Formen stofflicher Existenz umgeben sind.‹ Und weiter schreibt Dr. Tiller: ›Eine gute Analogie hierzu ist die Physik des Atoms, das infolge elektrischer und thermischer Schwingungsvorgänge ununterbrochen elektromagnetische Energie in Wellenform ausstrahlt. Je komplexer die Materie, um so komplexer die Wellenformen . . . Die Trägerwelle denkt man sich polarisiert, wobei die Polarisationsrichtung um die Schwingungsachse rotiert . . . Informationen der Drüsen, körpereigenen Systeme usw., modulieren die Trägerwelle durch Impulse, und es scheint so, als gäbe es für jedes Organ eine be-

stimmte Phasenmodulation der Trägerwelle. All
Raum, bei denen der gleiche Phasenwinkel auftritt,
ander ein dreidimensionales Netzwerk aus solcher
den ganzen Weltraum ausfüllt. Sich in Resonanz mit irgend
dieser Punkte zu befinden, heißt, sich in Resonanz mit dem betreffenden Organ des Lebewesens zu befinden. Kann man die Form der Organwelle ermitteln, so ist man auch in der Lage, deren Abweichung von der Norm zu erkennen. Ebenso gilt: Schickt man Energie in Form einer dem Organ entsprechenden normal und gesund modulierten Welle in jenes festumrissene Netzwerk von Punkten, so kann das Organ dadurch veranlaßt werden, wieder normal und gesund zu funktionieren. Es bekommt die Tendenz, seinen Bauplan an der vorgegebenen Norm auszurichten und sich dadurch selbst zu reorganisieren, oder mit anderen Worten: Das Organ wird geheilt. Zellen, die unter Einfluß dieses polarisierenden Felds entstehen, gedeihen besser und bekommen eine kräftigere Konstitution, was wiederum das ursprüngliche Feld mit der anormalen und ungesunden Struktur schwächt und das normale und gesund strukturierte Feld stärkt. Unter Dauerbehandlung bildet sich schließlich eine gesunde Organstruktur heraus, und der körperliche Zustand bessert sich bis zur vollständigen Heilung.

Alle Krankheiten kommen aus einer Disharmonie zwischen der seelisch-geistigen Verfassung des Lebewesens und seiner im Raum vorgegebenen Struktur. Mit einer Art ›Zahnstangeneffekt‹ dringt diese Disharmonie schließlich bis zur Körperebene hin vor. Bleibende Heilung und Unversehrtheit verlangen, daß zwischen Seele, geistiger Verfassung und der Raumstruktur Harmonie herrscht. Daher kommt es, daß Heilung allein auf physischer oder sogar rein geistiger Ebene nur eine vorübergehende ist, solange die fundamentale Struktur der seelisch-geistigen Verfassung unverändert bleibt.

In seinem Buch ›Spirituelle Heilung‹ behandelt der berühmte Astronom Gustaf Strömberg die Abhängigkeit der Lebensformen von den elektrischen Gegebenheiten und schreibt unter anderem: ›Damit in unserem Körper ein Organ ›zu Fleisch‹ wird oder sich ›verkörpert‹, müssen bestimmte chemische Substanzen vorhan-

sein, und diese müssen in die immaterielle Feinstruktur eingebettet sein, die, wie man heute weiß, in allen lebenden Strukturen vorhanden ist. Durch diese ›Lebensfelder‹ werden die Bewegungen der speziellen Moleküle so geleitet, daß zu guter Letzt ein vollständiges Organ entsteht, und das Organ ist dann selber wieder wesentlicher Bestandteil eines lebenden Systems höherer Ordnung.‹

Der Mittler zwischen den chemischen und elektrischen Eigenschaften des Körpers könnte das kollodiale System sein, ›Kolloid‹ kommt von dem griechischen Wort für ›Leim‹. Von Atom über das Molekül bis zum Kolloid haben wir es mit Energiepotentialen zu tun. Unter dem Mikroskop betrachtet, ist ein noch so kleines Pünktchen um ein Vielfaches größer als ein Kolloid. Andererseits hat ein Kolloid nur wenig mit dem Atom als ›stoffliches Ding‹ gemeinsam, es ist vielmehr eine Art Energieeinheit. Die Abermillionen empfindlichen Kolloide, die den Körper zusammenhalten, können durch die schwächsten Schwingungen angeregt werden. Nachdem Kolloide aber ein Energiesystem darstellen, nehmen sie einen kristallähnlichen Aggregatzustand an, sobald sie durch äußere Umstände dazu veranlaßt werden, sich zu kondensieren. Mit anderen Worten, Energiestrukturen lassen sich auf körperliche Stoffe übertragen, und es ist durchaus möglich, daß sich die Beeinflussung der Materie durch elektromagnetische Kräfte, so wie sie in der Pyramide verstärkt oder erzeugt werden, im Reich der Kolloide abspielt. Die Behandlung des physischen Körpers durch Magnetismus läßt sich bis in die ältesten Zeiten zurückverfolgen; wie weit, weiß man nicht, aber schon den alten Griechen war die Anwendung des Magnetismus so selbstverständlich, als wäre das Wissen darum bereits damals schon uralt gewesen. Der arabische Arzt Avicenna behandelte um 1000 n. Chr. Leberkrankheiten mit Magneten, und Ali Abbas, ein berühmter persischer Arzt des 10. Jahrhunderts, schrieb in seinem ›Vortreffliches Buch über die Kunst der Medizin‹, daß Gicht und Krämpfe durch Magnetismus geheilt werden könnten. Anfang 1500 behandelte der Schweizer Arzt und Alchemist Paracelsus Wassersucht, Gelbsucht und einige andere Krankheiten mit Magneten. Ambrois Pare schrieb im 16. Jahrhundert, daß einige Ärzte Magnetstein und Eisenfeilspäne zur Heilung von Operationsschnitten verwendeten. William Gilbert, Leibarzt der Königin Elizabeth von England, behauptete, daß der Magnetismus als Heilmittel wirkungslos sei. Andererseits erhielt der amerikanische Arzt Elisha Perkins 1776 ein Patent auf seine ›Perkins metallic tractors‹, die alle Schmerzen und Krankheiten heilen sollten (magnetische Metallstäbchen zum Überstreichen erkrankter Körperstellen). Einer seiner Kunden war nachweislich George Washington. Etwas später ließ sich Gaylord Wilshire sein ›Ionico‹ patentieren, ein magnetischer Kragen, der angeblich das Blut magnetisierte und viele Leiden kurierte.

Ein kurzer Blick auf Patente der letzten hundert Jahre genügt, um festzustellen, daß der Magnetismus stets zum Rüstzeug der Medizin gehört hat. 1869 wurde eine Erfindung patentiert, bei der es unter anderem um eine elliptische Spule ging, die ein magnetisches Feld im menschlichen Körper erzeugen sollte. Kurz darauf gab es verschiedene Patente auf Bekleidungsstücke, die kleine Magnete zu Heilzwecken enthielten.

In seinem Artikel ›Medizinische Anwendung des Magnetismus‹, der im Oktober 1972 im ›Bulletin des Atomwissenschaftlers‹ veröffentlicht wurde, zitiert Dr. E. H. Frei Benjamin Abrams, Professor für Elektronik und Leiter der Elektronik-Abteilung am Weizmann-Institut, aus der Beschreibung zu einem Patent, das für ein magnetisches Korsett erteilt wurde:

›Der Zweck dieser Erfindung, ein Ergebnis langjähriger Experimente und physiologischer Studien, ist eine der menschlichen Körperform bequem angepaßte magnetische und elektrische Heilbehandlung, deren Wirksamkeit bei Brust-, Herz- und Hirnerkrankungen heute anerkannt ist und bei nervösen Patienten mit sitzender Lebensweise besonders deutlich in Erscheinung tritt.‹

Gegen Ende des 19. Jahrhunderts gab es eine Reihe von verschiedenen Gegenständen, wie ein magnetischer Stuhl, ein magnetisches Hutband, eine magnetische Couch und eine magnetische Schmuckmünze, die alle der medizinischen Behandlung dienen sollten und patentiert waren. 1904 wurden zwei Patente für Apparate erteilt, die ein magnetisches Feld erzeugen konnten, um damit Patienten mit nervösen Störungen zu behandeln. Danach gab es Patente für eine ganze Anzahl anderer magnetotherapeutischer Einrichtungen. S. Maeshima aus Tokio erhielt das US-Patent für einen Apparat ›. . . zum Beeinflussen des menschlichen Körpers mit Magnetismus, der durch schwache Stimulation der äußeren Nerven und Gewebszellen die Blutzirkulation und Hautausscheidungen beschleunigt und den Stoffwechsel regelt, wodurch die Gesundheit gefördert wird und Krankheiten abgewehrt werden, oder der Genesungsprozeß unterstützt wird.‹

Nach Dr. Frei wurde dieses Patent im Jahre 1922 erteilt. Er erwähnt auch, daß in mehreren Ländern magnetische Schutzschilde patentiert wurden, um die Hand des Arztes beim Anbringen eines kleinen Alnico-Magneten in der Herzgegend des Patienten vor dessen Magnetfeld zu schützen.

1967 wurde ein Apparat zur medizinischen Anwendung von regelbaren Magnetfeldern patentiert. Die Patentschrift beruft sich auf bereits vorhandene Arbeiten, auf denen das Prinzip des Apparats beruht, und führt außerdem noch andere an, nach denen der Alterungsprozeß durch Magnetfelder hinausgezögert werden kann.

1892 wurden in Thomas Edisons Labor einige wissenschaftliche Versuche über den Einfluß magnetischer Felder durchgeführt. Hunde und die Experimentatoren selber wurden einigen tausend Gauß ausgesetzt, ohne daß sich irgendwelche gesundheitlichen Schäden zeigten. Einige Wissenschaftler nehmen jedoch an, daß schon das schwache erdmagnetische Feld von kaum einem Gauß biologische Organismen beeinflußt. Einige haben die Ansicht geäußert, daß Vögel und Seeschildkröten das erdmagnetische Feld zur Navigation und gezielten Heimkehr nutzen. Zwischen zeitbedingten Störungen des Feldes und der Aufnahmequote in Nervenheilanstalten soll es einen gewisen Zusammenhang geben. Dr. Frei glaubt, daß sich das Gleichgewicht chemischer Reaktionen unter Einfluß eines magnetischen Feldes verändern kann, weil die Endprodukte der Reaktionen stets unterschiedliche Magnetisierbarkeit aufweisen (Suszeptibilität). ›Jeder Vorgang, bei dem Ionenbewegungen mit im Spiel sind, kann beeinflußt werden, weil sich die Bahnen der Ionen im magnetischen Feld verändern, und das könnte ein sehr wirksamer Faktor beim Durchgang der Ionen durch biologische Membranen sein‹, schreibt er. Etwas vorher erwähnt er Schwester Justa Smiths Versuche über den Einfluß magnetischer Felder auf die Enzymtätigkeit und stellt fest: ›Es gibt Anzeichen dafür, daß sich die Wirksamkeit der Enzyme unter dem Einfluß eines Feldes teilweise ändert. Es gibt keine exakten Theorien, die diese magnetische Beeinflussung erklären könnten, obwohl kurze Berechnungen zeigen, daß sie in Feldern von einigen 1000 Gauß sehr klein sein müßte. Vermutlich aber summieren sich in biologischen Systemen bereits sehr kleine Wirkungsmengen und rufen dann wichtige Veränderungen hervor.‹

Berichte aus der UdSSR lassen erkennen, daß man dort den Magnetismus zur Wundheilung (Estebany, der nach Untersuchungen durch Schwester Justa Smith ein Magnetfeld von tausend Gauß erzeugen konnte, entdeckte seine Heilkraft, als er sah, daß er verwundeten Soldaten helfen konnte) und Krebsbekämpfung einsetzt. In anderen Berichten wiederum wird beschrieben, daß magnetische Felder die Blutgerinnungszeit beeinflussen können. Bekanntlich rufen Magnetfeldänderungen elektrische Potentiale hervor, und so manche vertraute Erscheinung läßt sich mit dem elektrischen Strom erklären, der aus diesem Potential stammt. Dazu gehören auch die sogenannten ›magnetischen Phosphene‹ (Lichterscheinungen im Auge). Man hat sie untersucht und den Effekt mit anderen lichtauslösenden Ursachen verglichen, wie Druck, Schlag und elektrische Stromstöße. (Die Granitplatten, mit denen die Königskammer in der großen Pyramide ausgekleidet ist, könnten wegen des enormen Drucks der Steinblöcke über ihnen einen piezoelektrischen Effekt erzeugen.) Magnetische Phosphene werden oft als ein hellblau getöntes, flimmerndes Leuchten geschildert, das innerhalb des Gesichtsfeldes erscheint. Hervorgerufen werden kann es durch Anlegen einer Wechselspannung von 10–100 Hertz an den Kopf des Menschen. Einige Fachleute erklären das Phänomen mit der elektromagnetischen Induktion, die von veränderlichen Magnetfeldern ausgeht. Aber diese Theorie berücksichtigt immer noch nicht das Grundphänomen und bietet auch keine Erklärung dafür an, durch welchen physikalischen Prozeß das Licht erzeugt wird. Obwohl die meisten Forscher behaupten, daß die Erscheinung nur bei Helligkeit wahrgenommen werden kann, scheinen andere Erfahrungen zu beweisen, daß sie auch in der Dunkelheit auftritt. Das Fixieren eines Objekts steigert den Effekt!

Um Auras erkennen und deuten zu lernen, ist eine der metaphysischen Übungen, interessanterweise, die Entwicklung des peripheren Sehens. Diese elektrische Hülle, die beseelte und unbeseelte Objekte umgibt, besonders aber den Menschen, wird oft als hellblaues Licht gesehen. Dr. Pierrakos, dessen Arbeiten an anderer Stelle in diesem Buch erwähnt wurden, entwickelte eine bestimmte Sorte von Blauglas, mit dem man die Aura oder das ätherische Feld um Pflanzen, Tiere und Menschen besser erkennen kann. Berichte, daß die große Pyramide manchmal blaßblaues Licht ausstrahlt, würden in diesem Zusammenhang dann die Theorie stützen, daß das Bauwerk magnetische Eigenschaften besitzt. Bei Versuchen aufgrund der Ideen von Baron Reichenbach über die Odic-Kraft beobachtete Prof. D. Enlicher in Wien, daß die elektromagnetischen Flammen zeitweise bis zu 1 Meter groß wurden, ein reiches Farbenspiel aufwiesen und in einer blaßblauen Rauchfahne endeten. Zu dieser Frage sollte man einmal das Literaturverzeichnis heranziehen, das in ›Elektronisch-medizinische Sammlung‹ (Electronic Medical Digest), Ausgabe 1959, 2. Quartal, unter dem Titel erschienen ist ›Wirkt magnetische Energie niederfrequenter Schwingungen auf lebendes Gewebe?‹ In diesem Verzeichnis sind einige der wissenschaftlichen Experimente angeführt, mit denen man eine Antwort auf die gestellte Frage finden wollte. Als Ergebnis zweijähriger Studien, die das amerikanische Institut für Energiestrahlung in Belmont, Kalifornien durchführte, muß jene Antwort ein ›Ja‹ sein. Das Literaturverzeichnis enthält die Namen von 27 Autoren und bezieht sich dabei auf zahlreiche Fachzeitschriften. Die Artikel beschränken sich nicht nur auf die Wirkung veränderlicher Niederfrequenzfelder, sondern beschäftigen sich auch in vielen Fällen mit dem therapeutischen Effekt von Dauermagneten auf Gewebe, Zellwachstum, bei Schmerzen, nervösen Zuständen, Krebsgeschwülsten, auf das Pflanzenwachstum usw. Ein großer Teil des Materials fällt unter die Themen: Entwicklung der Radioästhesie (vor allem in Europa), erweiterte Studien über das Wesen der Aura und des ätherischen Körpers und das gesamte Gebiet der medizinischen Elektronik. Personen, die in Pyramiden gesessen oder dort meditiert haben, erwähnen manchmal das Phänomen der blauen Farben. Wilhelm Reich behauptet, daß die Farbe der Orgonenergie, jener masselosen kosmischen Lebenskraft, ebenfalls blau ist. Der Akkumulator für Orgonenergie ist ein Gehäuse mit 6 Seiten und wird ›Orakku‹ genannt. Die Seitenwände bestehen aus Schichten von abwechselnd organischem und anorganischem Material, und die Innenwände sind mit dünnen Eisenblechen ausgeschlagen. Diese Konstruktion soll angeblich eine weit höhere Konzentration der atmosphärischen Orgonenergie bewirken, als sie unter normalen Verhältnissen möglich ist. ›Versuchspersonen, die nach kurzem Aufenthalt in Orakkus getestet wurden, wiesen in ihren Blutproben Orgon-geladene rote Blutkörperchen auf. Nach Kochen im Dampftopf zeigte sich die Ladung am Auftreten von blauen Bionen‹, erklärte Wilhelm Reich in seinem Buch ›Die Krebs-Biopathie‹, und fügte hinzu: ›Auch das Fehlen der Orgonladung zeigt sich nach dem Kochen im Dampftopf, und zwar durch Abwesenheit der blauen Bionen und das Erscheinen von T-Bazillen, die durch die Degeneration der roten Blutkörperchen entstehen (T-Reaktion). Die T-Reaktion ist typisch für Fälle einer fortgeschrittenen Krebserkrankung, denn hier ist der Orgongehalt des Blutes im Kampf des Organismus gegen die Systemerkrankung (Krebs-Biopathie) und den örtlich fixierten Tumor vollständig aufgebraucht worden. T-Reaktionen erfolgen meist, bevor irgendwelche Symptome von Anämie erscheinen und sind in vielen Fällen ein Zeichen für kanzeröse Vorgänge, lange bevor sich eine erkennbare Geschwulst bildet . . . Andererseits saugen rote Blutkörperchen, die nur wenig Orgonenergie besitzen, diese Energie gierig in sich auf, wenn sie dem Organismus durch einen Orgon-Akkumulator zugeführt wird. Dampfdruckkochtests lassen danach stets eine Verschiebung der T-Reaktion zur B-Reaktion erkennen, das heißt, die roten Blutkörperchen sind widerstandsfähiger gegen das Dampfdruckkochen geworden; sie enthalten mehr Orgon . . . Rote Blutkörperchen können durch atmosphärische Orgonenergie aufgeladen werden.‹

Dinshah P. Ghadiali, ein von Dr. Jagadis Bose stark beeinflußter indischer Forscher, dessen Arbeit im Kapitel über Pflanzen besprochen wird, begründete ein Behandlungssystem mit farbigem Licht, das er ›Spectro Chrome Metry‹ (etwa: Spektralfarbenmessung) nannte. Nach Ghadiali werden Entzündungen durch blaue Lichtstrahlen gelindert, Infektionen beseitigt, und durch Normalisierung der chemischen Vorgänge im Körper tritt eine allgemeine Heilung ein. Blaues Licht neutralisiert die roten Farbanteile des Emissionsspektrums von Wasserstoff – so Dinshah Ghadiali, und ›aufgrund der gegenseitigen Anziehungskraft zwischen Wasserstoff und Sauerstoff verkörpert die abgestimmte Farblichtwelle den Sauerstoff. Wasser, H_2O, ist das Ergebnis einer chemischen Verbindung zwischen Wasserstoff und Sauerstoff, und darin liegt ein weiterer Beweis für die geradezu mathematische Genauigkeit der Spectrochrome-Methode. Wasser ist die chemisch neutralste Verbindung . . . Die Schweißabsonderung bei fiebrigen und entzündlichen Prozessen ist ein Ergebnis der Bindung des Wasserstoffs an den Sauerstoff. Daher beruht die kühlende Wirkung der blauen Farbe letztlich auf der Schweißproduktion, denn nach den Gesetzen der Physik erzeugt Verdunstung stets Kälte, weil mit der Ausdehnung der Moleküle Wärme verlorengeht‹, schreibt er im 3. Band seiner ›Spectro Chrome Metry-Enzyclopädie‹ (etwa: Enzyklopädie der Spektralfarbenmessung). Mehr Aufklärung über das Phänomen findet sich in Reichs ›Die Krebs-Biopathie‹: ›Das rote Blutkörperchen ist ein orgonischer Organismus in Miniaturform, dessen Membranen kleine Mengen der Orgonenergie enthalten. Bei 4000facher Vergrößerung zeigen die roten Blutkörperchen einen tiefblauen Schimmer und ein lebhaftes Pulsieren ihres Zellinhalts. Sie dehnen sich aus und ziehen sich zusammen und sind keineswegs hart und fest, wie das im allgemeinen angenommen wird. Sie transportieren die atmosphärische Orgonenergie von der Lunge in das Gewebe. Ob und wie der atmosphärische Sauerstoff mit der Orgonenergie verwandt ist, ist eine Frage, bei der man gegenwärtig noch auf Vermutungen angewiesen ist. Es ist noch ungeklärt, ob Orgon mit den Luftmolekülen identisch ist oder sich fundamental von ihnen unterscheidet . . . Der orgonische Ladungszustand läßt sich auch an Form und Struktur der roten Blutkörperchen erkennen. Zellen mit schwacher Ladung sind mehr oder weniger zusammengeschrumpft und haben einen schmalen blauen Rand, der kaum sichtbar schimmert. Ist der Organismus aber aufgeladen, dann schwellen die roten Blutkörperchen an, und der blaue Rand verstärkt und verbreitert sich bis über die ganze Zelle. Kein Krankheitserreger kann in der Nähe eines orgonisch hochgeladenen roten Blutkörperchens überleben.‹

Die Forschungen von Reich und Ghadiali scheinen zu beweisen, daß es in der Atmosphäre ein Energiefeld gibt, dessen Kräfte gesammelt und so gelenkt werden können, daß sie chemische Vorgänge im menschlichen Körper unterstützen und ihn dadurch heilen. Augenzeugenberichte vom blauen Licht oder den Auras scheinen darauf hinzudeuten, daß die erzeugten Energiefelder auch elektromagnetische Eigenschaften besitzen. Daß das Phänomen auch bei Pyramiden auftritt und sie die gleichen elektromagnetischen Kräfte hervorbringen können, ergibt sich offenbar aus Beobachtungen von blauem Licht an ihrer Außenseite oder aus Berichten von Personen, die sich in ihnen aufgehalten oder dort meditiert haben. Diese Beobachtungen, ähnliche Behandlungsvorschriften für Krankheiten und Beschwerden mit blauem Licht, Orgonenergie, verschiedenen anderen elektromagnetischen Verfahren und den besagten Kräften der Pyramide – sie alle weisen auf einen gemeinsamen Nenner hin.

Nach Experimenten, die wir und auch andere durchgeführt haben, deutet jedenfalls alles darauf hin, daß es Heilungsprozesse durch Pyramidenenergie gibt. Immer wieder hatten wir Heilerfolge bei Schnittwunden, Quetschungen, Verstauchungen usw., und zwar nach kürzester Zeit und schneller als erwartet. Darum sollen jetzt einige der vielen Erlebnisberichte folgen, die wir zu unseren Experimenten mit der Heilkraft bekamen.

Florence Hill schrieb: ›Einige Zähne taten mir weh, und nachdem ich eine Weile in der Pyramide war, ließen die Schmerzen nach, aber ich hatte immer das Gefühl, als ob eine Kraft auf meine Zähne wirken würde. In allen Gliedmaßen empfand ich ein kribbelndes Gefühl. Ich glaube, mein Herzschlag verlangsamte sich, und es war mir, als würde ich eine Menge blauer Farbe sehen.‹ Effi Jorgensen, Erfahrungen in einem pyramidenförmigen Meditationszelt: ›Ging mit verstopften Nebenhöhlen (der Nase) hinein,

Ausstrahlungsschmerzen am ganzen Körper. Blieb 1 Stunde drin, und dem Kopf ging es viel besser. Während der ersten 30 Minuten nahm ich ein Summgeräusch wahr. Die Nebenhöhle war wieder frei, und nach 1 Stunde schmerzten auch die Glieder nicht mehr.‹ Mary Stoldt: ›Mein Mann hatte chronische Rückenschmerzen. Sie ließen nach.‹ Und bei einer anderen Gelegenheit: ›Erhebliche Kopfschmerzen. Saß 20 Minuten (in der Pyramide), und sie wurden besser.‹ Dean Wilcox: ›Ich habe eine große Pyramide in meinem Schlafzimmer und schlafe auch darunter. Meine Spannkraft ist seither größer als vorher, und ich fühle mich so gesund wie nie zuvor.‹ J. M.: ›Ich hatte einen Unfall, und das Sitzen in der Pyramide half mir, meine Gliedmaßen wieder beweglich zu machen.‹ Eine Frau hatte seit 11 Jahren eine warzenähnliche Wucherung an ihrem Daumen, und je mehr sie dagegen unternahm, um so größer wurde die Warze. Sie hielt den Daumen an einem Tag zweimal 15 Minuten unter eine kleine Pyramide, und am folgenden Tag war die Warze verschwunden. Ein Mann erzählte uns, daß er tagelang unter einer Strychninvergiftung gelitten hätte, aber schon ein Tag nach dem Aufenthalt in der Pyramide sei er wieder vollkommen beschwerdefrei gewesen. Ein anderer berichtete, daß sein Puls von 80 auf 60 zurückgegangen sei, nachdem er eine Zeitlang mit Pyramiden gearbeitet hätte.

Wir setzten einmal eine Wüstenrennmaus in eine kleine Pyramide. Solange sie in der Pyramide lebte, war sie sauber und hielt ihr Nest in Ordnung. Als wir ihren Käfig aber dann nach draußen stellten, verstreute sie ihre Unordnung überall und verletzte sich schließlich ihr Gesichtchen am Käfig so sehr, daß wir sogar Angst um eines ihrer Äuglein hatten. Weder Schnittwunde noch Auge wurden medizinisch behandelt, aber wir brachten sie wieder in die Pyramide zurück, und ihr Auge heilte vollständig ab, die Schnittwunde verschwand, und das Fellchen wuchs wieder ganz normal nach.

In seinem bereits früher erwähnten Artikel schreibt Dr. Frei zur medizinischen Anwendung von elektromagnetischen Feldern, neuere Versuche über Muskelstimulation hätten gezeigt, daß sich bei Magnetfeldänderungen praktisch alle Muskeln zusammenziehen. ›Nach vorherrschender Meinung wird die Stimulation durch induktive Elektrizität ausgelöst‹, schreibt er. ›Das durch ein magnetisches Wechselfeld hervorgerufene elektrische kann einen Strom durch die Zellen des Gewebes senden und auf diese Weise alle Muskeln stimulieren . . . Die Bedeutung der Studien am Muskel liegt darin, den Muskel steuern zu können, noch bevor die bipolare Elektrode eines Herzschrittmachers auf Dauer in die Herzkammer eingeführt werden kann.‹ Zur Anwendung auf anderen Gebieten der Medizin schreibt Frei: ›Eine weitere Anwendungsmöglichkeit wäre die Anregung der Großhirnrinde (Cortex). Der Einsatz genau abgestimmter magnetischer Wechselfelder könnte vielleicht schon so auf das Gehirn wirken, wie es sonst nur durch Einführen von Elektroden unter die Schädeldecke möglich ist.‹

Ein bekannter und sehr erfolgreicher Chiropraktiker erzählte uns, daß er kleine Metallplatten auflädt, indem er sie auf die Spitzen einer Reihe von Kleinpyramiden legt. Die Pyramiden sind dabei eng aneinander gerückt, so daß ihre Grundflächen zusammen ein Rechteck bilden, je fünf in einer Reihe, 15 im ganzen. Die aufgeladenen Platten benützt er, um den Biorhythmus an den erkrankten Stellen des Körpers zu verstärken, und er behauptet, daß diese Methode recht erfolgreich sei. Nach einem Artikel von Joseph F. Goodavage, einem New Yorker Gynäkologen und Zytologen, im Magazin ›Fate‹, verwendet Dr. K. E. McLean einen elektromagnetischen Aktivator bei der Behandlung fortgeschrittener Krebserkrankungen. Goodavage zitiert McLean, der gesagt hat: »In einem starken magnetischen Feld gibt es keinen Krebs.« Als Nebenwirkung der Behandlung bekam, laut Goodavage, das Kopfhaar des Patienten seine ursprüngliche Farbe wieder zurück. ›In den meisten Fällen vom silbrigen Weiß zur originalen Naturfarbe. Dr. McLeans dichter Haarwuchs ist dunkelbraun; seit 5 Jahren setzt er sich täglich einem Magnetfeld von 3600 Gauß aus. Er ist eine große, athletische Erscheinung und sieht aus, als sei er 45 Jahre alt und nicht 64.‹ Aus unseren Experimenten haben wir gelernt, daß die Erzeugung des ungewöhnlichen Energiefeldes von der Ausrichtung der Pyramide nach der Nord-Süd-Achse abhängt. Vielleicht ist ein Pyramidenkörper traditioneller Form nicht der einzige, der Energiefelder erzeugen oder verstärken kann –

wie wir bei Versuchen mit konischen Formen über Pflanzen entdeckten –, Würfelformen führen aber nicht zum gleichen Ergebnis, wie unsere Untersuchungen ergeben haben. Den größten Teil unseres Lebens verbringen wir ja in würfelförmigen Gebäuden. Unklugerweise, sagt Buckminster Fuller, Gelehrter, Mathematiker, Autor, Architekt und Erfinder des ›geodätischen Doms‹. Fuller ist der Auffassung, daß Wohn- und Bürohäuser, Kirchen und sonstige Zweckbauten eine andere als die Würfelform haben sollten, und meint, daß dies besonders für Krankenhäuser und ähnliche Anstalten gilt. Vielleicht werden Energiefelder durch Würfel, in denen wir leben, irgendwie verzerrt oder gehemmt, so daß uns ihre wohltuende Wirkung nicht mehr zugute kommt, oder wir werden von veränderten Wellenformen zu unserem Nachteil beeinflußt. Es ist durchaus möglich, daß die Vorsorgemedizin der Zukunft von Ingenieuren und Architekten gehandhabt wird. Vielleicht wird man dann Reklame für den therapeutischen Wert von Häusern und Wohnungen machen.

Verjüngung

Heute werden Vitamin E, Zinktabletten und Hagebutten als Jugendelixier angepriesen, aber die Stärkungsmittel von heute sind vielleicht morgen schon veraltet. Doch die Suche geht immer weiter, mit der neuesten Formel von Gurkenöl oder Pfirsichseife, mit Formel X, Liften der Gesichtshaut, Salzquellenbäder, den neuesten isometrischen Übungen, Einnehmen von Pantothensäure (Vitamin B_2) und Bienenpollen und Joga-Atmung, es hört nicht auf. Alle diese Methoden haben naturgemäß wenig Aussicht auf den erhofften Erfolg, wenn sich auch einige davon durchaus bewährt haben, aber eben nur im Rahmen ihrer begrenzten Möglichkeiten. Es gibt zweifellos unwiderlegliche Beweise für die jungerhaltende Kraft der Vitamine, und kaum jemand wird den Wert richtiger Atmung und vernünftiger körperlicher Betätigung in Frage stellen. Dennoch ist der Mensch mit seinem Erfolg nicht ganz zufrieden und meint, es müsse doch irgendwie noch besser gehen.

Einige Leute glauben, daß es schon einmal eine längere Lebensspanne gegeben hat, als unsere 60, 70 Jahre auf dieser Erde darstellen. Sie verweisen auf die großen Persönlichkeiten des Alten Testaments, die angeblich einige hundert Jahre lang lebten und auf das sagenumwobene Atlantis, dessen Einwohner ihnen darin nicht nachstanden. Wer nach Aktuellerem sucht, sei auf bestimmte heilige Männer in Indien erinnert, die die Jahre ihres Lebens bis in das 2. Hundert und sogar noch darüber verlängern können – wie man hört.

Vor einigen Jahren erzählte uns Swami H. H. Rama, ein hochgebildeter indischer Wissenschaftler, daß sein Guru nachweislich fast 150 Jahre alt sei. Auf unsere Frage, wie er es fertigbrächte, so lange zu leben, erhielten wir zur Antwort: »Weil er gelernt hat, bestimmte Energiefelder für diesen Zweck zu nutzen.« Wir haben keine Veranlassung, diese Worte zu bezweifeln, besonders nachdem solche Berichte nichts Ungewöhnliches mehr für uns sind. Einer unserer Freunde verbrachte einige Zeit im Himalaja und erzählte, er habe einige heilige Männer kennengelernt, die in völliger Abgeschiedenheit lebten und deren Erinnerungsvermögen bis weit in das 19. Jahrhundert zurückreichen würde. Jack Parr, ein Engländer, wurde 175 Jahre alt und starb offenbar an den Folgen eigener Unmäßigkeit bei einem Fest, das man extra für ihn bei Hof arrangiert hatte. Als man seine Leiche öffnete, zeigte sich nichts Besonderes, abgesehen von einem Zuviel an Wein und Speise. Ferner wurden in Zeitschriften und Zeitungen der letzten Zeit viele Artikel über Hundertjährige in der UdSSR veröffentlicht, die noch im Alter von 130 und 140 zur Arbeit gehen. Nun ... für die älteren Mitbürger unter uns braucht das nicht unbedingt ein Traum ohne Hoffnung auf Erfüllung zu sein. Vielleicht gibt es noch irgendwo verborgene Geheimnisse. Aber wo? Ja, das ist eben die Schwierigkeit. Doch angesehene und zielstrebige Wissenschaftler versuchen zur Zeit die wichtigsten Komponenten der ewigen Jugend zu isolieren. Von Dingen, die mehr ins Auge springen, nimmt man an, daß sie eine unterstützende Funktion erfüllen können: Diät, Umwelt und der Lebensstil. Dringt man jedoch tiefer in die Materie ein, so scheint eine allgemeine Übereinstimmung darüber vorzuherrschen, daß die Erhaltung von Gesundheit und Jugendlichkeit nur dort erforscht werden kann, wo alle Lebensvorgänge beginnen, im Reich der Zellen. Im Brennpunkt der Debatte stehen dann solche Fragen wie, warum entarten die Zellen und sterben ab, und warum sind die Geburts- und Sterberaten bei den Zellen unterschiedlich.

Nicht wenige führende Wissenschaftler sind heute der Meinung, daß das neueste und vielversprechendste Gebiet der Medizin die Bioelektrik und damit das Studium der elektromagnetischen Natur des Körpers ist. Die bioelektrische Betrachtungsweise verleugnet keineswegs die Bedeutung physikalischer und chemischer Faktoren für die Gesunderhaltung des leiblichen Körpers. Die Wissenschaftler behaupten jedoch mit Nachdruck, daß sich bei Betrachtung der elektromagnetischen oder anderer Energiefelder nur ein eingeengtes und verzerrtes Bild ergäbe. Das Energiefeld des Körpers ist offensichtlich nicht völlig an ihn gebunden, sondern strahlt durch ihn hindurch und ein wenig über ihn hinaus. Es scheint das gleiche Energiefeld zu sein, von dem Mystiker und Hellseher als ›Aura‹ sprechen, und nach ihrer Meinung zeigen sich in dieser Aura die ersten Anzeichen einer Erkrankung der

Körperzellen, des Gewebes, der Organe usw. Etwas später können diese Erkrankungen dann auch körperlich in Erscheinung treten, oder man kann sie eventuell auf bioelektrischem Wege heilen oder zumindest unter Kontrolle halten.

In einer der Energiefeldtheorien wird behauptet, daß die teilungsfähigen Zellen in ihrem Kern Filamente von hochleistungsfähigem Material enthielten, die von einem isolierenden Medium umgeben sind. Diese Filamente, von denen einige annehmen, daß es der DNS-RNS-Komplex ist (Desoxyribonukleinsäure – Ribonukleinsäure), haben stets eine Spiral- oder Helixform, oder mit anderen Worten: Sie bilden eine Spule. So wäre es denkbar, daß jede Zelle mit ihren Filamenten wie ein abgestimmter elektrischer Schwingungskreis reagiert, wenn sie von den Wellen eines externen Senders getroffen wird, der in etwa ihre Resonanzfrequenz ausstrahlt. Der Konstrukteur des Vielwellenoszillators, Lakhovsky, und andere haben überlegt, ob man eventuell Veränderungen im Zellkern hervorrufen könnte, wenn man ihn nach dem altbekannten Induktionsprinzip durch elektromagnetische Energie anregt. Dieser Vorgang sollte dann das Energieniveau und damit die Vitalität jeder Zelle erhöhen können. Nach dem derzeitigen Stand der Pyramidenforschung gibt es nun interessanterweise Anzeichen dafür, daß sowohl die erwähnten elektromagnetischen Felder als auch andere, noch namenlos, in Pyramiden erzeugt werden. Vielleicht steigern die von der Pyramide erzeugten oder verstärkten elektromagnetischen Kräfte den Stoffwechsel der Zelle, und vielleicht rütteln sie sozusagen das ›Erinnerungsvermögen‹ der DNS-RNS wach und bringen deren Reproduktionsfähigkeit wieder auf einen Stand, den sie früher einmal, in jüngeren Jahren, hatte – das Ergebnis wäre in der Tat eine Verjüngung.

Die elektromagnetische Therapie scheint auch einen Beitrag zur Langlebigkeit der russischen Hundertjährigen zu liefern. In den USA ist vom Gebrauch dieser speziellen Heilmethode nur wenig zu hören, weil sie in Kreisen der Mediziner als fragwürdig gilt. In manchen Teilen Europas und Asiens, wo man die Arbeiten von Mesmer, Reich und Reichenbach heute unter ganz neuen Aspekten betrachtet, wird die medizinische Anwendung der Bioelektrizität dagegen zügig im Rahmen der neuen Technologien weiterentwickelt. Wissenschaftler, die sich mit diesem neuen Arbeitsgebiet befaßt haben, kommen wieder zurück in die Staaten und fordern uns auf, sich endlich des riesigen Neulands bewußt zu werden, in dem es mit nachweislichem Erfolg noch so viele aufregende Entdeckungen zu machen gibt.

Dr. phil. H. Steinberg kam von solch einer Informationsreise zurück und schrieb einen herausfordernden Artikel unter der Überschrift ›Anregung der Zellaktivität durch Elektromagnetismus‹ in der ›Zeitschrift für die Erforschung der Grenzwissenschaften‹ (Journal for Borderland Research).

›Auf Betreiben gewisser Kreise, die die Wahrheit fürchten, sammeln sich an den Gestaden der Ignoranz schon seit zu vielen Jahren Staub und Spinnweben auf den wissenschaftlichen Erkenntnissen an, die man über den positiven Effekt des Elektromagnetismus auf lebende Zellen gewonnen hat. Heute erleben wir, wenn man so will, eine Wiedergeburt, bei der Berufswissenschaftler und Amateure die Arbeiten ihrer Vorgänger überprüfen und die mechanischen Voraussetzungen für eine Anwendung magnetischer Kraftfelder erfolgreich weiterentwickeln‹, so Steinberg.

Um einen direkten Einblick in die dort betriebene Forschungsarbeit über Elektromagnetismus zu gewinnen, ging er 1969 in die UdSSR. ›Als ich einige Landhäuser für Ruheständler besuchte, erfuhr ich zu meiner freudigen Überraschung, daß sich die meisten alten Leute dort täglich mit Elektromagnetismus behandeln. Es wäre besser, ich würde sagen junge Leute, denn viele, die behaupteten, 100 Jahre alt zu sein, wirkten nach Aussehen und Benehmen wie 50jährige.

Hauptzweck der elektromagnetischen Anwendungen war die Umkehr des Alterungsprozesses durch Beeinflussung der Zellstruktur, und so sehr ich mich auch darum bemühte, ein Exemplar des Heilgerätes zu erwerben, es war leider unverkäuflich. ›Suche, und du wirst finden‹, war stets meine Devise. Also reiste ich 1970 nach Japan, nachdem ich gehört hatte, daß man dort echte Fortschritte auf diesem Gebiet gemacht hatte und ähnlich Heilgeräte schon seit 1936 benützt. Sie waren außerordentlich freundlich und entgegenkommend. Man stellte mich einigen Wissenschaftlern vor, die sehr interessante praktische Forschungsarbeit geleistet hatten. Ihre Entdeckungen und Erkenntnisse waren wissenschaftlich fundiert, und ich war überzeugt, daß sie ein gut konstruiertes Heilgerät besaßen, einfach zu bedienen, so wie es sich jedermann wünscht. ›Magnetisierer‹ nannten sie ihre Apparatur.‹ Steinberg kaufte einen Magnetisierer, nahm ihn in die Vereinigten Staaten mit und veranlaßte sofort, daß das Gerät eingehend untersucht wurde. ›Ich kann berichten, daß die heute, nach 9 Probemonaten, erzielten Ergebnisse dem Gerät nur das beste Zeugnis ausstellen‹, erklärt er, ›der von den Spulen erzeugte magnetische Fluß kann über jedem Teil des Körpers genau gemessen werden, um auf diese Weise die Stellen zu finden, bei denen er durchdringt oder abgeschwächt wird. Sehr wahrscheinlich haben chemische Schadstoffe und die Umweltverschmutzung einen negativen Einfluß auf die Zellaktivität und das menschliche Magnetfeld. Es wird viele Jahre dauern, wenn es überhaupt möglich ist, bis der Schmutz wieder beseitigt ist und unter Kontrolle gehalten werden kann. Inzwischen werden die, die auf der Hut sind und die Zeichen der Gefahr erkennen, nicht ruhig sitzen bleiben und auf das große Reinemachen warten, das vielleicht doch nie kommen wird. Sie werden vielmehr alles versuchen, um ihre Zellaktivität zu steigern, damit die natürliche Wirksamkeit des Körpers Spitzenwerte erreichen kann. Es gibt Anzeichen dafür, daß die Kraftzentren der Aura, Chakras oder Wirbel genannt, durch Elektromagnetismus angeregt werden.‹ Wie Steinberg berichtet, hat er eine ganze Weile mit den japanischen Wissenschaftlern über Theorien diskutiert und dabei erfahren, daß der magnetische Fluß etwas anderes ist als der normale elektrische Strom, der ja nur an der Oberfläche körperlicher Gegenstände fließen kann. Der magnetische Fluß unterscheidet sich auch von den Röntgenstrahlen, die das Knochengewebe nicht durchdringen können. Die vom Magnetisierer erzeugten ultralangen Wellen dringen dagegen tief in das Muskelfleisch, das Fett und die Knochen ein und wirken intensiv auf die Nervenfasern.

›Magnetischer Fluß ruft im Körper niemals unangenehme Empfindungen hervor, wie etwa Schmerzen oder Schock. Er erzeugt vielmehr eine wohltuende Wärmewirkung‹, behauptet Steinberg. ›Man bezeichnet dieses Wärmegefühl auch als ›Joule-Wärme‹

(›Joule‹ = Maßeinheit der elektrischen Energie); sie unterstützt die Zellfunktion, löst Krämpfe und lindert Entzündungen. Dringt der magnetische Fluß in Körpergewebe ein, so erzeugt er darin einen Wirbelstrom entlang den magnetischen Kraftlinien. Die Wirbelströme ionisieren das Protoplasma in den Gewebszellen, wodurch der Zellstoffwechsel angeregt und das ganze Gewebe verjüngt wird. Durch das Eindringen des magnetischen Flusses in das Gewebe wird außerdem die Hormonausschüttung gesteigert, ein Vorgang, der durch Normalisierung der Funktion der inneren Organe Energie freisetzt und dadurch jungerhaltend wirkt . . . Magnetische Stoffe im Blut, wie Eisen, werden durch den magnetischen Fluß stark angeregt. Infolgedessen bewegt sich der rote Blutfarbstoff (Hämoglobin) in den Blutkörperchen schneller und unterstützt damit die Zirkulation der Lymphe, sobald der Magnetisierer eingeschaltet wird. Der Heileffekt ist eben nicht einseitig, sondern summiert sich und kann auf diese Weise eine allgemeine konstitutionelle Schwäche beheben.‹

Nach Meinung der Forscher auf diesem Sachgebiet müssen die elektromagnetischen Kräfte Einfluß auf die Schwingungen des Gewebes haben. Dr. Abrams und Dr. Drown behaupten, daß das Gewebe dann gesund ist, wenn die Schwingungsvorgänge einen optimalen Grad erreicht haben. Abnehmende Schwingungsvorgänge bedeuten den Ausbruch von Krankheiten. Könnte man in diesem Moment elektromagnetische Schwingungen mit der gleichen Frequenz in die erkrankten Gewebsteile oder Organe hineinstrahlen, so würden sie deren Eigenschwingungen durch Energiezufuhr steigern und sie dadurch regenerieren. Einige Fachleute meinen heute jedoch, daß die Vorstellungen von Abrams und Drown zu eng sind, weil nach ihrem Modell erst einmal die genaue Schwingungscharakteristik des Patienten oder Organs ermittelt werden muß, ehe man mit der Behandlung beginnen kann. Nähme man dagegen gleich ein weitgespanntes Spektrum von Schwingungen, wie es vom Vielwellenoszillator erzeugt wird, so träfe man mit einer der angebotenen Frequenzen auch die des Gewebes oder Organs, und die Behandlung könnte sofort erfolgen. Wie dem auch sei, alles das ist graue Theorie, deren praktischer Wert sich nur durch eine Reihe von Fallstudien beweisen läßt.

Bevor man wirklich beurteilen kann, welchen Wert die Pyramide für die Bioelektrik hat, muß noch viel Forschungsarbeit geleistet werden. Die Untersuchungen der Pyramidenkräfte waren bisher noch recht oberflächlich und laienhaft. Trotzdem glauben wir annehmen zu können, daß durch die Bauform der Pyramide genau solche oder ähnliche Energiefelder entstehen, wie man sie auch mit anderen elektromagnetischen Vorrichtungen erzeugen kann.

Da sind die Dinge wie das Nichtverrotten organischen Materials, das jugendliche Aussehen der Gesichtshaut nach einer Behandlung mit Pyramidenwasser, da sind die Heilkräfte, die erstaunliche Bewußtseinserweiterung usw. Wir meinen, je mehr man über Energiefelder lernt, um so besser wird man die Eigenschaften der Pyramide verstehen, und je besser man die Kräfte kennt, die in der Pyramide wirken, um so größer wird der Beitrag zu den Theorien über Energie sein.

Vor mehr als 50 Jahren schrieb ein englischer Wissenschaftler, A. E. Baines, in einem Artikel unter der Überschrift ›Der Ursprung und das Problem des Lebens‹, daß es mindestens drei Dinge gäbe, die gegen eine lange Lebensspanne bei beständiger Gesundheit sprächen. Das erste ist die körperliche Degeneration, das zweite die allmählich nachlassende Regeneration der Nervenkraft und das dritte das Verkümmern gewisser Drüsen, die Körper und Hirn vitalisieren.

›Wir müssen uns also mit den Unvollkommenheiten des Körpers befassen, unzulängliche Nervenkraft, mangelhafte Isolation. Letztere besonders in Anbetracht des einwandfreien Funktionierens gewisser Drüsen, die zwar genügend Energie bekommen, aber wegen mangelhafter Isolation nicht genügend davon festhalten und ausnutzen können. Aber das ist noch nicht alles‹, schreibt Baines, und weiter: ›Die Impulse, mit denen unsere Drüsen angeregt und aktiviert werden, erhalten sie vom Gehirn, und wenn diese Impulse nicht in voller Stärke empfangen und verwertet werden können, wird dem Hirn eine zusätzliche Leistung abverlangt, um den Fehlbetrag auszugleichen.

Um dem Mangel abzuhelfen, brauchen wir zuerst einmal Mittel

und Wege, um Nervenkraft zu erzeugen. Jahrelang haben wir von einer Kraft gehört, die Sergant Fox ›Odic‹ nannte und die bei Sir William Crooks ›Physic‹ hieß. Die meisten Leute brachten das Ganze mit okkulten Dingen in Verbindung, vielleicht weil noch niemand das Wesen dieser Kraft und ihren Wert für die Menschheit überzeugend darstellen oder sogar weiterentwickeln konnte. Vieles spricht dafür, daß es die alten Ägypter konnten, und ihr Wissen wäre der Nachwelt womöglich erhalten geblieben, hätte es nicht zu Beginn der christlichen Ära den Brand der alexandrinischen Bibliothek gegeben. Meine Bekanntschaft mit dieser neuen Kraft, die ich ›Vitic‹ genannt habe, machte ich auf eine bemerkenswerte Art und Weise. Jahrelanger Aufenthalt in Ägypten weckte in mir das Interesse an der Ägyptologie, ein Interesse, das mich nach meiner Rückkehr nach England immer wieder in die Galerien des Britischen Museums trieb.

In den vergangenen Zeiten ägyptischer Größe waren wissenschaftliche Kenntnisse der Priesterschaft vorbehalten, und sie verbargen ihr Wissen vor der Welt der Ungebildeten hinter einem Schleier wohldurchdachter Symbolik. Trotzdem gewinnt man den Eindruck, als hätte damals die Suche nach dem Elixier des Lebens begonnen. Aus diesem Grund wurde ich dann auch sehr neugierig, als ich sah, daß die Statue eines der Priester eine kleine Walze in der Hand hielt. Daß auch der regierende Pharao so etwas besaß, wirft nur ein bezeichnendes Licht auf die weitgehenden Zugeständnisse seitens der Priesterschaft und spricht keinesfalls gegen die Annahme, daß die Walzen oder kurzen Stäbe eine wichtige Funktion hatten, weswegen sie ja auch von den Bildhauern symbolisch dargestellt wurden.

Die auffallendste Statue, ein bemaltes Kalksteinporträt, wird auf das Jahr 3700 v. Chr. datiert und stellt die Person eines Königs namens An-Kheft-Ka dar. Sie hält einen kurzen Stab in jeder Hand, ganz so wie der Läufer seine Stafette. Ich glaube, wie schon gesagt, diese Stäbe waren Symbole – aber von was? Sicher bedeuteten sie nicht Kraft im Sinne von Energie, denn die wäre aus der Sicht der Priesterschaft eine ständig drohende Gefahr in den Händen eines eifersüchtigen und wütenden Pharaos gewesen. Was waren nun die wesentlichen Grundzüge der alten Ägypter? Sinn-

keit bekennt man sich nicht so offen. Das jedenfalls war die Schlußfolgerung, zu der ich schließlich kam. Unermüdliches Ausforschen der maßgebenden Persönlichkeiten des Museums führte zu dem erstaunlichen Ergebnis, daß keiner etwas über den Zweck und die Bedeutung der Stäbe wußte. Sie hatten nicht die geringste Ahnung.

Es folgten Jahre des Experimentierens mit dem Ziel, etwas zu entdecken, das eine wohltuende Wirkung auf das Nervensystem ausübt, wenn man es in der Hand hält. Wir wissen aus Erfahrung, daß Hartkohle, wie sie in elektrischen Bogenlampen zur Lichterzeugung verwendet wird, bestimmte Mengen einer Kraft abgibt, die von der Nervenkraft nicht zu unterscheiden ist. Behandelt man aber die Kohle so, daß ihre Moleküle aus der Ruhelage gebracht werden, und härtet sie danach nach einem besonderen Verfahren, dann wird die Kraft erheblich verstärkt und der Kohlestab zu einer echten Energiequelle. Die Energie wird so bereitwillig von den unipolaren Ganglienzellen aufgenommen und gespeichert, daß eine Aufladung von 5 Minuten mindestens 12 Stunden anhält.‹

In seinem 1918 erschienenen Buch ›Elektropathologie‹ schreibt Dr. White Robertson über Baines' Hypothese, daß eine elektrische Welle nicht einförmig, sondern aus mehreren Komponenten zusammengesetzt ist, und erklärt: ›Daß die zweite Alternative nicht an den Haaren herbeigezogen ist, läßt sich aus der kürzlich von Baines gemachten Entdeckung schließen, daß nach Anwendung eines speziellen Härtungsprozesses bei normaler Bogenlampenkohle eine neue Kraft gefunden wurde, die ihren Sitz in der strukturveränderten Kohle hat. Sie kann für mehrere Stunden auf den Körper des Menschen übertragen und dort gespeichert werden, indem man einfach die Kohle in der Hand hält. Als Ergebnis zeigt sich dann, daß die subnormalen galvanometrischen Ablenkungen enorm verstärkt werden. Bei Fällen von nervösem Zusammenbruch konnten wir bereits erfreuliche Besserungen durch die Kohlenstäbe beobachten, weil sie offensichtlich den nervlichen Ladungszustand erhöhen. Was diese Kraft ist, wissen wir bis jetzt noch nicht, und sie ist auch den hervorragenden Physikern und Physiologen unbekannt, denen wir unsere Experimente zeigten.

Physiologen unbekannt, denen wir unsere Experimente zeigten. Sie ist kein Magnetismus, und wenn sie sich von einer elektrischen Ladung unterscheidet, dann dadurch, daß sie sich nicht ohne weiteres verteilt, sondern scheinbar in den unipolaren Ganglien des Nervensystems gespeichert wird. Das ergab sich aus Galvanometermessungen während einer Zeitdauer von 12 Stunden.‹

In einem Artikel, der im Juni 1914 in ›Der Fachmann‹ (The Practitioner) erschien, schrieb Dr. J. Horne Wilson über Baines' Entdeckung: ›In diesem Zusammenhang (Taubheitsgefühl entlang der Nervenbahnen) möchte ich erwähnen, daß ein Kohlenstab, dessen Molekularstruktur in ähnlicher Weise verändert wurde wie die von Eisen, wenn man es in einen Magneten verwandelt, einen höchst bemerkenswerten Einfluß auf die Ablenkung des Galvanometers bei Körpermessungen hat. Hält man solch einen Stab in der rechten Hand, so ruft das eine kaum meßbare positive Ablenkung (des Zeigers eines Galvanometers) hervor und eine negative, wenn man ihn in der linken Hand hält. Bringt man ihn 5 oder 10 Minuten lang mit der rechten Körperhälfte in Kontakt, so wird die Hand-zu-Hand-Ablenkung stark positiv, und dieser Effekt erfährt eine exakte Umkehr, wenn man den Stab an die linke Körperhälfte hält. Was diese Kraft ist, wage ich im Augenblick nicht zu sagen, aber sie hat einen erkennbaren Einfluß auf das elektrische Milieu des Körpers, wenn auch keinen direkten auf die Pole eines Galvanometers. Offensichtlich lädt sie den Körper mit einer Kraft auf, die der Nervenkraft gleicht, und wird länger gespeichert als Elektrizität.‹

Und Wilson schrieb in ›Die medizinische Zeit‹ (The Medical Times) vom 25. Juli 1914: ›Diese Energie normalisiert die Nervenströme. Hält man den Stab in der rechten Hand, so wirkt er anregend, ohne irgendwelche Entzugserscheinungen als Nachwirkung zu zeigen, in der linken Hand gehalten, wirkt er beruhigend. Unter seinem stimulierenden Einfluß wird der Zustand des Nervensystems ganz allgemein verbessert; geistige Erschöpfung ist in kurzer Zeit beseitigt, und Krankheitserscheinungen wie Neurasthenie, Schlaflosigkeit und Herzschwäche lassen schnell nach.

Der zweite Zylinder in der linken Hand von An-Kheft-Ka hat wahrscheinlich weniger Bedeutung und bestand nicht aus Kohle, sonst wäre ja die Ladung neutralisiert worden. Er war, und da habe ich nur wenig Zweifel, aus Magneteisen, denn wenn man die linke Körperhälfte einem Magnetfeld aussetzt, so regt das die Herztätigkeit an, wenn auch nur so lange wie das Magnetfeld dort besteht.

Die Eigenschaften des Magneteisens – und vielleicht gerade jene erwähnte – waren im Alterum sowohl den Chinesen als auch den Griechen bekannt, die ihr Wissen wahrscheinlich von den Ägyptern hatten.

Beim Festhalten von zwei Stäben, den aus Kohle in der rechten Hand und den aus Magneteisen in der linken, verstärkt sich die Wirkung; während aber die Ladung durch Kohle 12 Stunden anhält, hört die des Magneten sofort auf, wenn man ihn wieder aus der Hand legt und entfernt.‹

Die Beschreibung von A. E. Baines läßt viel zu wünschen übrig. Es würde uns ein gutes Stück weiterbringen, wenn wir wüßten, was in den ›Jahren des Experimentierens‹ im einzelnen geschehen ist, durch welchen ›Zufall‹ die Energie in der Kohle entdeckt wurde und wie er darauf kam, daß Bogenlampenkohle jene ›bestimmte Menge einer Kraft abgibt, die von der Nervenkraft nicht zu unterscheiden ist‹. Es wäre auch eine große Hilfe zu erfahren, auf welche Art und Weise die Kohle behandelt werden muß und wie das spezielle Härtungsverfahren aussieht. Wir erhalten auch keinen Hinweis darauf, woher er weiß, daß die Kohlenstabenergie dadurch erheblich verstärkt und von den unipolaren Ganglien gespeichert wird. Es scheint so, als hätte Dr. Robertson die Feststellungen als Tatsachen hingenommen, obwohl es Baines an weiteren Erklärungen fehlen läßt. Erklärungen, die Dr. Wilson in seinen zwei Artikeln gibt, stammen offenbar aus seinen eigenen Studien.

Die Anzeige des Galvanometers scheint der einzige objektive Beweis zu sein. Während all der Jahre hat die Stiftung für Erforschung der Grenzwissenschaften eine Reihe von Berichten gesammelt, nach denen man gute Erfahrungen mit den Stäben gemacht hat. Die Möglichkeit, daß hierbei Suggestion eine bedeutende Rolle spielt, ist jedoch nicht auszuschließen. Man hat sich zwar bei den meisten Experimenten bemüht, Suggestion einzuschränken oder gar auszuschalten, aber der gesunde Menschenverstand sagt uns, daß man trotzdem noch keine endgültige Schlußfolgerung ziehen kann. Es erscheint doch notwendig, noch weitere Beweise dafür zu sammeln, daß sowohl die normale als auch die subnormale Ablenkung der Galvanometernadel durch die Kohlestäbe gesteigert wird. Es müßte auch geprüft werden, ob nur Kohle diesen Effekt hervorruft, oder ob man mit anderen Metallstäben, magnetisch oder unmagnetisch, ähnliche Wirkung erzielen kann. Ferner müßte man die Behauptung nachprüfen, daß die Kraft oder Energie nach Gebrauch der Stäbe einige Stunden lang im Körper gespeichert werden kann. Wenn sich alle diese Versuchsergebnisse bestätigen und damit bewiesen wird, daß durch den Gebrauch der Stäbe ein Energiefeld in den Körper gelangt und dort gespeichert wird, müßten wir noch eine Erklärung für den Zusammenhang zwischen den beiden Untersuchungsgebieten (Stab und Pyramide) finden, denn im einen wie dem anderen Fall gibt es eine große Ähnlichkeit zwischen den Versuchsergebnissen. Eine der interessantesten Parallelen ist die unterschiedliche Wirkung auf einzelne Menschen. Die meisten reden von einer erfolgreichen Behandlung, ob es sich dabei nun um Kohlenstäbe oder Pyramiden handelt; aber einige beklagen sich darüber, von dem Kohlenstab zu sehr angeregt zu werden, und es käme sogar vor, daß sie nicht mehr schlafen könnten. Dem entspricht eine kleine Gruppe von Versuchspersonen, die behaupten, sie bekämen Kopfschmerzen und fühlten sich übererregt, sobald sie sich auch nur für kurze Zeit in der Pyramide aufhielten. In beiden Fällen ist offenbar die Aufladung zu stark für sie.

Andererseits haben uns die meisten Leute erzählt, daß sie sich vitalisiert und ›lebendiger‹ fühlen, wenn sie eine Zeitlang in der Pyramide waren. Sie fühlten sich nicht nur geistig frischer, auch Gefühle schienen stärker empfunden zu werden. Eine interessante Geschichte erzählte uns der Ehemann einer Frau. Er war gerade Anfang 50, als er sich eine Pyramide baute und darin Wasser behandelte, nachdem er einen unserer Vorträge gehört hatte. Das Wasser verwendete er in seinem Garten, aber er fing auch an, es regelmäßig zu trinken. Einige Wochen später sagte seine Frau zu uns: »Ich glaube, ich muß Henry daran hindern, weiter das Wasser zu trinken, oder selber damit anfangen.« Als wir sie nach dem

Grund fragten, erklärte sie schließlich: »Ach, ich glaube, er fühlt sich wieder wie zwanzig oder dreißig; seit Jahren war er nicht mehr so sexuell aktiv.«

Al Manning, Direktor des Laboratoriums für außersinnliche Wahrnehmung in Los Angeles, erzählt, daß der Autor Sinclair schon nach einigen Minuten in einer Pyramide wieder an die frische Luft mußte, weil er völlig benommen war. Das seltsame Gefühlt hielt auch noch an, als er wieder zu Hause war. Er sagte die Einladung zu einer Party ab und legte sich statt dessen schlafen. Als er nach drei Stunden erwachte, fühlte er sich, laut Manning, als hätte er tagelang geschlafen.

Es sei daran erinnert, daß sich bei unseren Versuchen mit der Keimwilligkeit und dem Wachstum von Pflanzen gezeigt hat, daß das Energiefeld im Inneren der Pyramide nicht immer das gleiche ist. Beim Kohlenstabexperiment ist der Eisenmagnet angeblich die Kraft, die auf die Körperzellen wirkt und die Kraft der Kohle anzieht. Stellt man Magnete neben Pflanzen, so wachsen sie, wie gesagt, schneller, stellt man sie aber in einer Pyramide neben Pflanzen hin, so scheinen sie das Wachstum zu verzögern – wieder ein klares Beispiel für zu große Aufladung oder Aufhebung eines Energiefeldes durch das andere.

Eine andere Informationsquelle, die sich auf das Wissen der alten Ägypter über Energiefelder und deren Verjüngungseffekt stützt, ist das seltsame Tagebuch von Stefan Graf Colonna Walewski, ›Ein System kaukasischen Jogas‹. Die erste und wahrscheinlich einzige Ausgabe erschien 1955 im Falcon's-Wing-Press-Verlag. Im Vorwort des Herausgebers steht: ›Stefan Graf Colonna Walewskis äußeres Leben war das eines sehr bekannten Sammlers und Händlers orientalischer Kunst und Antiquitäten und anthropologischer Kuriositäten. Sein Laden ›Esoterica‹ war nicht nur ein berühmter Treffpunkt für Kenner in New York, sondern auch ein Tor zu einer anderen Welt, in der die Magie, Dämonen und Amulette so alltäglich waren wie Untergrundbahnen und Neonlichter. Der Graf glaubte fest daran, daß er all diese seltsamen Dinge mit einer Art höherem Magnetismus beherrschte, dessen Wirkungsmechanismus er genau zu kennen glaubte; und seine einzigartige Sammlung schien ihm recht zu geben.

Nur wenige wußten jedoch, daß es hinter Graf Walewskis liebenswürdiger Art und dem Expertenwissen – für Außenstehende zwei seiner hervorstechendsten Eigenschaften – noch ein empfindsames Innenleben und ein leidenschaftliches Suchen nach den verborgenen Geheimnissen des Lebens gab. Nur wenige wußten, daß er vor den zwanziger Jahren im Kaukasus (zwischen Schwarzem und Kaspischem Meer, an der Grenze der Türkei und UdSSR) von zwei Kundigen in einige Geheimnisse eingeweiht worden war. Die beiden gehörten einer fast ausgestorbenen geheimen Sekte an, die die Lehren ihres Volkes mit Joga und denen des Zarathustra verband. Walewski hat seine Lehrmeister nie wieder gesehen, und er fühlte sich ihnen gegenüber auch nicht zu Dank verpflichtet, denn sie händigten ihm lediglich ihr Wissen aus und nahmen ihm den Eid ab, die Quelle des Wissens nie zu verraten. Ihre Schriften in Persisch und Russisch hatte er dann selber von Hand aus einem Notizheft in sein Tagebuch übertragen, als er später mit einer Gruppe polnischer Diplomaten in Amerika ankam. Das Englisch der Abschrift ist unbeholfen, und die Rechtschreibung oft fehlerhaft, denn er beherrschte die Sprache damals noch nicht einwandfrei.‹

In diesem Tagebuch findet sich nun folgende Eintragung:

›IX L. Geheim-Mittel. Wiederaufladen mit Nervenenergie. Eine Methode aus dem alten Ägypten, um die Energieströme des Körpers wieder zu kräftigen. Wurde unter Verwendung der Übungen zum 2. Hauptmysterium durch Statuen dargestellt. Zwei Stäbe in den Händen einer stehenden Figur übertrugen enorme Kräfte, die der Elektrizität glichen (sekundäre Elektrizität), auf den Körper, um dort in unipolaren Ganglien und der Rückenmarksflüssigkeit gespeichert zu werden: die potentielle Energie wurde um 100 % gesteigert und hielt einen Tag und eine Nacht, also 24 Stunden, an.‹

Wieder zeigt sich, daß der Kern dieser Information für die Pyramidenforschung mit der Frage zusammenfällt, wieviel die alten Ägypter vom Wesen der Energiefelder verstanden. Wenn sie wußten, wie man sie erzeugt und ihre Kraft anwendet, dann darf man auch annehmen, daß sie dieses Wissen in der größten ihrer Errungenschaften investierten – in der Pyramide.

Die Stimme der Pyramide

Sir W. Siemens, ein (deutsch-)englischer Erfinder, stand voller Staunen auf der Spitze der großen Pyramide von Gizeh und sah, wie Funken aus dem erhobenen Finger seines arabischen Führers sprühten. Wie er erklärte, war von der Erscheinung ein deutliches Klingeln zu hören. Vor über 200 Jahren stand der britische Generalkonsul in Algerien, Nathaniel Davidson, in der großen Galerie der Pyramide und stellte eine sonderbare Resonanz in dem Echo fest, das von seiner eigenen Stimme zurückgeworfen wurde.

Klangerlebnisse sind aber offenbar nicht nur auf die große Steinpyramide beschränkt, denn eine ganze Reihe von Leuten haben uns von ungewöhnlichen Tonereignissen bei Modellpyramiden berichtet. Jeder der Berichte hört sich zwar ein wenig anders an, weil das Erlebnis verschiedene Wirkung auf den einzelnen hat, aber die meisten erinnerten sich an ›eine Art fernen Klingens‹ oder ›Widerhallens‹. Das Tönen hörte sich an wie ›Ohrenklingeln‹ oder ›Schwingungen von innen‹. Wir hörten dann, daß andere, die auch mit Pyramiden experimentierten, ähnliche Erfahrungen gemacht hatten. Daß die Pyramide wie ein Klangresonator wirkt, der offenbar wohltuende Schwingungen erzeugt, beweisen auch andere Klangexperimente mit gleicher Wirkung und eben die Versuche mit Modellpyramiden. Musikalische Tonfolgen hat man oft auf Kranke angewendet, weil sie anscheinend die Heilung fördern, materielle Substanzen verändern, auf den Pflanzenwuchs einwirken, kurz: Personen und Gegenstände werden fast genauso beeinflußt wie durch die Kraft der Pyramide. Schallwellen sind eine Form der Energie, und Energie wirkt auf Zellen.

Töne waren bei den Alten ein Grundprinzip der Heilung, so benutzten die Ägypter Gesänge und tönende Instrumente, um Energiefelder zu manipulieren und den Körper wieder in die Balance zu bringen. Pythagoras lehrte, daß Töne eine schöpferische Kraft sind und daß Musik eine heilsame Wirkung auf den Körper hat. Er behauptete, daß er das in der ägyptischen Geheimschule gelernt habe.

Wenn die alten Ägypter so viel von Tönen und Klang hielten, dann erscheint auch die Annahme begründet, daß sie das Klangelement in ihrem großartigsten Bauwerk mit berücksichtigt haben, in der großen Pyramide.

Tonschwingungen wurden offenbar mit dem Schöpfungsakt in Verbindung gebracht, ob es nun das Universum oder das eigene Leben betraf. ›Am Anfang war das Wort.‹ ›Wort‹ ist verschieden übersetzt worden und kommt von ›Logos‹, dem Gesetz, dem Urmodell usw. Philo schrieb: ›Sein Abbild ist das Wort, ein Symbol, strahlender als Feuer . . . Der Logos ist das Medium, mit dessen Hilfe Gott im Universum wirkt, und man könnte ihn mit der Sprache des Menschen vergleichen.‹

Mehr als auf eine Bedeutung im Sinne von Worten scheinen die Übersetzungen allerdings auf die der Schwingungen hinzuweisen. Beim Studium der alten Kulturen erfährt man, daß die chinesischen Heilkundigen bei ihren rituellen Handlungen singende Steine verwendeten. Diese Steine waren dünne, flache Platten aus Jade, die musikalische Töne hervorbrachten, wenn man an ihren Kanten strich. Den großen Ton der Natur nannten sie ›Kung‹, und er entsprach unserer Note ›f‹. Die islamischen Sufis (Mystiker und Theologen der Safaviden, Persien 1502–1736) sahen in ›Hu‹ den schöpferischen Klang. Für Tibetaner sind die Noten ›a‹, ›fis‹ und ›g‹ mächtige und heilige Töne. Der Klang ›Aum‹ ist denen vertraut, die die Meditationsgesänge kennen. Unser christliches ›Amen‹ stammt von dem älteren ›Aum‹ ab, das die gesamte Klangfülle der menschlichen Stimme ausdrücken sollte und deshalb mit dem Schöpfungsprinzip des Universums verknüpft wurde.

In den antiken Geheimlehren symbolisiert der Rhythmus den Körper, die Melodie die Gefühle, und die Harmonie erweiterte das Bewußtsein bis zur Wahrnehmung geistiger Dinge. Interessanterweise erfuhren Personen, die in einer Pyramide Töne hörten oder Schwingungen verspürten, das gleiche, wenn sie sich zur Erweiterung des Bewußtseins auf ihr Innenleben konzentrierten. Jene Dame, die mich vor vielen Jahren in das Studium metaphysischer Dinge einführte, ist heute eine prominente Verfechterin der Klangtherapie. Laurel Elisabeth Keyes, eine Schriftstellerin und Dozentin in Denver, hat ein System entwickelt, nach dem der Körper durch den Gebrauch von Stimmen wieder in das Gleichgewicht gebracht werden soll. Sie nennt es ›Toning‹ und sieht darin das verlorene Wissen, mit dem einst die antiken Ärzte heilten. Als wir sie kürzlich in ihrem Wochenendhaus in den Bergen am Colorado besuchten, sagte sie uns: »Wir machen alles mit Worten und mit Tönen. Fast alle unsere Aktionen und Reaktionen sind das Ergebnis von Worten. Jederman ist sich darüber klar, daß wir ohne Worte oder Symbole nicht denken können, und daß sie die Grenzen unseres Denkvermögens darstellen. Worte sind Werkzeuge, und es ist wichtig, daß wir eine reiche Auswahl davon zur Hand haben. Die Tonschwingungen sind das Transportmittel der Worte. In unserem Leben sind Töne eine Kraft, die unter der Oberfläche wirkt. Um das noch deutlicher zu machen: Sie geben uns mehr Möglichkeiten, zu schaffen, was wir wollen, und verleihen unseren Eingebungen Form und Substanz. Töne, glaube ich, sind der Treffpunkt des Abstrakten mit der konkreten Idee.«

Die Praxis des Toning begann für Frau Keyes, als sie eines Tages allein im Zimmer stand und die Ruhe genoß, nachdem eine Studiengruppe ihren Besuch beendet hatte und abgereist war. »Ich spürte etwas in meiner Brust und Kehle, als ob eine Kraft in mir anschwoll und danach drängte, sich in Form von Tönen zu befreien. Es war das Gefühl, das einen dazu bringt, plötzlich zu singen anzufangen – ohne jeden Grund. (Interessanterweise gibt es Berichte, nach denen einige Leute auch solche Gefühle erlebt haben, während sie in einer Pyramide saßen.) Das Gefühl kam und ging, ohne daß ich etwas dazu tat«, fuhr Frau Keyes fort. »Es hatte seinen eigenen Willen und den deutlichen Wunsch, sich auszudrükken. Es war ein merkwürdiges Erlebnis, diesen Vorgang zu beobachten und zu spüren, ohne sich die Mühe zu machen, ihn zu steuern oder zu kontrollieren. Wie von selbst gingen meine Lippen auseinander, mein Mund öffnete sich, und plötzlich kam ein Ton aus meiner Kehle hervor und formte sich zu einer kurzen Silbe: ›Ra‹. Ich war völlig überrascht. Ich pflegte keine ägyptischen Worte zu gebrauchen, und wir hatten in unserer Studiengruppe auch nicht über ägyptische Kultur gesprochen. Warum der Ton gerade diese Form annahm, war genauso verblüffend für mich, als wenn ich eine mir unbekannte Fremdsprache gesprochen hätte. Ich kam mir vor wie ein Vogel, der sein ganzes Leben lang eingesperrt gewesen war und plötzlich entdeckt, daß die Käfigtüre offensteht. Ich hatte nicht einmal tief Luft holen müssen, wie das ein Sänger tut, und trotzdem hielt ich den Ton, als käme die Luft aus einer unerschöpflichen Quelle. Und ich erklomm Tonhöhen, die mir normalerweise unerreichbar sind, weil ich eine ziemlich tiefe Stimme habe. Schließlich wurde mir klar, daß ich mich in irgendeinem meditativen Zustand befand, und ich nahm das Geschehen auf Tonband auf, um es später bei vollem Verstand auswerten zu können. Als ich mir die Aufnahme am nächsten Tag anhörte, war ich erstaunt. Das war nicht meine Stimme. Sie kam aus meinem Körper, aber ich hatte niemals vorher auf diese Weise von ihr Gebrauch machen können.«

Frau Keyes, Schülerin vieler Lehrmeister im Osten und Westen der USA, entdeckte, daß durch Toning geistige Schranken durchbrochen und Verspannungen gelöst wurden. Doch bald fand sie heraus, daß es noch mehr als das bewirken könnte. Jedesmal, wenn sie tonierte, machte sie das heiter und angeregt; ein Ganzheitsgefühl und erhöhtes Wohlbefinden stellten sich ein.

Aufgrund dieser Erfolge war Frau Keyes nun neugierig geworden und wendete sich an eine Freundin, die mit ihren hellseherischen Fähigkeiten schon viele Leiden genau diagnostiziert hatte, und ließ sich von ihr beim Hervorbringen der Körperstimme beobachten. Die Freundin sah den Ton wie eine Kraft mit wirbelnden Bewegungen, die magnetische Ströme aus dem Erdboden durch die Füße und alle Glieder des Körpers zog, um dann in Lichtspiralen bis in die Nähe der Kehle hinaufzusteigen.

»Wenn ich den Ton einfach frei herauskommen ließ, so schien das meinen ganzen Körper zu reinigen und die Verspannungen zu lösen. Danach fühlte sich der Körper völlig ausgewogen wie ein Motor, den man überholt hat, oder eine Geige, die gestimmt wurde. Die befreundete Hellseherin hatte beobachtet, daß, wenn ich den Ton am Anfang, bevor er frei herauskam, zu beeinflussen suchte, der Kraftwirbel über dem Solarplexus (Sonnengeflecht) zusammenbrach, und von dort her überkamen mich dann auch Gefühle wie Frustration, Angst oder Ärger.« Auf der Suche nach Hinweisen auf die von ihr wiederentdeckte Idee des Toning in anderen Kulturen, der griechischen, ägyptischen, persischen, indischen, indianischen und sonstiger alter Völker, fand Frau Keyes heraus, daß diese Idee mit den ältesten Heilmethoden verwandt ist, bei denen zwei so uralte Rituale vorherrschen, wie gemeinsames Singen und rhythmische Körperbewegungen in der Form von Tanzen und Stampfen. Neueste, an der Feldtheorie ausgerichtete wissenschaftliche Hypothesen stützen die Vorstellung von Frau Keyes, daß zu jedem lebendigen Ding ein Feld gehört, das den genauen Bauplan seiner materiellen Erscheinung enthält. Der Bauplan einer Blume schlummert im Samen, der eines Vogels im Ei. Störende Eingriffe in das Feld oder Überlagerungen verändern den Bauplan, und Krankheit oder Mißbildungen sind die Folge.

Sie sagt, daß ein Ton, sobald er entstanden ist, sich der Materie in seiner Umwelt bemächtigt und auf diese Weise zu einer realen und greifbaren Erscheinung wird. Etwas Ähnliches kann man auch an den spinnwebdünnen Staubteilchen sehen, die vom Luftstrom eines Gebläses oder geöffneten Fensters eingefangen werden. Wenn man feinen Sand oder Zucker auf ein Trommelfell streut und die Tonschwingungen einer Geige oder eines Klaviers darauf einwirken läßt, dann ordnen sich die Körnchen in verschiedenen geometrischen Mustern an, woran man erkennt, daß Töne Materie in Bewegung setzen und Schwingungen Molekularstrukturen verändern können.

»Die Stimme besteht aus Schwingungen«, sagt Frau Keyes. »Das bedeutet, daß die Art, wie wir unsere Stimme gebrauchen, vielleicht einer der wichtigsten Faktoren bei der Beeinflussung von Molekularstrukturen in unserem Körper ist. Wimmernde Stimmen locken negative Umstände herbei. Ich habe festgestellt, daß Leute, die so sprechen, selten frei von Problemen sind. Ein Mensch mit feindseliger, verächtlicher Stimme zieht Gewalt, Unfälle, Schlaganfälle und Herzattacken an.

Wenn man jemanden dazu bringt, den Ton seiner Stimme zu ändern, beginnt er auch sein Leben zu ändern. Mir wurde klar, daß, wenn die Willenskraft vom Unterbewußtsein kontrolliert wird, man durch bewußten Gebrauch der Stimme diese Kontrolle aufheben, den Willen befreien und ihn dann der Leitung durch geistige Kräfte unterstellen kann.«

Frau Keyes meint, daß das Toning eine Naturheilmethode ist,

denn es löst Spannungen, regt den Kreislauf an und stärkt die Nerven. Es läßt in jedem Menschen ein Abbild der Vollkommenheit entstehen. Diese Vorstellungen und Gedanken entsprechen genau denen von Reich über die Orgonenergie, sie ranken sich um den Vielwellenoszillator, den Eeman-Schirm, Edgar Cayes Ideen von der Naßzellenbatterie, die Theorien von John Pierrakos und Berichte über die Wirkung der Pyramidenkraft.

Um besser zu verstehen, wie Gedanken und Gefühle auf den Körper wirken, verweist Frau Keyes auf das gallertartige Kollagen (siehe Kapitel über Heilung). Vom Atom über das Molekül bis zum Kolloid haben wir es mit einer Energieform zu tun, die leicht durch Schwingungen zu beeinflussen ist, sagt Frau Keyes. Sie glaubt, daß Toning, Singen, lautes Beten, die Elektrotherapie und der von Ruhe und Selbstvertrauen getragene Einsatz der eigenen Stimme der Riesenfläche von Kollagengewebe in jedem Menschen die notwendige positive Aufladung gibt. Ein bemerkenswertes Beispiel für die Wirksamkeit des Toning ist jene Frau, die an Leukämie litt und nach Hause geschickt wurde, um dort, wie sie glaubte, zu sterben. »Sie war bettlägerig und so schwach, daß sie kaum telefonieren konnte«, erzählte Frau Keyes. Sie erklärte der Frau die Idee des Toning und bat sie, mit kraftvoller und positiver Betonung einfach Sätze zu sprechen, wie: »Ich werde aus dem Bett aufstehen und tun, was ich möchte.« »Geben Sie ihren Worten mehr Nachdruck!« sagte Frau Keyes zu ihr, woraufhin ihr die Frau, schon leicht unwillig, antwortete: »Ich schreie ja schon fast.«

Von diesem Augenblick an, erinnert sich Frau Keyes, schien die Kraft sich von der negativen zur positiven Polarität umgekehrt zu haben. Am nächsten Tag war die Frau nicht nur aufgestanden, sie ging auch ihren Hausarbeiten nach und fuhr am dritten Tag in einen Nachbarort, um dort eine Vorlesung zu hören. Das Leiden kam nicht mehr wieder. Offensichtlich hatte die Änderung ihres stimmlichen Ausdrucks zu einer Wende in ihrem Gesundheitszustand geführt.

Aber das Problem muß nicht immer dort zu finden sein, wo sich gerade die Schmerzen zeigen. Frau Keyes erinnert sich an einen Fall, bei dem ein Mann zu ihr kam, um von seinen Kopfschmerzen befreit zu werden. »Er litt zunehmend an immer stärker werdenden Kopfschmerzen. Ich begann auf seine Füße hin zu tonieren, und während der Ton sich nach oben bewegte, verfolgte ich ihn an der Innenseite des Beins entlang, um die Hüfte herum bis zum Rücken, den Rücken hinauf bis zum Genick und schließlich bis zum Kopf des Patienten. Es gelang mir aber nicht, den Ton in Kopfhöhe festzuhalten, weil ich nicht über eine ›zähe‹ Stelle in seinem Fuß hinwegkam. ›Es tut mir leid‹, sagte ich zu ihm, ›aber die Ursache scheint in ihrem linken Fuß zu liegen.‹

›Mit meinen Füßen ist alles in Ordnung‹, beharrte er.

›Würden Sie sich bitte hinsetzen und einmal die Innenseite Ihres Fußbogens pressen. Ich möchte doch gerne sehen, was dabei herauskommt.‹ Und er setzte sich hin. Er trug flache Sandalen mit einer harten Sohle. Dann fing er an, auf einige Stellen am unteren Fußbogen zu drücken, und schrie plötzlich laut auf.

›Aua, tut das weh!‹ Er war ein schwergewichtiger Mann und trug jene Art von Sandalen, die dem Fußbogen keine Stütze geben.

Nachdem wir nun den neuralgischen Punkt gefunden hatten, tonierten wir nochmals den ganzen Weg von unten nach oben, und nach kurzer Zeit war der Schmerz verschwunden. Ich will mit dieser Technik nicht einfach beweisen, daß ich Heilungen vollbringen kann«, fügte Frau Keyes hinzu. »Viel wichtiger ist mir, daß die Leute lernen, wie sie mit selbsterzeugten Tönen auf ihren Körper einwirken können.« Eine der ersten Demonstrationen gelang Frau Keyes bei einer jungen Frau, die ihren Flug in Denever unterbrach, weil sie sich zu krank fühlte, um nach New York weiterzufliegen.

Wie Frau Keyes erzählte, hatte die junge Frau eine Grippe, ein steifes Genick und war seit einigen Tagen sehr schwach, ohne etwas essen zu können. Sie litt außerdem an starken Kopfschmerzen. »Wir tonierten zu zweit, etwa 15 Minuten lang, und konzentrierten uns dabei ganz auf ihre Person. Ich stand mit meinen Händen aneinander in Betstellung direkt unter meinem Kinn und spürte während des Tonierens, wie sich in meinen Händen eine Kraft aufbaute, und sagte zu der Frau: ›Sprechen Sie aus, was Sie sich wünschen, aber nur das, was Sie wirklich wollen. Ich habe das Gefühl, Sie werden es bekommen.‹ Die Frau machte ihre Augen nicht auf und murmelte: ›Ich möchte diese Krankheit loswerden und was auch immer sie ausgelöst hat.‹ Ich öffnete meine Hände und hielt ihr die Handflächen entgegen. Daraufhin wand sie sich in ihrem Stuhl, als ob sie einen elektrischen Schlag bekommen hätte. Dann setzte sie sich aufrecht hin und fragte: ›Was ist passiert?‹ Wir konnten ihr nicht antworten. Wir standen da mit offenen Mündern, zu erstaunt, um etwas sagen zu können. Man hat mir einmal beigebracht, mich nie zu fürchten, was auch immer ich tue. Wenn wir gekonnt hätten, dann hätten wir uns jetzt gefürchtet, aber wir standen nur da und warteten ab. Die Frau saß aufrecht in ihrem Sessel und drehte ihren Kopf, ohne Beschwerden, von einer Seite zur anderen, ebenso erstaunt wie wir. ›Er ist frei! Keine Schmerzen mehr. Was ist passiert? Ich fühle mich großartig.‹ Dann stand sie auf, ging in ihrem Zimmer auf und ab und sagte immer wieder: ›Ich fühle mich glänzend. Ich kann es kaum glauben. Ich glaube nicht an Wunder. So etwas gibt es doch gar nicht, aber ich fühle mich ausgezeichnet. Ich habe mich noch nie besser gefühlt. Und hungrig bin ich auch.‹ Die junge Frau erklärte, ihr wäre, als ginge sie auf Luft. Wir fuhren sie zum Flughafen, und während wir dort auf ihre Maschine warteten, bestellte sie sich ein großes Menü und aß es mit Appetit. Später erzählte sie uns dann, daß das Hochgefühl den ganzen Tag über angehalten hatte, ja sogar noch am nächsten Tag, bis sie sich dann, nach der Arbeit in ihrem Büro, wieder ganz normal gefühlt hätte. Alle Krankheitserscheinungen waren wie verflogen.‹«

Möglicherweise sprechen beim Tonieren eines Patienten jene Teile seines Gehirns durch Klangresonanz an, die die erkrankten Körperregionen kontrollieren.

Vielleicht erfolgt dann auf diesem Wege eine Korrektur, ›Sonar-Akupunktur‹ des Gehirns, sozusagen.

Nach Frau Keyes soll man bei Schmerzen und Unbehagen mit dem Tonieren am unteren Ende der Tonleiter anfangen, so tief wie die eigene Stimme reicht. Danach soll man dann die Tonhöhe allmählich steigern, so wie sich eine Sirene anhört.

»Dabei wird man bald feststellen, daß es einen Ton gibt, der sich mit dem Schmerz in Resonanz befindet und die Verspannung löst«, erklärte Frau Keyes. »All das verlangt natürlich viel Feingefühl. Damit Sie sich eine Vorstellung von den Vorgängen machen können, legen Sie einmal Ihre Finger an die Nase, summen Sie einen Ton und konzentrieren Sie ihn auf die betroffene Stelle. Achten Sie darauf, was Sie spüren. Die Empfindung wird an anderen Stellen des Körpers weniger deutlich sein als an dieser, und dadurch läßt sie sich genau ermitteln. Das ist dann der Ton, der den Schmerz lindert. Jedem Schmerz entspricht ein bestimmter Ton, und indem man den Ton leicht pulsieren läßt, wird er den Schmerz erträglicher machen oder beseitigen. Der Ton öffnet ihm einen Fluchtweg, indem er die Verspannung löst, die wir als Schmerz empfinden, so daß die betroffene Stelle wieder neue Lebensenergie erhalten kann. Das Ganze ist wie eine innerliche Sonar-Botschaft.

Bei öffentlichen Vorträgen habe ich oft jemanden aus dem Publikum zu mir gebeten, der Schmerzen hatte, um die Methode an ihm praktisch vorzuführen. Wenn ich dann vor ihm stand, die Augen geschlossen und ganz auf das Empfinden der Töne konzentriert, begann ich mit dem Tonieren langsam in den tiefsten Registern und ließ den Klang seinen Körper abtasten. Ich spürte es sofort, wenn der Klang von der schmerzbetroffenen Region seines Körpers zurückkam. Mir ist dann, als hätte ich die Empfindung von etwas Stickigem, Dumpfem – man kann das Gefühl kaum beschreiben, es gibt kein passendes Wort dafür, aber man merkt es ganz deutlich. Um dem Patienten dabei zu helfen, sich auf die schmerzende Stelle zu konzentrieren, frage ich ihn immer, ob es ihm angenehmer wäre, wenn ich den Ton etwas höher oder tiefer singen würde. Dann lasse ich den Ton rhythmisch pulsieren, bis es mir selber körperlich weh tut, und als nächstes bringe ich einen hohen Ton hervor mit dem Gefühl, daß ich damit die Energiereserven des Patienten wieder auffülle. Danach lasse ich den Ton wieder absinken und ihn dabei vielleicht zwei- oder dreimal durch den Körper des Patienten strömen.«

Zum Tonieren, rät Frau Keyes, soll man aufrecht stehen, die Füße einige Zentimeter auseinander. Dann strecke man die Arme nach oben und lasse sie wieder zurückfallen. Dabei sollen die Schultern in völligem Gleichgewicht auf der Wirbelsäule ruhen. Die Augen sollen geschlossen sein, und man versuche nach innen zu schauen und zu fühlen. Zur Vermeidung von Hohlkreuz und vornüber geneigter Haltung sollte der Rumpf fest auf dem Becken ruhen und die Hüften ein wenig vorgeschoben werden. Das aufrechte Stehen sollte nicht anstrengend sein, sondern ein Gefühl ruhiger Entspannung vermitteln.

»Die aufrechte Haltung ist für den Körper etwas ganz Natürliches«, sagt Frau Keyes. »Wiegen Sie sich mit ihm ein wenig hin und her, um zu erfühlen, wie das Leben in ihm pulsiert.«

›Sobald Sie diesen magischen Vorgang des Lebendigseins in sich selbst und um Sie herum spüren, beginnt Ihr Körper zu sprechen‹, schreibt sie in ihrem Buch über das Tonieren, ›Tonieren – die schöpferische Kraft der Stimme‹ (Toning – The Creativ Power of the Voice), erschienen im Verlag von De Vorss & Co. ›Entspannen Sie den Unterkiefer, bis die Zahnreihen durch einen kleinen Zwischenraum voneinander getrennt sind. Geben Sie einen Laut von sich, aber nicht so oberflächlich, sondern sozusagen von Ihren Füßen herauf nach oben. Lassen Sie Ihren Körper richtig stöhnen. Bestärken Sie sich in dem Willen, sich stimmlich zu äußern. Beginnen Sie stets mit einem Stöhnen in tiefen Tonlagen. Lassen Sie den Körper so lange stöhnen wie er mag. Vielleicht meinen Sie, es gäbe nichts, worüber Sie zu stöhnen hätten, aber Sie werden sich wundern. All die seelischen Erschütterungen und Verletzungen, die Sie jemals erlitten haben, liegen in Ihrem Unterbewußtsein vergraben, und das Stöhnen öffnet Ihnen einen Weg in die Freiheit. Wenn das Tor erst einmal aufgestoßen worden ist, ergießen sich daraus die lang zurückgestauten Gefühle und Empfindungen. Das Stöhnen kann zu einem Ausbruch von Protestgeschrei werden, oder die Stimme hebt sich bis zu einem vogelähnlichen Singen, oder es kommt zu einem spontanen Ausbruch von Anbetung und Verehrung. Was auch immer geschieht, es darf nicht vom Verstand beeinflußt werden‹, warnt Frau Keyes. ›Überlassen Sie sich willenlos Ihrer Stimme. Verhalten Sie sich ruhig. Seien Sie aufmerksam, und lernen Sie etwas über diesen Gastgeber ›Körper‹, in dem Sie als Bewußtsein ja nur ein Gast sind.

Die Sitzung dauert vielleicht nur 10 Minuten, aber sobald sich der Körper gereinigt fühlt, kommt es zu einem Seufzer, und der zeigt Ihnen dann, daß die Stimme des Körpers zufriedengestellt ist. Der unwillkürliche Seufzer ist das Signal. Sie fühlen sich ausgeglichen und zufrieden, als ob etwas vollbracht worden wäre, und Sie haben sich selbst gefunden in einer harmonischen Ganzheit.

Sobald der Seufzer vorbei und die Reinigung für diesmal abgeschlossen ist, muß irgend etwas angeboten werden, um die entstandene Leere wieder zu füllen. Wenn möglich, setzen Sie sich für eine Weile, und lesen Sie in einem erbaulichen Buch über geistige Dinge. Was Sie auch immer danach anfangen, Sie werden spüren, daß Sie für diesen Tag das Licht in Ihrem Inneren fest verankert haben.‹

Frau Laurel Keyes' Anweisung, sich hin und her zu wiegen, ›um zu erfühlen, wie das Leben pulsiert‹, erinnert an die natürlichen Bewegungen verschiedener Lebensformen, als Folge der Energieschwingungen, oder an das, was einige Sachverständige als ›Sphärenmusik‹ bezeichnen. Wir haben Experimente mit der Wirkung von Tönen auf Pflanzen im Inneren der Pyramide gemacht. Frau Keyes hat gezeigt, daß ein Klang konstruktiv und destruktiv sein kann. Diese Erkenntnis deckt sich mit den Ergebnissen, die die Versuche mit Energiefeldern verschiedener Stärke gebracht haben – wie bereits an anderer Stelle in diesem Buch erwähnt –, bei denen die Kräfte, je nach ihrer Stärke, günstige oder ungünstige Einflüsse ausüben. Sobald wir in die Pyramide einen Oszillator mit Lautsprecher und eine Pflanze mit einer Kondensatorplatte daneben stellten, zeigte sich diese Wirkung. Der Oszillator erzeugte 7000 Schwingungen in der Sekunde, und die Pflanze neben der Kondensatorplatte stellte ihre Kreisbewegungen ein. Eine andere Pflanze, die in derselben Pyramide in einiger Entfernung von der Platte stand, fuhr fort sich zu bewegen, wenn auch in abgeschwächter Form. Als die Schwingungen auf 500 pro Sekunde gesenkt wurden, blieb zwar die Pflanze in Plattennähe weiterhin ruhig, die andere aber begann doppelt so viele Kreisbewegungen auszuführen wie vorher. Nach Erhöhung der Schwingungen auf 1000 pro Sekunde zeigte sich auf unseren Zeitrafferaufnahmen, daß die andere, plattenferne Pflanze ein Bewegungsmaximum erreichte, während Nr. 1 immer noch bewegungslos dastand. Die Frequenz von 1000 Schwingungen pro Sekunde war offensichtlich die ›richtige‹ für Pflanze Nr. 2. Für die bewegungslose Pflanze zählte jedoch weniger die Frequenz, wie wir zuerst vermuteten, als vielmehr die Tatsache, daß die Platte aus Aluminium bestand und dadurch einen hemmenden Einfluß ausübte, wie uns nachfolgende Experimente zeigten. Möglicherweise war es aber auch der starke Dauermagnet des Lautsprechers. Allen, die diese Versuche nachmachen wollen, raten wir, den Lautsprecher so an der Außenseite der Pyramide anzubringen, daß sich seine Schwingungen durch Körperschall auf die Pyramide übertragen, und überhaupt darauf zu achten, daß sich im Inneren der Pyramide kein Aluminium, kein Magnet oder elektrischer Leitungskreis befindet, damit das Energiefeld nicht unterbunden oder überladen wird.

Eines der eindrucksvollsten Experimente über den Einfluß von Klängen auf Formen des Lebens hat Frau Dorothy Retalack, Sopranistin und Frau eines Arztes in Denever, durchgeführt. Zur Beendigung einiger Studien am Temple Buell College in Denever wollte Frau Retalack ihre eigene Theorie auf die Probe stellen, daß Musik einen großen Einfluß auf die Lebensformen hat. Das Studienobjekt ihrer Wahl waren Pflanzen, und in Zusammenarbeit mit dem Biologieprofessor Francis F. Bromann setzte Frau Retalack einige Pflanzen der Rockmusik aus, die eine nahe gelegene Radiostation sendete. Einige andere Versuchspflanzen wurden mit klassischer Musik ›bespielt‹, so wie sie von einer zweiten Radiostation kam. Vor der Rockmusik wichen die Pflanzen zurück, manche unter einem Winkel von 80 Grad. Ihre Wurzeln waren schwach ausgeprägt und während ihres Wachstums ebenfalls von der Musikquelle zurückgewichen. Stengel und Blätter der Pflanze waren klein und dünn, und einige verkümmerten innerhalb weniger Tage nach Einsetzen der Behandlung. Im anderen Fall wurde das Radio, aus dem harmonische, klassische und religiöse Musik erklang, von den Kürbisranken geradezu umschlungen. Eine Petunie brachte 6 schöne Blüten hervor, die Wurzeln der beiden Pflanzen waren stark ausgeprägt, und die Pflanze selber groß und kräftig. Angespornt vom Erfolg ihrer Versuche, setzte Frau Retalack die Versuche ein weiteres Jahr fort. Sie erweiterte den Forschungsbereich und untersuchte alle nur möglichen Veränderungen im Vergleich zwischen Versuchs- und Kontrollpflanzen mit großer Sorgfalt – aber die Ergebnisse änderten sich nicht. Fotografen des ›Empire‹-Magazins und der ›Denever-Post‹ machten Aufnahmen vom Wuchs der Pflanzen und bestätigten die Untersuchungsergebnisse.

Auf einer Fahrt nach Denever besuchten wir Frau Retalack. »Ich glaube doch, daß meine Experimente ein wenig mehr sind, als nur eine Studie über den Pflanzenwuchs«, sagte sie uns. »Sie beweisen wieder einmal, daß eine Beziehung zwischen allen Lebensformen besteht. Was da geschieht, kann nicht einfach isoliert betrachtet werden, und ich glaube, daß sich die Erscheinung auf alle Lebensformen anwenden läßt. In künftigen Untersuchungen wird man nachweisen – und da bin ich ziemlich sicher –, daß bestimmte Kombinationen harmonischer Klänge Wachsen und Werden des Menschen fördern und Krankheiten heilen. Meine Experimente werden dann zu den neueren Untersuchungen über Energiefelder gezählt werden. Die Alten besaßen wahrscheinlich diese Kenntnisse, und es ist an uns, sie wieder zu entdecken.«

Für Dr. Dale Kretchman, Professor für Gartenbau an der Versuchsstation für Ackerbau in Ohio, beweisen Versuche wie die von Frau Retalack, daß hochfrequenter Schall die Zellen der Wachstumsregulatoren verändert. Dr. George Milstein, ehemaliger Zahnarzt und Dozent für Botanik, prüfte Dr. Kretchmans Theorie unter Laborbedingungen und fand, daß Pflanzen, die mit Musik behandelt werden, schneller wachsen als andere. Dr. Milstein erklärt, daß eine bestimmte Pflanze, die normalerweise erst nach zwei Jahren blüht, mit Hilfe seiner von Pickwick-International herausgebrachten Langspielplatte ›Musik um Pflanzen wachsen zu lassen‹ (Music to Grow Plants By) nur noch sechs Monate dazu brauchte.

Die indianische Literatur ist voll von Hinweisen auf die Tatsache, daß Pflanzen auf Musik reagieren, und Dr. T. C. N. Singh von der Annamalai-Universität im südlichen Indien veranlaßte 1950, daß diese Legende mit einer Reihe von Experimenten getestet wurde. Er entdeckte, daß Samen in einem Drittel der normalen Zeit zu keimen begannen. Bei der Suche nach Wachstumsbeschleunigern für Pflanzen und Samen fand Dr. Singh, daß eine Überdosis von Schallwellen die Pflanzen verwelken läßt. Spielt man aber ein bestimmtes Stück zu bestimmten Zeiten am Tag, so reagiert die Pflanze mit schnellerem und gesünderem Wachstum, und auch der Ernteertrag erhöht sich. Am wirkungsvollsten zeigte sich klassische indische Musik, die von Flöten und Violinen gespielt wurde, und außerdem stellte sich heraus, daß jede Pflanze ihr eigenes Lieblingsstück hatte.

Dr. Singh behauptete, daß Musik zu einer höheren Sauerstoffproduktion führt, und zwar um Werte von 60 bis 100 Prozent. Da die Sauerstoffausscheidung genau der Nahrungsmittelproduktion entspricht, können stimulierte Pflanzen also größere Mengen Nahrung aufbauen als andere. Nach vielen Jahren des Experimentierens kam Dr. Singh zu dem Schluß, daß wiederholte Anregung durch Musik zu positiven Veränderungen in der Chromosomenanordnung bestimmter Pflanzenzellen führt.

In seinem Buch ›Die geheimnisvolle Kraft der Pflanzen‹ (The Secret Power of Plants) zitiert Brett L. Bolton Dr. Singh: ›Die Wirkung von Schall und Tönen ist also doch nicht einfach nur ein Märchen; sie sind eine eindeutig meßbare, physikalische Erscheinung, Energieträger, die den Stoffwechsel und das Wachstum der Pflanzen nachhaltig beeinflussen.‹

Um die Ernteerträge zu erhöhen, begann man um 1958 an der Regierungsstelle für Landwirtschaft des Staates Pondicherry in Indien mit Versuchen nach Dr. Singhs Ideen. Versuche mit Reis, Zucker und Tapioka führten zu erstaunlichen Ertragssteigerungen. Von den Versuchspflanzen wurden 28 bis 61 Prozent mehr geerntet als von den Kontrollpflanzen. Die Strohausbeute stieg sogar um ganze 75 Prozent. Als George E. Smith, Forschungswissenschaftler der Mangelsdorf-Saatzuchtgesellschaft in St. Louis, von Dr. Singhs Arbeit hörte, entschloß er sich, die alten indianischen Vorstellungen einmal praktisch in den Gewächshäusern seiner Firma auszuprobieren. Er bepflanzte einige Regalfächer mit Korn und Sojabohnen. Die Kontrollpflanzen kamen in ein Gewächshaus ohne Musikanlage und die Versuchspflanzen in ein anderes, in dem Gershwins ›Rhapsody in Blue‹ zwanzig Tage lang rund um die Uhr von einem Plattenspieler ertönte. Die ›Gershwin-Pflanzen‹ keimten früher und wuchsen höher als die Kontrollpflanzen.

Das nächste Experiment machte Smith dann auf freiem Feld. Aus einem Lautsprecher, der auf einem hohen Pfosten befestigt war, wurden die Versuchspflanzen mit der ›Rhapsody in Blue‹ und einigen anderen Stücken bespielt. Wieder trat das Keimen früher ein, die Pflanzen wuchsen stärker, und das behandelte Korn brachte um zwanzig Scheffel pro Morgen mehr an Ertrag als die Kontrollpflanzen. Spätere Versuche haben diese Ergebnisse bestätigt. Nach Bolton hat Smith gesagt: »Versuche haben bewiesen, daß eine kurze Beflutung mit Lichtenergie genügt, um Pflanzen sogar im Dunkeln wachsen zu lassen. Das hat zwar nichts mit meinen Experimenten zu tun«, fügte er hinzu, »aber es zeigt, daß Energieanstöße verschiedener Art ganz bestimmte Wirkungen haben können, deren wir uns nicht bewußt sind.«

Schall ist natürlich Teil oder Ausschnitt aus einem wohlbekannten Energiespektrum, aber es kann gut sein, daß es da noch weite Bereiche eines noch nicht entdeckten Spektrums gibt. Sowohl in der Bibel als auch in der Literatur der Antike wird die Anwendung von Tönen erwähnt, und die alten Griechen hielten es für wichtig, in ihren Gymnasien Musik zu spielen, um Geist und Seele auszugleichen und zu beruhigen. Seither sind Jahrhunderte vergangen, ohne daß man den Schall ernst nahm, außer als Mittel zu Vergnügung und Unterhaltung oder zur Kommunikation. Nur Indiens Fakire spielen immer noch Musik und Melodien, um ihre gefangenen Kobras unter Kontrolle zu halten, Gewichtheber stoßen immer noch einen grunzenden Laut aus, bevor sie ihr Gewicht anreißen. Wer das Mantram-Joga ausübt, wiederholt ständig seinen Singsang, und der Karate-Jünger gibt immer noch einen kurzen, scharfen Schrei von sich, bevor er zurückschlägt – sie alle lösen und steuern damit die Kraftentfaltung einer Energie. Sie verwenden den Schall nicht aufgrund theoretischer Überlegungen, sondern weil sie wahrscheinlich entdeckt haben, daß er ihnen bei ihrer Tätigkeit hilft. Und während wir beweisen, daß sich bei Schall und Klang etwas in unseren Pflanzen und Pyramiden abspielt, werden wir nicht müde werden, ständig neue Fragen zu stellen, bis wir eines Tages begreifen, warum der in Ägypten erzogene Pythagoras darauf bestand, daß in seiner Schule zu den verschiedenen Beschäftigungen auch jeweils eine andere Musik gespielt wurde. Tag für Tag werden neue Steinchen des Puzzlespiels entdeckt.

Die Pyramide und veränderte Bewußtseinszustände

Stille umfing mich wie mit unsichtbaren Wänden. Ich (Schul) war von der Außenwelt abgeschnitten, meine Sinne konnten nichts mehr wahrnehmen, und ich betastete mein Gesicht, meine Füße und den Boden, auf dem ich saß, um mich im Raum zu orientieren. Ein unsichtbares Etwas wich zurück und kam wieder, um mich zu bedrücken. Die Lautlosigkeit schien zu wachsen und schwerer zu werden, bis sie mich förmlich anschrie aus ihrer geräuschlosen Wirklichkeit. Ich horchte. Mein ganzes Sein wurde zum Wort ›horchen‹, um dann wieder zu einem Nichts zu werden.

Ich weiß nicht, wie lange ich da in Dunkelheit und Jogahaltung gesessen habe. Alles war aufgehoben und in der Schwebe, bis von irgendwoher ein Stückchen Zeit und ein kleiner Spalt Raum hereinschlüpfte und ich wieder zu mir selbst zurückfand. Das war ich, ich wußte es auf einmal wieder genau, erinnerte mich daran und raffte mich wieder zusammen – da saß ich auf einem Betonboden, im Inneren einer Pyramide aus Plastik, in einer Konstruktion aus Holzrahmen, in einem Garten, in einem Kosmos. Draußen, auf der Straße, fuhr ein Auto vorbei, und nicht allzu weit entfernt informierten sich zwei Hunde gegenseitig über irgendwelche Revieransprüche. Ich begann die Wirklichkeit, die sich da draußen abspielte, Stück für Stück zusammenzustellen, ein Auto und noch eins, die Hunde, Windstöße, die durch die Laubkronen der Ulmen rauschten. Kaum gesammelt, schien mir, ich könnte alle diese Bruchstücke wieder entbehren und in mein Innerstes zurückkehren. Die Stille überkam mich wieder, aber diesmal, um zu geben und nicht um zu nehmen, und ein alles durchdringendes Gefühl von Zufriedenheit schien mich einzuhüllen. Ich war und würde weiterhin sein – der Gedanke allein erfüllte mich zutiefst mit innerem Frieden. Nach einer Weile fiel mir auf, daß ich mich bewegt hatte. Ich stand auf einmal, und direkt vor mir war die große Pyramide von Gizeh – meine Füße berührten ihr Fundament. Diese Feststellung kam mir keineswegs seltsam vor, aber die riesigen Ausmaße des Steinhaufens überwältigten mich fast. Eine Zeitlang stand ich wie gebannt da und starrte zum Apex hinauf. Ganz plötzlich befand ich mich dann im Inneren der Pyramide, nicht in einer der Kammern oder Gänge, aber dennoch ohne das Gefühl, von Steinen eingeschlossen zu sein; ich konnte immer noch nach oben schauen und zum Apex sehen, obwohl es völlig klar war, daß ich mich innerhalb des Bauwerks aufhielt. Und wieder änderte sich die Szene ganz plötzlich, und ich befand mich in der Königskammer. Ich bewegte mich auf den steinernen Sarkophag zu, legte mich hinein, als wäre das etwas ganz Selbstverständliches, schloß meine Augen, atmete tief durch und wartete. Ohne meine Augen zu öffnen, spürte ich um mich herum die Gegenwart irgendwelcher Wesen, die mir stumme Botschaften sandten. Ich löste mich von meinem Körper, schwebte in der Kammer umher und gewahrte ohne jedes Interesse, wie mein Körper dort unten in dem Steinkasten lag. Gerade wollte ich mich auf den Weg aus der Kammer und in einen anderen Teil der Pyramide machen, als sich die Szene wieder schlagartig änderte. Plötzlich war da nicht mehr die große Pyramide, sondern ein Plastikmodell von ihr, zwei Meter vierundsiebzig groß, und dieser Wandel erschreckte mich; das andere war so wirklich gewesen. Einige Minuten lang haderte ich mit meiner Enttäuschung, aber schließlich hatte ich mir vorgenommen, die ganze Nacht in der Modellpyramide zu verbringen, also legte ich mich auf das Feldbett und streckte mich aus. Doch an Einschlafen war nicht zu denken. Ich mußte immer wieder darüber nachgrübeln, was ich da eben erlebt hatte. Ich hatte bestimmt nicht geschlafen und geträumt, denn die physischen Merkmale des Einschlafens und Aufwachens waren ausgeblieben. Ich war mir auch ebenso sicher, daß das alles nicht nur eine Ausgeburt meiner Fantasie gewesen war, denn ich hatte vorher keine der sonst üblichen Wunschvorstellungen gehabt. Ich hatte mich in einem Zustand der Meditation befunden, und damit schien eine gedankliche Projektion die glaubwürdigste Erklärung zu sein. Wenn es aber eine außersinnliche Wahrnehmung war, dann war sie in ihrer Art doch von so greifbarer Wirklichkeit gewesen, wie nur ein körperliches Erlebnis sein kann.

Immer wieder mußte ich an Paul Brunton und seinen Bericht

über die einsame Nacht in der Pyramide denken. Anfang der dreißiger Jahre erhielt der Schriftsteller und Philosoph Paul Brunton die höchst seltene Erlaubnis, in der Pyramide zu übernachten. In ›Auf der Suche nach dem geheimnisvollen Ägypten‹ (A Search in Secret Egypt) berichtet er über seine Erlebnisse. Amtlich hatte seit hundert Jahren niemand mehr eine Nacht in der Pyramide verbracht, und auch Brunton war bis heute wiederum der letzte. Man erklärte ihm immer wieder, daß es verboten sei, aber mit großer Ausdauer schaffte er es dann schließlich doch, eine Genehmigung zu bekommen. Sowohl die Einheimischen wie auch viele andere Leute sind davon überzeugt, daß es in der Pyramide spukt. Seit eh und je erzählt man sich Schauergeschichten über Geister, die dort nachts zum Leben erwachen und ihr Unwesen in den Gängen treiben. Wer es wagt, nach Sonnenuntergang noch in der Pyramide zu bleiben, den träfe der Fluch der Pharaonen, und sollte er die Feuerprobe zufällig überleben, dann nur als unheilbar Verrückter.

Das Eisentor am Eingang wird bei Sonnenuntergang regelmäßig geschlossen und verriegelt, und man sagte Brunton, daß man auch in seinem Fall keine Ausnahme machen könnte. Er war also während der Nachtstunden ein regelrechter Gefangener der Pyramide.

Er tastete sich durch die engen Gänge, vorbei an riesigen Fledermäusen und erschreckt von den drohenden Schlagschatten, die der Lichtkegel seiner Lampe warf. Endlich erreichte er die Königskammer, setzte sich neben den hufartigen Sarkophag, schaltete das Licht aus und wartete.

Er bemühte sich, so wach und aufgeschlossen wie nur möglich zu sein, fest entschlossen, die ganze Nacht über darin nicht nachzulassen.

Der Raum und seine Umgebung wurden ihm zunehmend vertrauter, und er hatte immer mehr das Gefühl, nicht allein zu sein, ›als ob etwas Beseeltes und Lebendiges in pulsierendem Rhythmus Gestalt annahm . . . Bald merkte ich, wie aus dem Gefühl, etwas Unsichtbares, Lebendiges um mich zu haben, absolute Gewißheit wurde . . .‹

Brunton hatte nun mit Angstgefühlen und einem ›unbeschreiblichen Grauen‹ zu kämpfen und hatte Mühe, in seiner Meditationsstellung auf dem Fußboden sitzen zu bleiben. ›Schatten begannen in dem nachtdunklen Raum hin und her zu huschen; einige nahmen hier und da langsam deutlichere Gestalt an, und plötzlich tauchten direkt vor mir feindselige Gesichter auf. Drohende Gestalten erhoben sich in aller Deutlichkeit vor meinen geistigen Augen, und eine dieser unheimlichen Erscheinungen kam auf mich zu, musterte mich mit bösem, starrem Blick und hob drohend seine Hände, als wollte er mir Angst und Schrecken einjagen . . .‹

Offenbar wurde alles versucht, um ihn von seiner Nachtwache zu vertreiben, denn ›allmählich erreichte das wüste Treiben seinen Höhepunkt. Furchterregende Urgeschöpfe, üble Scheusale der Unterwelt, groteske Gestalten von irrem, ungeschlachtem und teuflischem Aussehen umringten mich und erregten in mir einen unvorstellbaren Widerwillen. In nur wenigen Minuten erlebte ich Dinge, die sich mir unauslöschlich in die Erinnerung eingruben. Diese unglaubliche Szenerie wird für immer deutlich und scharf wie eine Fotografie in meinem Gedächtnis haften bleiben . . .‹

Doch mit ›erschreckender Plötzlichkeit‹ nahm das Geschehen ein Ende, und es wurde wieder ruhig in der steinernen Gruft. Dann machte sich eine neue Anwesenheit bemerkbar. Die unheilschwangere Atmosphäre wich einer reinen, voll geistiger Klarheit. Brunton fühlte, daß ein freundliches, wohlwollendes Wesen eintrat, dem noch ein zweites folgte. Sie kamen näher, und er erkannte zwei große, weiß gekleidete Gestalten. ›Sie schauten nun schon mehr wie Menschen aus, und in ihren Gesichtern lag nichts als klösterliche Ruhe.‹

Nachdem sie ihn eine Weile angeschaut hatten, sagten sie zu Brunton, daß er nicht hätte kommen sollen, daß es besser wäre, wenn er ›den Weg für die Füße der Sterblichen‹ nicht verlassen würde. Als er daraufhin erklärte, daß er dem einmal eingeschlagenen Weg nun auch folgen müsse, und ihn nichts davon abbringen könne, sprach das Wesen, das ihm wie ein ägyptischer Hohepriester vorkam: »So sei es denn. Du hast gewählt. Folge deiner Wahl, denn du kannst sie nun nicht mehr widerrufen. Lebewohl!«

Nachdem die erste Gestalt wieder verschwunden war, näherte sich die zweite und sagte: »Mein Sohn, die mächtigen Gebieter der geheimen Kräfte haben sich deiner angenommen. Heute nacht sollst du in die Halle des Wissens geführt werden.« Dann befahl man ihm, sich auf den Sarkophag zu legen; eine eisige Kälte stieg von seinen Füßen hoch und durchdrang ihn, bis sein ganzer Körper gefühllos war. Als nur noch sein Kopf Sitz aller Wahrnehmungsmöglichkeiten zu sein schien, war ihm, als fasse ihn ein Wirbelwind und zöge ihn nach oben durch ein enges Loch. ›Ich sprang in das Unbekannte hinein, ich war frei!‹

Von seinem Körper gelöst, wie ein ›Gespenst . . . das die Mauersteine in einem sanften mondscheinartigen Licht sichtbar werden ließ‹, wurde Brunton dann, wie er angibt, in einen anderen Teil der Pyramide geführt und dort von seinem Gastgeber unterwiesen. Von den Lehren und Einweihungen, die er empfing, teilte er dem Leser nur Bruchstücke mit, so daß man den festen Eindruck gewinnt, daß Brunton viele Erkenntnisse nicht preisgeben wollte oder durfte. Liest man Bruntons spätere Bücher, vor allem sein ›Wissen vom Über-Ich‹ (The Wisdom of the Overself), ist man unwillkürlich von der tiefen Aussagekraft seiner Gedanken betroffen. Man fragt sich, ob er hier vielleicht über die Offenbarungen aus jener seltsamen Nacht berichtet, aber er gibt keinen Hinweis darauf. Eine der Belehrungen, die er erhielt und auch mitteilt, könnte jedoch für alle anderen stehen: ›. . . Das Geheimnis der großen Pyramide ist das Geheimnis deines eigenen Ichs. Die verborgenen Kammern und alten Aufzeichnungen liegen alle in dir selbst beschlossen . . .‹

Wie ich da so in meiner bescheidenen engen Dunkelheit saß, der Lage nach in einer wesentlich unromantischeren Situation wie Brunton, sagte ich mir immer wieder, daß ich ja nur das Opfer einer pompösen Halluzination gewesen war, und daß es vermessen sei, meine Erlebnisse, wie auch immer, mit den seinen zu vergleichen. Aber ich hatte sie nun einmal gehabt und konnte nicht wieder ungeschehen machen, was mir in seiner Lebendigkeit so greifbar wirklich vorgekommen war, während es sich vor meinen geistigen Augen abspielte. Auch ich war in mich gegangen und fragte mich jetzt, wo denn die Wurzeln aller Erfahrungen liegen, wenn nicht tief in unserem Inneren? Bruntons Erlebnis war ihm nicht körperlich widerfahren, sondern es hatte sich in seinem Inneren abgespielt; sollte ich nun das meine verleugnen, bloß weil es sich an einem anderen Ort der Erde und in einem Bauwerk aus anderem Material ereignet hatte?

Vor nicht allzulanger Zeit hat in dem finsteren Dachgewölbe direkt über der Königskammer in der großen Pyramide tatsächlich ein Mensch gelebt. Es war Kapitän G. B. Caviglia, ein Mann, den alles Rätselhafte magisch anzog. Als er um 1830 zum erstenmal die Pyramiden auf der Ebene von Gizeh sah, verfiel er sofort ihrem Zauber, gab die Seefahrt auf – denn er war Kapitän eines in Malta registrierten Schiffs – und machte statt dessen die Pyramide zu seiner Braut. Er säuberte die Davison-Kammer vom Kot der Fledermäuse (benannt nach Nathaniel Davison, der den Raum etwa um 1765 entdeckt hatte) und ließ sich in der kaum einen Meter hohen Kammer häuslich nieder. Alexander William Crawford (Lord Linday), der mit Caviglia in Kairo bekannt wurde, beschreibt den Italiener als einen tiefreligiösen, aber sonst recht seltsamen Menschen. Crawford schrieb: ›Caviglia erzählte mir, er habe seine Studien der Magie, des tierischen Magnetismus usw. mit solchem Eifer betrieben, daß es ihn fast das Leben gekostet hätte . . . und dabei sei er bis an die äußerste Grenze dessen gelangt, was einem Menschen zu wissen erlaubt sei, und daß ihn nur die Lauterkeit seiner Absichten gerettet hätte.‹ Crawford äußert sich nicht weiter zu diesem Punkt, und Caviglia, der einige Jahre später in Paris starb, hinterließ keine Aufzeichnungen über seine Erlebnisse.

Und noch ein Zusammentreffen mit den bewußtseinsverändernden Kräften der Königskammer sei erwähnt. Es war nur von kurzer Dauer, aber es hätte den Lauf der Geschichte ändern können; so tief waren die Spuren, die es im Denken eines Mannes hinterließ, der zu Zeiten über mehrere Nationen herrschte. Im Jahre 1798 eroberte Napoleon Bonaparte Ägypten. Er besuchte die große Pyramide, und als er in die Königskammer kam, bat er darum, eine Weile allein gelassen zu werden.

Peter Tompkins beschreibt den Vorfall in ›Cheops, die Geheimnisse der großen Pyramide‹ (Secrets of the Great Pyramid): ›Als er wieder aus der Kammer kam, soll der General sehr blaß und bewegt ausgesehen haben, und auf die scherzhafte Frage eines seiner Adjutanten, ob er irgend etwas Geheimnisvolles erlebt habe, hätte Bonaparte schroff erwidert, daß er sich darüber nicht äußern wolle, und dann in etwas freundlicherem Ton hinzugefügt, man möge diesen Vorfall nie wieder in seiner Gegenwart erwähnen. Viele Jahre später, als er Kaiser war, lehnte es Napoleon noch immer ab, über seine seltsamen Erlebnisse in der Pyramide zu sprechen, und deutete lediglich an, daß ihn eine Vorahnung seines künftigen Geschicks überkommen habe. Kurz vor seinem Lebensende auf St. Helena aber scheint er im Begriff gewesen zu sein, sich Las Cases anzuvertrauen. Im letzten Augenblick schüttelte er jedoch den Kopf und sagte nur: ›Nein. Es hat keinen Zweck. Sie würden mir doch nicht glauben.‹

Es gäbe noch viele Geschichten über seltsame Erlebnisse in der großen Pyramide, aber die meisten von uns dürften sich wohl mehr für die persönlichen Erfahrungsberichte derer interessieren, die etwas Besonderes oder Außergewöhnliches im Inneren von Modellpyramiden erlebt haben. Jeder, der bereit ist, sich ein Pyramidenmodell zu bauen oder zu borgen, groß genug, um darin zu sitzen, zu stehen oder zu liegen, kann ohne weiteres selber zu solchen Erlebnissen gelangen. Natürlich werden diese Erlebnisse völlig ichbezogen sein, denn wenn man sich fragt, woher sie kommen, könnte man ja einfach sagen, daß sich der Betroffene seine Erlebnisse selbst einbildet, zusammenfantasiert, vorgaukelt und zurechtlegt. So weit so gut, und auch zu Bruntons Erlebnissen könnte man das gleiche sagen – dann aber auch zu jeder anderen persönlichen Erfahrung. Über das Wesen von Realität und Irrealität kann man sich in endlose Diskussionen verlieren. Zum Schluß wird sich dann aber immer zeigen, daß wir am bereitwilligsten jenen Erfahrungen vertrauen, die wir irgendwie mit anderen gemeinsam gemacht haben. Und an solchen gemeinsam gemachten Erfahrungen fehlt es uns nun wirklich nicht, wenn wir an die zahllosen Berichte derer denken, die kurze oder längere Zeit in Pyramidenmodellen verbracht haben. Wir sprachen mit einer Reihe von Menschen, die von den Erfahrungen anderer vorher nichts gewußt und unabhängig davon ganz die gleichen gemacht hatten. Wir haben auch einige Leute gebeten, die noch nie etwas von Pyramiden gehört hatten, in einer solchen zu meditieren oder sich einfach eine Weile hineinzusetzen und uns dann zu berichten, was sie gespürt oder gedacht hatten. Was dabei herauskam, waren übereinstimmend Gefühle der Einsamkeit, des Friedens, einer größeren Gleichgültigkeit weltlichen Dingen gegenüber und weniger Sorgen um das leibliche Wohlergehen. Die, die bereits Meditationserfahrungen hatten, erklärten, daß sie sich auf Grund dieser Empfindungen weniger abgelenkt und viel losgelöster fühlten und sich dadurch leichter in ihr Inneres versenken könnten. Natürlich gab es auch Ausnahmen, denn einige behaupteten, sie hätten in der Pyramide nichts anderes empfunden als draußen, aber das waren nur wenige. Die meisten erlebten irgend etwas, und wenn es auch nur ein Gefühl von Friede und leichter Euphorie war. Ganz allgemein berichtete man von einem Gefühl der Entspannung, vom Sammeln neuer Energien oder einem ›Wiederaufgeladen‹werden.

»Als ich in der Pyramide meditierte, spürte ich einen Druck oder eine Kraft, die durch meinen Körper wanderte; es begann oben am Kopf und ging dann den Körper herunter, durch meine Schultern, bis in die Beine«, erzählte uns Carl Waldon. »Der nächste Tag zeichnete sich durch besondere Gedankenklarheit aus, viel mehr Energie, und eine gewisse Fähigkeit, sich der Dinge bewußter zu werden und sie besser zu verstehen.«

Lora Lee Camp berichtete: »Ich spürte lebhaft, wie kräftig mein Herz schlug und wie sich in meinem Inneren anscheinend etwas bewegte. Meinen Kopf schien es zum Apex zu ziehen, und ich hatte das Verlangen, meine Hände in Bethaltung aneinander zu legen. Anna Maye Ingram, die nichts von den Empfindungen Lora Lee Camps wußte, erzählte uns: »Der erste Eindruck war friedliche Stille. Nach einigen Minuten empfand ich von allen Seiten einen heftigen Druck, der mich festhielt und tief in den Sessel preßte. Mein Herz schien sich zu vergrößern, und ich spürte es ganz deutlich. Es erhielt irgendeine Kraft oder sie ging von ihm aus. Der ganze Körper schien in Vibration zu geraten, es war wie eine Art Zittern und Beben, als wenn man sich an einer laufenden Maschine festhält, die heftig schlingert.«

Die Filmschauspielerin Gloria Swanson hat behauptet, daß sie jedesmal so ein ›Zittern und Beben‹ spürt, wenn sie mit einer kleinen Pyramide unter dem Bett schläft. Max Toth und Greg Nielsen schreiben in ›Pyramidenkraft‹ (Pyramid Power): ›Viele andere, die an diesen Experimenten teilnahmen, haben noch eine weitere Beobachtung gemacht. Sie empfanden an ihren Händen ein Prickeln wie von feinen Nadeln, als sie ihre Hände erhoben und zum Apex hin ausstreckten.‹

Die ›Kribbel‹-Gefühle erinnern an Berichte von Personen, die den Energiekräften des Vielwellenoszillators oder des Reichschen Orgon-Akkumulators ausgesetzt waren. Ähnliche Dinge hört man auch manchmal über die Akupunktur.

Zum Thema der ungewöhnlichen Herzsensationen schreiben Toth und Nielsen: ›Die wohltuendsten Energien in der Pyramide vereinigen sich angeblich im sogenannten Herzzentrum. Das ist wahrscheinlich auch die ›sicherste‹ Stelle für Übertragungen aus der Gedankenwelt. Man hat aber darauf hingewiesen, daß bestimmte Gedanken am besten auch an bestimmten Stellen übertragen werden, damit der Mensch stets die Energie erhält, die für die jeweilige Struktur der Gedanken am vorteilhaftesten ist.‹ Menschen, die regelmäßig in Pyramiden meditieren, behaupten, dadurch heitere Gemütsruhe und eine Vereinigung mit den Kräften des Kosmos zu finden. Einige haben berichtet, daß sie in der Pyramide göttliche Eingebungen erhielten und ihr Denken von seelischen Empfindungen geradezu überschwemmt sei, wenn sie die Pyramide wieder verlassen.

Ein Medium aus Oregon, Tenny Hale, behauptet, sie habe sich nach 7 Tagen des Fastens und intensiven Meditierens in einem Zustand gesteigerten Wahrnehmungsvermögens befunden. Daraufhin habe man ihr empfohlen, ihren Bewußtseinszustand mit Hilfe einer Pyramide weiterhin positiv zu beeinflussen und ihre bereits vorhandene Aufnahmebereitschaft für außersinnliche

Wahrnehmungen noch zu vergrößern. Wenn sie nach solchen Meditationsübungen dann wieder aus der Pyramide käme, sei sie ganz erfüllt von übersinnlichen Wahrnehmungen. Bei einer solchen Gelegenheit setzte sie sich einmal an die Maschine und schrieb 100 verschiedene Prophezeiungen nieder. Nach Berichten in Zeitungen und Zeitschriften sind dann einige davon auch eingetroffen.

In Florida verbrachten zwei Seelenforscher längere Zeit in einer großen Holzpyramide. Es waren Reverend Ron Oesterbro und Frau Rose Stephens. Sie ernährten sich nur von Fruchtsäften und nutzten die meiste Zeit zur Meditation. Nach einem Monat berichteten sie, sie bekämen Anweisungen über Körperheilkunde, Botschaften vom Ursprung und Ziel des Menschen und Mitteilungen prophetischen Inhalts.

Im vergangenen Jahr habe ich (Pettit) zweimal in der Woche in einer unserer Pyramiden geschlafen. Ich glaube bestimmt, daß das gut für meine Gesundheit war und mir mehr Lebensenergie gegeben hat. Ich liebe es geradezu, in der Pyramide zu schlafen, wegen der friedlichen Stille und heiteren Gemütsruhe, die ich dort finde. Im Inneren einer Pyramide nervös und angespannt zu bleiben, ist fast unmöglich, und das Gefühl, ausgeglichener zu sein, hält dann tagsüber immer länger an.

Träumen ist natürlich auch ein Bewußtseinszustand, und mir ist aufgefallen, um wieviel klarer und lebhafter meine Träume während der letzten Monate geworden sind. Manchmal sind sie so wirklichkeitsnah, als befände ich mich im Wachzustand. Neulich schien mir ein Traum, in dem ein kleines Baby lachte, das ganze Panorama des menschlichen Werdegangs vor meinen Augen aufzurollen. Der lachende Säugling war wie eine lebendige Darstellung der Gastrolle, die der Mensch auf diesem Planeten spielt. Alles deutete darauf hin, daß es die Wiedergeburt einer ziemlich alten Seele in der Gestalt dieses Kindes war.

Ein andermal lag ich auf dem Feldbett in der Pyramide und sah so zwischen Wachen und Träumen, wie sich das breite weiße Band einer von stattlichen Bäumen umsäumten Landstraße durch üppiges Ackerland dahinzog. Ich schien irgendein blau-weißes Fahrzeug zu fahren. Es fuhr zu einem mir wohlbekannten Platz, wo die Müll- und Abfalldeponie der Stadtverwaltung lag, aber was ich dort sah, war ein herrlich angelegtes Stück Landschaft, etwa 800 Meter breit und 1,6 Kilometer lang.

Vor mir standen acht verschiedenfarbig schimmernde Pyramiden, jede in einem anderen Pastellton. Ich schien zu wissen, daß sie etwa 76 m hoch und ca. 114 m breit waren.

Kleinere Straßen zweigten von der Hauptstraße ab. Sie dienten als Zubringer zu den Pyramiden, jede farbig betoniert, und zwar passend zum Farbton der Pyramide, zu der sie führten. Die Pyramide, die gerade ›in Betrieb‹ war, war die dritte von Osten. Ich bog in die lachsfarbene Straße ein und fuhr auf ihr zu der Pyramide in gleicher Farbe. Ich roch den köstlichen Duft von Pflanzen und Blumen an der Straße, aber nichts von einem unangenehmen Müllgeruch. Ich fuhr rückwärts an den Fuß der Pyramide heran und kippte meine Mülladung auf ein langes Förderband, das den Abfall in die Pyramide brachte. Der Abfall wurde auf einer etwa 50 mal 50 Meter großen Fläche aufgeschüttet und blieb dort 7 Wochen liegen, bis er völlig entwässert und von schädlichen Bakterien gereinigt war. Anschließend trug ihn ein unterirdisches Förderband zu einer benachbarten Verarbeitungsanlage, in der die verschiedenen Rohstoffe für Hausbau, Straßenbau und organische Düngung voneinander getrennt wurden. Das Traumbild war so wirklichkeitsnah, daß ich mich noch heute an manche Einzelheit erinnern kann.

Solch lebhafte bildliche Vorstellungen, wie ich sie hatte, sind wahrscheinlich nichts Ungewöhnliches für alle die, die sich schon einmal eine Zeitlang in Pyramiden aufgehalten haben. Auch sie berichten von erhöhter Merkfähigkeit und der Schau angeblicher Wiedergeburten aus der Vergangenheit.

Inez Pettit hat schon viel Zeit in Pyramiden verbracht. Oft lag sie ein bis zwei Stunden hintereinander auf einem Liegesofa und geriet dabei in einen halbschlafartigen Zustand, in dem sie sich ihrer Umwelt zwar noch bewußt war, ihre innere Vorstellungswelt aber eine eigene Wirklichkeit annahm.

Bei einer dieser Gelegenheiten hatte sie den Eindruck, als schwebe sie über einer großen Stadt dahin. Sie war wundervoll angelegt und schimmerte in allen Farben des Regenbogens. An allen vier Punkten der Stadt standen riesige Pyramiden aus poliertem Gestein. Die Schlußsteine schienen aus Kristall zu bestehen, und ein sanftes und zugleich strahlendes Leuchten ging von ihnen aus. Irgendwie wußte Frau Pettit, daß die Pyramiden der Energieerzeugung für die Stadt dienten.

Die Leute in der Stadt trugen kaftanartige Gewänder, die Männer einfarbig mit Streifen und die Frauen mit Blumenmustern. Sie schienen ziemlich groß zu sein, etwa drei bis vier Meter, und alle wirkten auffallend munter, gutgelaunt und fröhlich.

»Bodenfahrzeuge konnte ich nicht erkennen; statt dessen sah ich breite selbstlaufende Gehwege, die sich kreuz und quer durch die Stadt bewegten. Sie waren grün gefärbt und für die Füße weich wie Gras. Sie bewegten sich nicht zu schnell, damit die Leute die Gegend genießen konnten, denn es gab überall Gärten, so groß wie ganze Wohnblöcke. In gewissen Abständen standen steinerne Sitzbänke an den Wegen.

Ich konnte ihre Unterhaltungen hören, Gespräche, wie sie auch heute von den meisten Menschen geführt werden, über die Kinder, das Zuhause, verschiedene Interessen und Berufsangelegenheiten. Ich hörte, wie eine Frau zur anderen sagte, daß sie heute Geburtstag habe und nicht gerade glücklich darüber sei, das mittlere Alter von 492 Jahren erreicht zu haben. Darauf antwortete ihr die andere: ›Warten Sie nur, bis sie 900 sind, dann können Sie sich alt fühlen.‹

Die Häuser hatten alle die gleiche Größe, sahen aus wie kleine Bauklötze und bestanden aus irgendeinem durchscheinenden Material. Außer diesen Häusern gab es auch noch andere Gebäude, aber keines höher als drei bis vier Stockwerke. In eines der Häuser ging ich hinein und sah nur einen einzigen, riesigen Raum mit gepolsterten Liegen und Bänken aus Stein. Eine Wand des Raumes war ganz offensichtlich für Kommunikation und Unterhaltungselektronik vorgesehen. Wenn sie etwas sehen wollten, das wir ›Film‹ nennen, machten sie die Wand irgendwie lichtundurchlässig, und die Vorführung begann, oder wenn sie jemanden sprechen wollten, erschien der Betreffende auf der Wand und redete mit ihnen. Ich konnte beim besten Willen nicht erkennen, wie sie das alles machten. Ich sah weder Knöpfe noch Tasten, die sie drehten oder drückten. Vielleicht geschah alles nur mit Hilfe von Willenskraft. Ich fragte mich immer wieder, ob denn niemand arbeiten würde. Einige Gebäude müssen Hobby-Zentren für Kunst und Handwerk gewesen sein. Und noch etwas Ungewöhnliches fiel mir auf: Ich sah keine Waschmaschinen, keine Trockner oder irgend etwas, das wie Waschküchen aussah, auch keine Eßküchen, Bäder, Tische und Stühle oder ähnliches. Ich sah auch niemand jemals etwas essen. Alle waren absolut sauber und ihre Kleidung makellos rein. Alle möglichen Fragen, auf die es keine Antwort zu geben schien, gingen mir durch den Kopf. Es gab so etwas wie einen Fahrzeugverkehr, aber er spielte sich nur in der Luft, mit stromlinienförmigen durchsichtigen Raumschiffen ab, die mit unglaublicher Geschwindigkeit über der Stadt dahinschossen. Wenn sie landen wollten, schwebten sie senkrecht nach unten und setzten auf den Dächern der Häuser auf. Sie verfügten über keine äußerlich sichtbaren Einrichtungen zur Fortbewegung und machten auch keinerlei Lärm. Innerhalb des Stadtgebietes schienen sie ihre Energie automatisch von den Pyramiden zu bekommen. Wenn sie jedoch für eine Reise zu einer anderen Stadt oder in den Weltenraum manchmal ihren Energievorrat auffüllen mußten, dann schwebten sie für kurze Zeit über dem Apex einer Pyramide ein und ›tankten‹ die zusätzlichen Kraftreserven. Die Aufladezeit hing von der Entfernung ab, die sie zurückzulegen hatten.

Nachdem ich gesehen hatte, wie mehrere Schiffe die Energiezone der Pyramiden verließen und ins All hinausschossen, erwachte ich langsam aus meinem Halbschlaf. Das Traumbild war sehr deutlich gewesen, und ich bin sicher, daß ich mich noch lange daran erinnern werde. Ich war noch oft danach in der Pyramide und hatte viele interessante Erlebnisse, aber in die Regenbogenstadt bin ich nie wieder zurückgekehrt.«

Zum Thema Träume gibt es einen interessanten Artikel von Mark Lechner ›Ägypten – Erinnerungen an eine Reise‹ (Egypt – Reflections on a Tour), den er für eine neuere Ausgabe des ›A. R. E. Journal‹ geschrieben hat. In diesem Artikel erzählt er von der

Begegnung mit einem arabischen Fremdenführer, der schon sehr alt war und ihm sagte, daß er schon oft in einem Loch im Kopf der Sphinx gesessen hätte, nur um zu träumen. Als Lehner ihn fragte, was er denn da träumen würde, antwortete der Mann: »Ich träume von meinem alten Volk.«

»Vom alten Volk?« fragte Lehner.

»Was tun sie denn, wenn du sie so siehst?«

»Umherlaufen, arbeiten und bauen«, und dabei ahmte er Leute nach, die mit Hammer und Meißel hantieren. »Der beste Platz zum Träumen ist die Sphinx.«

Einige Leute haben berichtet, daß eine tägliche Dosis Pyramidenkraft die Konzentrationsfähigkeit verbessert. Zumindest in einem Fall scheint das voll und ganz zuzutreffen. Ein College-Student aus unserem Bekanntenkreis hatte Mühe, sich auf sein Studium zu konzentrieren. Wir bauten ihm eine Pyramide für sein Schlafzimmer, groß genug, um darin zu sitzen. Er fing nun an, allabendlich in ihr zu sitzen und zu meditieren und erzählte uns dann, daß seine Noten seither erheblich besser geworden wären. Der Student, Dave Wilcox, sagte auch, er habe wieder mehr Selbstsicherheit und Selbstbewußtsein bekommen. »In der Pyramide herrscht eine große Harmonie«, meinte er. »Ich spüre das Einssein mit der Kraftquelle und ihre Unmittelbarkeit. Mein Jogalehrer hat auch versucht, in der Pyramide zu meditieren, und er wird dabei in sehr kurzer Zeit ›high‹.«

Im ›National Enquirer‹ vom 13. Januar 1974 wird der Hollywood-Star James Coburn zitiert: ›Ich glaube fest an die Pyramidenkraft. Ich krieche regelmäßig in mein Pyramidenzelt, setze mich in Jogahaltung hin, und schon spüre ich die erstaunlichste Wirkung. Sie ist ganz deutlich zu fühlen. Sie schafft eine Atmosphäre . . . in der es leichter fällt zu meditieren, weil alle Störungen ausgeschaltet sind. Ich meditiere jeden Tag in dem Zelt, so zwischen 15 Minuten und einer Stunde.‹

Karel Drbal schlägt vor, pyramidenförmige Hüte zu tragen, um dadurch den Bewußtseinszustand zu beeinflussen. Drbal ist der tschechische Radioingenieur, der die neue Pyramidenwelle auslöste, als in Schroeder und Ostranders Bestseller ›Psi –

psychische Entdeckungen hinter dem Eisernen Vorhang‹ über seine Forschungsarbeit mit Pyramiden berichtet wurde.

Drbal hatte sich Gedanken über die kegelförmigen Hüte von Zauberern und Hexen gemacht und dann Versuche mit solchen Hüten angestellt. Verschiedene seiner Testpersonen gaben an, sie hätten von der Hutspitze her ein spiraliges Einströmen von Energie gespürt. »Die Pyramide arbeitet offenbar wie eine Art kosmische Antenne, die auf intensive Energiequellen abgestimmt ist und deren Kräfte dann im eigenen Brennpunkt sammelt«, soll Drbal gesagt haben.

Wenn die alten ägyptischen Priester ihrem Sonnengott Ra huldigten, trugen sie pyramidenförmige Hüte. Toth und Nielsen vermuten, daß diese Hüte elektromagnetische Kräfte, die von der Sonne oder irgendeiner höheren metaphysischen Ebene stammten, in einem Brennpunkt sammeln konnten. Auch J. Furlong vermutet so etwas Ähnliches in seinem Buch ›Ströme des Lebens‹ (Rivers of Life). Vielleicht ging es bei dem alten Brauch, schwachen Schülern die (spitze) Narrenkappe aufzusetzen, nicht so sehr um den Spott der anderen, als darum, ihm geistige Energie zuzuführen. Möglicherweise sah man darin ein Mittel, dem Kind wieder zu seiner eigenen Mitte, zu seinem inneren Gleichgewicht, zur Orientierung und Ausrichtung auf die Quellen seiner Kraft zu verhelfen.

Jane Roberts, Autorin der Artikelserie ›Seth‹, brauchte einen solchen Spitzhut erst gar nicht. Unter bestimmten Voraussetzungen, so schreibt sie, ›hatte ich das Gefühl, als ob sich ein Kegel von oben herab auf meinen Kopf senkte. Es war kein wirklicher, gegenständiger Kegel, aber seine Form war deutlich zu spüren. Das weite Ende war etwa so groß wie mein Kopf, und das schmale Ende war oben, wie bei einer Pyramide.‹

Im E. S. P.-Laboratorium (E. S. P. = außersinnliche Wahrnehmung) in Los Angeles wurden bei Experimenten pyramidenförmige Körper zur Gedankenübertragung eingesetzt. Man nimmt an, daß die Pyramide wie die symmetrische Form einer Sammellinse wirkt, die die Anliegen und Wünsche eines Denkenden verstärkt. Nach Al Manning, dem Laborleiter, braucht man außer einer Pyramide noch dreieckige Papierstückchen dazu. Die Papiere haben vier Farben: Gelb für inneres, geistiges Schauen (Intuition), Orange für geistige Klarheit, Blau für Heilung und Grün für Liebe. Die Versuchsperson sucht sich die Farbe aus, die sie für ihr Vorhaben braucht, und schreibt eine Bitte oder ihr Wunschziel auf den dreieckigen Zettel.

Dann hält man das Papier mit beiden Händen fest und singt dazu zweimal irgendeine Melodie, die man entweder selber angibt oder vom Arbeitsteam vorgeschlagen wird. Daraufhin faltet man die Spitze des Zettels nach unten und die Grundkanten darüber, so daß wieder ein kleines Dreieck entsteht. Jetzt hält man die Hände über das Papierdreieck und wiederholt den Gesang noch einmal. Bei diesem letzten Akt sollte der Zettel auf dem Sockel für die Pyramide liegen. Danach stellt man die Pyramide wieder auf ihren Sockel zurück – stets ausgerichtet nach Norden und Süden –, und nun beginnt die Brutphase. Manning schätzt, daß es etwa drei bis neun Tage dauert, bis die niedergelegten Gedanken ihre ›Schwangerschaftsperiode‹ abgeschlossen haben. Während dieser Periode wird der Prozeß durch Gesänge und geistiges Festhalten an den Gedanken unterstützt. Manning sagt, daß man sich einmal täglich und nach Norden gewandt auf die Gedanken konzentrieren soll.

Wenn sie meint, daß die Brutphase abgeschlossen ist, hebt die Versuchsperson selbst die Pyramide von ihrem Sockel wieder herunter und nimmt das dreieckige Papierstück an sich. Der Zettel wird nun aufgefaltet, an einer der unteren Ecken festgehalten und angezündet. Die völlig ausgebrannte Asche kommt in ein feuerfestes Gefäß, das man während der Verbrennung darunter hält.

Wie man glaubt, wird das Gedankengut durch die Verbrennung freigesetzt und kann so seine Mission erfüllen. Danach wartet dann die Versuchsperson geduldig auf die Auswirkung der durch Feuer befreiten hochaufgeladenen Gedanken.

Das ganze Tun und Treiben kommt einem gewiß recht wunderlich und verrückt vor, aber die Mitglieder des Vereins schwören in der ganzen Welt darauf, daß ihre Erwartungen stets erfüllt würden.

Um die Wirkung der Pyramidenkraft auf Energiezentren des menschlichen Körpers zu erforschen, hat sich das E. S. P.-Laboratorium mehrere große Pyramiden gebaut. Man glaubt dort nämlich, Parallelen zwischen der Lage der Energiezentren in der Pyramide und der im menschlichen Körper zu erkennen. Durch ihre Forschungsarbeit wollen sie beweisen, daß in der oberen Zone der Pyramide höhere Energieschwingungen als in der unteren herrschen, wo Gefühle der Geborgenheit und Entspannung entstehen.

Sie haben auch bereits festgestellt, daß es in der Pyramide ungünstige Stellen gibt, die Kopfschmerzen hervorrufen, wenn man sich dort aufhält. Jedenfalls machten Versuchspersonen ganz unabhängig voneinander solche Angaben.

Wenn gerade von günstigen und ungünstigen Stellen die Rede ist, fällt einem unwillkürlich Carlos Castanedas Rat an Don Juan ein. Ihm wird gesagt, daß es auf der Erde Stellen gibt, die die eigenen Kräfte fördern, und wo jeder stark und unangreifbar für alles Böse ist, daß es aber auch solche gibt, die zerstörerisch wirken.

Tiere können diese Stellen offenbar gut unterscheiden. Sie suchen so lange, bis sie eine gute gefunden haben, und kehren dann immer wieder dorthin zurück. Man kann zum Beispiel noch so viel versuchen, um es einem Hund an irgendeinem Platz bequem zu machen; ist es der falsche Platz, wird er dort nicht bleiben und sein Körbchen, oder was es auch immer ist, an eine andere Stelle zerren.

Auch unsere Pflanzenexperimente scheinen zu beweisen, daß nicht alle Stellen in der Pyramide gleichwertig sind. Leute, die wir baten, sich in einer Pyramide auszuruhen oder in ihr zu meditieren, wechselten, nach unseren Feststellungen, wiederholt ihren Platz, bevor sie sich wohl fühlten. Wahrscheinlich ist die Atmosphäre oder Feldstärke in der Mitte der Pyramide dichter als am Rand.

Ist die Stelle richtig, so empfindet man es dort als wohltuender, beruhigender und allem förderlicher als irgendwo anders, ist sie aber falsch, dann empfindet man sie auch wirklich als falsch.

Wir haben gehört, daß es auf der Erde bestimmte Stellen mit Energiewirbeln gibt, die die Alten gut kannten und als Heil- und Kultstätten nutzten. Dabei drängt sich einem die Frage auf, ob innerhalb eines Gerätes oder Bauwerkes zum Sammeln und Verstärken bestimmter Energiefelder nicht eine Art Mini-Kosmos entsteht? Wenn dem so ist, dann werden uns die Pyramiden noch mehr Fragen beantworten, als wir heute auch nur ahnen.

Geometrie für Eingeweihte und Leitungsnetze für Energie

Natur- und Geisteswissenschaften der alten Welt beruhten auf Zahlenwerten und Geometrie, und es fällt einem deshalb schwer zu glauben, daß das größte Denkmal aller Zeiten, mit seiner unübertroffen sorgfältigen Bauausführung und geometrischen Planung, nicht auch die höchste Stufe des Wissens jener Zeit verkörpert. Es ist sehr reizvoll, sich in Gedanken vorzustellen, daß die große Pyramide als hochspezialisiertes wissenschaftliches Instrument und maßstabgetreues Abbild der Welt, von einer ägyptischen – oder auch vorägyptischen – Kultur geschaffen wurde, die auf einer viel höheren Stufe stand, als man das bisher allgemein angenommen hat. Nach dieser Theorie wird behauptet, daß die Pyramide die Grundformel des Universums enthält. Sie sollte dem Menschen helfen, sich im Kosmos zu orientieren, und endgültige Maßstäbe für Zeit und Raum setzen.

Dr. Livio C. Stecchini, ein Experte für die Geschichte der Maße und Gewichte, z. Z. Professor für alte Geschichte an der William-Patterson-Akademie in New Jersey, konnte nachweisen, daß die Ägypter schon mindestens um 2800 v. Chr. sehr genaue Messungen von Länge und Breite vornehmen konnten, was in unserer Zeit erst im 18. Jahrhundert wieder gelang. Jene Gelehrten der Antike kannten sowohl den genauen Erdumfang und Längengrad ihres Landes in Ellen, als auch die geographischen Koordinaten aller wichtigen Punkte in ihrem Reich vom Mittelmeer bis zum Äquator. Um das zu erreichen, haben sie, nach Stecchini, astronomische Beobachtungen machen müssen, die der Genauigkeit moderner Teleskope und Chronometer entsprachen.

Stecchini, der zu Tompkins Buch ›Cheops, die Geheimnisse der großen Pyramide‹ (Secrets of the Great Pyramid) ein ausführliches und lehrreiches Nachwort unter dem Titel ›Bemerkungen über die Beziehung zwischen den alten Maßen und der Pyramide‹ schrieb, hat sich zwanzig Jahre lang mit dem Studium mathematischer und astronomischer Daten altsumerischer und babylonischer Keilschrifttafeln befaßt. Nach einem Studium der Stufentürme (›Zikkurats‹) und Pyramiden des Mittleren Ostens konnte er nachweisen, daß die Anlage aller dieser Bauwerke auf einer einfachen Methode zur kartographischen Erfassung von Himmels- und Erdkugel beruht. Nach Stecchini zeugen die Bauwerke auch von einer hochentwickelten Mathematik, mit deren Hilfe selbst trigonometrische Probleme gelöst werden konnten.

Die Spitze der großen Pyramide steht für den Nordpol, ihr Umfang entspricht der Länge des Äquators, und beide liegen maßstabgerecht voneinander entfernt. Jede Seite der Pyramide wurde also so bemessen, daß sie jeweils einem viertel Sektor der nördlichen Halbkugel oder einem sphärischen Quadranten von 90° entsprach.

Will man einen Kugelquadranten zeichnerisch als Dreieck darstellen, so muß man die Grundlinie des Dreiecks genauso lang machen wie die ›Sehne‹ des Kugelsegments. Außerdem müssen beide Figuren natürlich gleich hoch sein. Bei der großen Pyramide ist das aber nur der Fall, so erklärt Tompkins, wenn man sie senkrecht durchschneidet, bzw. entlang ihres Meridians halbiert. Der Neigungswinkel der Seiten gibt die Pi-Relation zwischen Höhe und Grundlinie an. Betrachtet man aber die Pyramide von ›vorne‹, so verkleinert sich die tatsächliche Fläche einer Pyramidenseite perspektivisch auf die Größe, die sie bei einer Projektion in der Blickrichtung hätte. Was man also in Wirklichkeit sieht, ist genau das Dreieck, das bei einem senkrechten Schnitt durch die Pyramide entsteht.

Nach Auskünften ägyptischer Priester an den griechischen Geschichtsschreiber Herodot war die Pyramide so konstruiert, daß der Flächeninhalt jeder ihrer Seiten gleich dem Quadrat ihrer Höhe ist. Zweifellos war das der Schlüssel zum geometrischen und rechnerisch-mathematischen Rätsel der Pyramide. Sie verkörpert nicht nur den Wert für Pi, sondern nach jener Auskunft auch noch die konstante Größe Phi (1,618), die man in der Renaissance als den »Goldenen Schnitt« bezeichnete.

Phi ist ein unendlicher Dezimalbruch (1:1,618) und als mystische Ziffer so alt wie die Geschichte der Menschheit. Sie ergibt ein interessantes Zahlensystem, eine Additionsfolge, die man als ›Fibonaccische Zahlen‹ bezeichnet. Die Folge beginnt mit 1, und jeder neue Wert ergibt sich aus der Summe der zwei vorhergehenden, also: 1, 1, 2, 3, 5, 8, 13, 21, 34, 55, 89, 144, 233 usw.

Phi oder 1,618 erhält man, wenn man irgendeinen Wert der Folge durch den vorhergehenden teilt. Je größere Werte man nimmt, um so mehr nähert sich das Ergebnis der Zahl Phi an. So ist 3 dividiert durch 2 = 1,5, 13 und 8 = 1,625, 233 dividiert durch 144 = 1,6180555. Phi wurde auch als ›heiliger Schnitt‹ bezeichnet, denn wenn man eine Strecke A – C so durch einen Punkt B teilt, daß A–B zu A–C sich wie 1 zu 1,618 verhält, dann stehen auch die Längen der Teilstrecken B–C und A–B in diesem Verhältnis zueinander

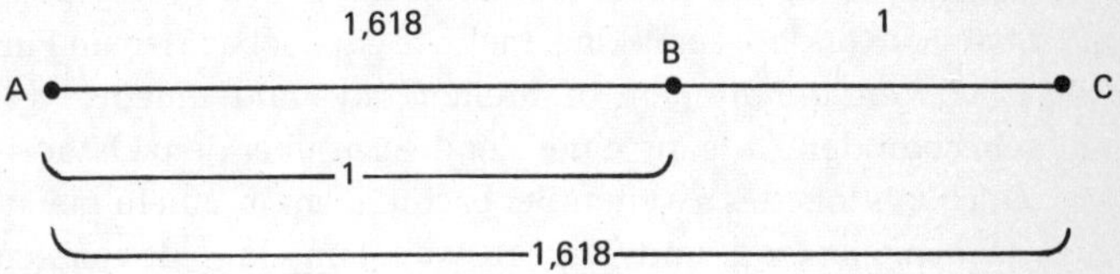

Die Künstler der Renaissance richteten sich nach diesem Schnitt, weil dessen Aufteilung als die ästhetischste aller Proportionen angesehen wurde. Nach damaliger Auffassung war Phi in der ganzen Natur anzutreffen. Auch der Körperbau des Menschen sollte nach diesem Prinzip aufgeteilt sein, und die Diagonalen des heiligen fünfstrahligen Sterns (Pentagramm, Drudenfuß) schneiden sich gegenseitig im gleichen Verhältnis. Die Pyramide mit ihrem Goldenen Schnitt ist wiederum ein einfaches Hilfsmittel zur Übertragung von Kugelschnitten auf ebene Flächen.

Die Ägypter verwendeten eine Maßeinheit, die man ›Elle‹ nennt. Sie wurde offensichtlich dadurch bestimmt, daß man ein Tausendstel der Strecke nahm, die sich die Erde bei ihrer Umdrehung innerhalb von einer Sekunde am Äquator weiterbewegt. Die

Erbauer der großen Pyramide machten ihre Grundlinie so lang wie die Strecke, die die Erde in $1/2$ Sekunde zurücklegt. Die Elle selbst war ein Tausendstel Zeitsekunde und der ›Fuß‹ ein Tausendstel Bogensekunde.

Es gilt heute als erwiesen, daß die alten Gelehrten den Polumfang der Erde mit Hilfe der Sonne und dem Schattenwurf der Obelisken errechneten. Um den Erdumfang zu bestimmen, visierten sie Sterne über die Spitzen der Obelisken an. Zur Berechnung des Polumfangs genügte es, die Entfernung zwischen zwei Obelisken, die einige Kilometer Abstand voneinander hatten, und deren unterschiedliche Schattenlänge zu messen. Dabei brauchten die Entfernungen gar nicht groß zu sein. Schon ein Bruchteil des Bogenabstandes zwischen zwei auf dem Meridian stehenden Obelisken, d. h. ihr Breitenunterschied, konnte durch einen Vergleich der Obeliskenschatten mit der Obeliskenhöhe bestimmt werden, wenn man diese Messung z. Z. der Sonnenwende oder der Tagundnachtgleiche durchführte. Zur Ermittlung des Erdumfangs am Äquator, so erklärt Tompkins, meldete ein Beobachter am Fuß eines Obelisken, der auf dem 30. Breitengrad stand, einem zweiten Beobachter den Aufgang eines Zenitsterns über dem Osthorizont. Der Standort des zweiten Beobachters lag in einem genau vermessenen Abstand und war so weit von dem des ersten entfernt, daß die Obeliskenspitze gerade noch über dem Horizont zu sehen war. Nachdem es bekannt war, daß die Erde zu einer ihrer Umdrehungen 86400 Sekunden (24 Stunden) braucht und dabei 1296000 Bogensekunden überstreicht, konnte man nun aus dem zeitlichen Unterschied, den der Sternaufgang für die beiden Beobachter hatte, den Äquatorumfang berechnen.

Die Pyramide ist so konstruiert, daß sich mit ihrer Hilfe sowohl die Kreisfläche als auch der Kugelinhalt berechnen läßt, und es schaut so aus, als hätten ihre Erbauer damit ausdrücken wollen, daß sich die statische Geometrie der Winkel in die dynamische der Kurven verwandeln läßt. Man kann die Pyramide mit einem Kegel vergleichen und den Würfel dementsprechend mit einer Kugel. Nach Henry Monteith, der einen Beitrag zu dem Buch ›Pyramiden-Kraft‹ (Pyramid Power) unter dem Titel

›Die Geometrie der großen Pyramide‹ schrieb, verkörpert der Kegel die dynamische Konzentration der Energie am voll kommensten. Das würde eigentlich soviel bedeuten, daß die Form des Kegels irgendwie in Beziehung zur Schöpfung steht.

In dem Kapitel über unsere Pflanzenexperimente in Pyramiden erwähnten wir unsere Zuchtversuche mit Sämlingen im Inneren von verschieden geformten geometrischen Körpern. Dabei fanden wir heraus, daß Pflanzen in kegelförmigen Behältern schneller wuchsen als in Pyramiden. Außerdem wuchsen sie unter dem Apex der Pyramide schneller als auf Höhe der Königskammer, die auf dem ersten Drittel der Strecke Grundfläche – Spitze liegt.

Newton lehrte, daß es für jede Aktion eine gleiche und entgegengesetzte Reaktion gibt. Wenn man davon ausgeht, daß sich das Universum stets in vollkommenem Gleichgewicht befinden muß, dann muß es auch eine Reaktion oder ein Gegenstück auf und zu allen bekannten Kräften und Körpern geben. In dem oben erwähnten Beitrag führt Monteith aus, daß man in der Physik das Feld zwischen einer positiven Ladung und der darunterliegenden Erdoberfläche dadurch berechnen kann, daß man sich eine gleichgroße negative Ladung vorstellt, die sich in derselben Entfernung unterhalb der Erdoberfläche befindet. Mit anderen Worten muß es nach Monteith stets eine negative Ladung geben, wenn irgendwo eine positive besteht, auch wenn diese negative Ladung im physikalischen Sinne gar nicht vorhanden ist. Nach seinen Überlegungen muß es dann zur großen Pyramide auch eine oder mehrere Antipyramiden geben. Man sollte sich daran erinnern, daß die große Pyramide nicht symmetrisch ist. Die Seiten sind keine exakten gleichseitigen Dreiecke, und außerdem sind sie leicht eingedrückt. Das bemerkte auch schon William Flinders Petric bei seinen Vermessungen, obwohl diese Einbuchtungen für das menschliche Auge nicht zu erkennen sind. Luftaufnahmen des britischen Brigadiers P. R. C. Groves bestätigten diese Tatsache. Die leichte Einwölbung der Seiten ist insofern interessant, weil es so aussieht, als hätten sich die Ägypter bei der mathematischen und geometrischen Berechnung ein wenig geirrt. Wichtiger wäre allerdings, ob diese Einbuchtungen die Wirkung der großen Pyramide als Energiefeldresonator oder -generator verbessern.

Unsere Experimente mit Pyramidenmodellen, bei denen wir auch eines mit verspiegelten Seitenwänden benützten, haben gezeigt, daß, wenn die Seitenflächen leicht nach innen gewölbt sind, und dadurch ein auftreffendes Energiefeld aus der Richtung ablenkt, auf die gegenüberliegende Seite geworfen und dort reflektiert wird, dann streben die Kraftlinien in Richtung Mittelpunkt der Pyramide. Zur Darstellung des Kraftlinienverlaufs benützten wir bei unserem Versuch die Strahlen des sichtbaren Lichts.

Die unsymmetrische Form der Pyramide könnte bedeuten, daß es von ihr zwei spiegelbildlich gedachte Projektionen gibt, eine in Richtung Apex, für Monteith Sinnbild der stofflichen Schöpfung, und eine andere gegenüber der Grundfläche, als Inbegriff der Zerstörung. Die konstruktive Gegenprojektion ist eine auf dem Kopf stehend gedachte Pyramide über dem Apex des wirklichen Bauwerks und besitzt schöpferische Kräfte. Die destruktive Gegenprojektion liegt Grundfläche an Grundfläche mit der wirklichen Pyramide und damit unter der Erdoberfläche. Sie bewirkt Auflösung und Tod aller Dinge, die entstanden sind. Konstruktive und destruktive Projektion beeinflussen sich, nach Monteith, gegenseitig in ständig wiederkehrendem Zyklus.

Asymmetrie schafft die notwendigen Voraussetzungen, um eine Bewegung in Gang zu setzen, und man glaubt, daß das einer der Hauptgründe ist, warum sie in der Natur vorkommt. In einer Abhandlung unter dem Titel ›Ein Weg zu experimentellen Studien über die Eigenschaften der Zeit‹ (Possibility of Experimental Study of the Properties of Time) erklärt Nikolai Kozirew, daß Zeit in der Lage ist, die Zustandsgröße (Entropie) eines Systems zu verkleinern, ohne daß man die Veränderung normalerweise bemerkt. Wegen der Bauform hat die Zeit in der Pyramide jedoch eine verstärkte Wirkung, und auf diese Weise ist es möglich, organische Stoffe zu konservieren. ›Zeitlauf und Bioplasma sind nur zwei verschiedene Worte für ein und dieselbe Kraft, die der Schöpfung und Erhaltung aller Systeme zugrunde liegt‹, schreibt Kozirew und fährt fort: ›Bioplasma kann die Kraft eines Systems steigern, ist aber ohne Einfluß auf dessen Bewegungsgröße oder Moment.‹ Vielleicht, so nimmt man an, hat Bioplasma Eigenschaften, die das genaue Gegenteil der Kernkraft sind. Von diesen Überlegungen ging auch Dr. Wilhelm Reich bei seinen Experimenten aus, die er, wie auch sein Buch, ›Das Oranur-Experiment‹ genannt hat.*

Bei seinen Versuchen entdeckte er, daß Bioplasma heftig mit radioaktivem Material reagierte, wobei als Nebenprodukt eine Substanz entstand, die für kurze Zeit äußerst lebensgefährlich war. Gleichzeitig fand er aber auch, daß die Aktivität des Bioplasmas die Radioaktivität verringerte. Das Experiment scheint zu beweisen, daß Bioplasma eine schöpferische Kraft ist und in einer Richtung wirkt, die der Kernkraft entgegengesetzt ist. Kozirew sagt: »Wenn wir mit Hilfe der Physik eines Tages in der Lage sind, Lebensvorgänge außerhalb organischer Systeme zu unterhalten und zu steuern, dann werden die Maschinen, die wir betreiben, die Energiereserven der Welt wieder auffrischen (anstatt sie nur zu erschöpfen). Vielleicht entsteht dadurch dann auch eine echte Harmonie zwischen Mensch und Natur, und wenn dieser Traum auch noch so abstrakt ist, so hat er doch eine sehr realistische Grundlage.«

In einer Betrachtung über diese Vorstellungen wirft Monteith die Frage auf, ob die Zeit nicht nur einfach die geometrische Erscheinungsform des Bioplasmas ist, dargestellt durch die statische Geometrie, während die Konzentration oder Bündelung der Energie als ihre dynamische Erscheinungsform begriffen werden muß, so wie sie sich in der dynamischen Geometrie ausdrückt. Die Wechselwirkung zwischen statischer und dynamischer Geometrie beeinflußt nicht nur die Schöpfung und das Leben, sondern auch die Vorgänge des Zerfallens und des Sterbens, sagt Monteith, und weiter, so daß alle Ursachen in der Welt auf das Prinzip der statischen Geometrie, alle Wirkungen aber auf das Prinzip der dynamischen zurückgeführt werden können.

»Bevor diese Ideen von der modernen Wissenschaft jedoch voll akzeptiert und angewendet werden können, müssen sie in allen

* Anm. d. Ü.: ›Cosmic Superimposition‹ ist ein anderes Buch von Reich, das im gleichen Jahr 1951 erschien.

Einzelheiten aufgegliedert werden«, erklärt Monteith. »Das verlangt ein tiefgreifendes Verständnis jener Gesetze, nach denen die schöpferischen Kräfte der Natur wirken. Einstweilen sind noch alle, die sich mit dem Problem beschäftigen, wie auch ich, weit davon entfernt, auch nur das Notwendigste zu verstehen. Ich bin fest davon überzeugt, daß die nächste Revolution der Wissenschaft aus dieser Richtung kommen wird, und daß sich die heutige Wissenschaft mit jener Energieform befassen muß, die allen Schöpfungsvorgängen zugrunde liegt, ehe es ihr gelingt, die ungelösten Probleme zu lösen, denen sie sich heute gegenüber sieht. So kann es z. B. niemals eine einheitliche Feldtheorie geben, bevor man nicht das Wesen des Bioplasmas verstanden hat. Ein umfassendes und eingehendes Studium der großen Pyramide durch fachkundige Wissenschaftler, denen der Gedanke an das Bioplasma nicht fremd ist, könnte dazu beitragen, mehr Licht in das Dunkel unserer Unwissenheit zu bringen.

Daß die große Pyramide an einem Ort errichtet wurde, den man nach geodätischen und geographischen Gesichtspunkten ausgewählt hat, scheint heute ebenso sicher zu sein wie die Tatsache, daß der Standort vieler alter Bauwerke offensichtlich nach den Sternen berechnet worden ist. In seinem Buch ›Der alte Weg zur Wahrheit‹ (The Old Straight Track) zeigt Alfred Watkins, daß viele Kirchen in England so errichtet wurden. Lyle B. Borst, Professor für Astronomie und Physik an der State University von New York in Buffalo, schreibt in einem Artikel in dem Magazin ›Science‹, daß viele frühchristliche Kirchen Englands auf antiken Fundamenten stehen, deren Koordinaten nach den Sternen berechnet wurden.

Der Standort der großen Pyramide und der vielen anderer antiker Bauwerke, darunter auch Pyramiden in anderen Erdteilen, könnte aber noch von anderen Kriterien bestimmt worden sein, als nur von geodätischen und geographischen. In ›Vorstellungen über Atlantis‹ (The View Over Atlantis) spricht John Michell von der Vermutung, daß die gesamte Erdoberfläche noch Spuren eines gigantischen Werkes prähistorischer Ingenieurkunst aufweist, Überbleibsel eines einst allumfassenden Systems geheimnisvoller

Naturkräfte, zu denen auch der Erdmagnetismus und eine weitere Energieform gehörten, die mit der Sonnenenergie zusammenhängt. ›Vielleicht leben wir alle in den Ruinen vorgeschichtlicher Baustrukturen, die nur aufgrund ihrer ungeheuren Ausdehnungen bisher noch nicht entdeckt worden sind‹, schreibt Michell. Mit anderen Worten, die Pyramide und andere Bauwerke wurden an bestimmten Punkten errichtet, die sich durch das Wesen und Wirken verschiedener Energiekraftfelder an diesen Orten ergaben. Michell bespricht auch die Arbeit von Watkins und dessen Studien der antiken Plätze und Pfade, die man auch als Lagerstätten oder Brachland bezeichnet: ›Es war, als ob diese Trassen von Menschenhand einer Art Kraftstrom folgten.‹ Mitglieder vom Club ›Weg zur Wahrheit‹ (Straight Track Club) berichteten von Fällen, in denen Vögel und Tiere bei ihren Wanderungen genau festgelegten Wegen folgten, beschrieben die schnurgeraden Antilopenpfade im Himalaja und verfaßten Abhandlungen über das reguläre Netz von Wegen und Markierungspunkten in Norwegen, Palästina, Afrika und Amerika. Watkins, selber Imker und Fotograf von Rang, beobachtete, wie Bienen, die man aus ihrem Stock nahm und an einen anderen Ort brachte, zuerst unschlüssig herumflogen, als man sie dort freiließ, dann aber ihren ›Bienenweg‹ nach Hause fanden, als folgten sie einem unsichtbaren Leitstrom. Er beschäftigte sich auch mit Ameisen und interessierte sich dabei besonders für die kleinen Hügel, die sich diese Insekten bauen. Aus seiner leidenschaftlichen Liebe zu Landschaft und Natur und der Kenntnis ihres Wesens erwuchs ihm ein tiefes Verständnis für das Übereinstimmen aller großen und kleinen Formen des Lebens und Werdens in gewissen gemeinsamen Grundmustern, ein Verstehen, das sich nur noch erweiterte, als nach der Entdeckung des Systems der Lagerstätten oder Brachlandstellen die bisher verborgene Struktur der Landschaft sichtbar wurde. Mit den Augen des Naturphilosophen sah er die großen Zusammenhänge in der Natur. Ameisenhügel, so beobachtete er, richten sich nach bestimmten Mustern und Anordnungen. Wie die Markierungshügel auf den Lagerstätten sind sie konisch geformt, oben abgeflacht und mit Gras bewachsen.

›Steinkreise wurden offenbar nach Regeln erbaut, die wir erst noch wiederentdecken müssen. Die wirklich heiligen Orte einer Landschaft ermittelte man wohl durch okkulte Handlungen, bei denen vielleicht eine heute unbekannte Kraft beschwört wurde. In einer Sage, die man überall in England kennt, findet sich eine interessante Bestätigung dafür, daß es früher einmal so etwas gegeben hat. Nach dieser Sage fand man die geweihten Orte und Stätten uralter, traditioneller Heiligkeit durch magische Riten und göttliche Zeichen in Träumen und Visionen. Ohne Zweifel hielten auch die frühen Christen Ausschau nach einem Zeichen des Himmels, das ihnen den Ort wies, an dem eine Kirche oder Kathedrale erbaut werden sollte. Die Tatsache, daß fast alle ausgewählten Orte bereits traditionelle Heiligkeit besaßen, beweist, daß sie ihre Methode, Weissagung zu erlangen, von den Vorgängern übernommen hatten. Das Verfahren, nach dem man den genauen Standort für eine Kirche fand, war das gleiche, nach dem man schon vor Jahrtausenden die Lage der Steinkreise und astronomischen Erdwälle bestimmt hatte. Viele davon besaßen zweifellos Ähnlichkeit mit den Methoden der Wünschelrutengänger von heute. Das Wichtigste bei der Errichtung eines heiligen Bauwerks ist nach aller Tradition die Wahl des passenden Standorts, der ein Platz sein muß, an dem sich die geistig-göttlichen Kräfte nutzbringend vereinigen. Während man heute überhaupt nichts dabei findet, den Standort einer Kirche nach rein weltlichen Gesichtspunkten auszuwählen, hätten die damaligen Priester eher eine Wassermühle in die Wüste gestellt, als eine Kirche dort erbaut, wo der Einfluß der heiligen Kräfte fehlte. Orte wahrer Heiligkeit aufgrund geistiger Erleuchtung zu finden, ist so sehr in Vergessenheit geraten, daß viele der heutigen Kirchen nichts anderes als leere Hallen sind, während die älteren einem immer noch das Gefühl geben, regelrechte Mittler zur Anrufung Gottes zu sein.

Die Vielzahl der Kirchen, deren Standorte durch magische Handlungen bestimmt wurden, beweisen, daß vor einigen hundert Jahren in ganz England noch die althergebrachte Orakelpraktik der Punktierkunst (Geomantie) ausgeübt wurde. Fast jede Kathedrale und viele Kirchen sollen an Orten stehen, die man durch göttliche Eingebung fand, die sich in Träumen, durch Vorzeichen oder irgendwelche übernatürlichen Erscheinungen offenbart hatte. Erzählungen darüber finden sich in allen Büchern der ländlichen Volkskunde so zahlreich, daß man nur einige davon erwähnen kann, aber diese wenigen lassen schon klar erkennen, wie man Orte der Heiligkeit ausfindig machte und warum heute so viele Kirchen noch genau auf den Stätten der Vorgeschichte stehen.

Unter den Ziegel- und Mörtelhaufen zeitlich bedingter Nützlichkeit, die heute viele Teile des Landes bedecken, kann man immer noch ein Netz aus Linien und Punkten erkennen, nur wissen wir nicht mehr, nach welchem System diese Linien und Punkte angeordnet sind. Was wir darüber wissen, haben wir nur aus den Sagen gelernt, nach denen man in früheren Zeiten heilige Orte durch Magie fand. Die Geschichten selbst handeln von der Schau irgendwelcher äußerer Zeichen, durch die der Erleuchtete an den richtigen Platz geführt wurde. Die Druden kannten Mittel und Wege, sich in Ekstase zu versetzen, um einen direkten Zugang zu den Kräften der Natur und des Geistes zu bekommen. Wie Alfred Watkins, dem das Tausende von Jahren später gelang, hatten sie sich auf diese Weise ein ganz genaues Wissen über das gesamte Land erworben . . .

Die Geomantie der Chinesen wurde erstmals vor hundert Jahren im Westen bekannt, als sich europäische Geschäftsleute darüber beklagten, daß ihre Versuche, das Land zu erschließen, auf völlig unerklärliche Widerstände stießen. Immer wieder wurde ihnen erklärt, daß sie ihre Eisenbahnlinien und Fabriken dort nicht bauen durften, wo sie wollten. Begründungen, die man dafür angab, waren völlig unverständlich, denn sie hatten überhaupt nichts mit den wirtschaftlichen, gesellschaftlichen oder politischen Erwägungen zu tun, die für die industrielle Entwicklung eines Landes notwendig sind. Man erklärte den Europäern, daß bestimmte Geländeunebenheiten Drachen darstellen, deren Schwanz man nicht durchschneiden dürfte. Durch solche Drachenhügel durften keine Tunnels gebaut werden, und eine Eisenbahnlinie, mit der man eine direkte Verbindung schaffen wollte, wurde abgelehnt, weil die Trasse den Anblick der Hügel stören würde. Alle diese Regeln hatten Praktiker der Fung-Shui-Kunst entwickelt, Leute, die viel von Wind und Wasser verstanden oder, schlecht übersetzt, ›von dem, was man nicht sehen oder greifen kann‹.

Schriftsteller des heutigen Nationalchina sagen, daß das Fung-Shui in Wirklichkeit eine Art Stadt- und Landschaftsplanung war, ein Versuch, die Harmonie der Landschaft zu erhalten. Sicherlich gab das Fung-Shui der Landschaft mehr an Schönheit und Gestalt, als westliche Architekten es auch nur andeutungsweise zustande gebracht hätten. Der Grund mag darin liegen, daß man sich nicht von weltlichen Dingen leiten ließ, sondern von sehr anspruchsvollen metaphysischen Gedanken ausging, bei denen sich wissenschaftliche Überlegungen mit wahrer Poesie harmonisch vereinigten.

Überall im alten China zog man stets Geomantiker, Hüter des Fung-Shui, zu Rate, wenn es um die Plazierung und Errichtung irgendeines Gebäudes oder Grabmonumentes ging, und selbst wenn nur ein Baum gepflanzt, ein Pfahl oder Stein aufgestellt werden sollte, beauftragte man einen Geomantiker, denn die Landschaft erfuhr ja dadurch eine Veränderung. Man glaubte, daß kraftvolle Ströme, magnetische Linien, unsichtbar über die gesamte Erdoberfläche verlaufen. Diese Strömungen ausfindig zu machen, ihre Natur zu erkennen und ihren Einfluß auf die Landschaft zu deuten, das war die Aufgabe des Geomantikers.‹ Nach Michell ist die Erde von einem einzigen riesigen wissenschaftlichen Instrument bedeckt. ›Zu einer Zeit, die vielleicht 4000 Jahre zurückliegt, wurden fast alle Winkel unserer Erde von einer Gruppe Menschen besucht, die eine ganz bestimmte Aufgabe zu erfüllen hatten‹, schreibt er. ›Mit Hilfe einer geheimnisvollen Kraft, durch die sie riesige Blöcke und Steine bewegen konnten, errichteten diese Männer weitläufige Anlagen zu astronomischen Zwecken, Kreise aus senkrechten Pfeilern, Pyramiden, unterirdische Tunnel, gigantische Steinplatten, alle miteinander verbunden durch ein Netzwerk aus Linien und Trassen, deren Verlauf von Horizont zu Horizont mit Steinen, Hügeln und Erdwällen gekennzeichnet war. In seinem Buch ›Kinder der Sonne‹ (Children of the Sun) verfolgt W. J. Perry das weitere Vordringen dieser Männer über den Pazifik und beschreibt dabei als Beispiel ihrer erstaunlichen Leistung die Vielzahl abgelegener, unbewohnter Inseln, auf denen Ruinen riesiger, arbeitsaufwendiger Pyramiden und megalithischer Bauten stehen. Ob diese ungeheure Welle der Kraftanstrengung, mit der man die ganze Erde innerhalb weniger hundert Jahren mit Steinkreisen und Erdwällen bedeckte, nun von einer einzigen Gruppe oder Rasse vollbracht wurde oder ob sie sich plötzlich und spontan wie eine Woge universaler Eingebung über die Erde ergoß, ist bis heute nicht bekannt. Einige meinen, daß die Steinkreise Nordeuropas von einheimischen Bewohnern erbaut wurden, diejenigen von Polynesien aber das Werk vorgeschichtlicher Priester sind. Stonehenge jedoch, der jüngste und vollständigste Steinkreis Englands, gleicht mehr der Bauweise von Kreta als der der einheimischen Tradition, und solche ortsbedingten Unterschiede zeigen, daß jedes Volk seinen eigenen Beitrag zur Gesamtkultur geleistet hat.

Niemand weiß, wie diese weltweite Aufgabe bewältigt wurde, und noch viel weniger warum, aber gerade diese Fragen sind natürlich entscheidend. Wenn wir wissen, warum sie in jenen Zeiten, weit vor der Geschichtsschreibung, ihr ganzes Können und alle ihre Möglichkeiten dafür einsetzten, um die Erde mit einem Netz von Baulichkeiten zu überziehen, mit dem sie beide, den Himmel und die Erde, vermessen konnten, dann würden wir auch hinter das Geheimnis ihrer weltumspannenden Kultur und Zivilisation kommen, das zu begreifen uns heute so aussichtslos erscheint.‹

Michell fragt sich, ob die vorgeschichtlichen Bauwerke vielleicht der Überwachung des erdmagnetischen Felds dienten, und schreibt: ›Von allen astronomischen Ereignissen, die das Magnetfeld der Erde beeinflussen, ist das dramatischste eine Verfinsterung von Sonne und Mond. Wenn sie eintritt, nimmt die von dem verfinsterten Himmelskörper ständig angeregte magnetische Aktivität drastisch ab, was eine beachtliche Rückwirkung auf den normalen Fluß der Erdströme hat. Deshalb ist es sehr gut möglich, daß der eigentliche Zweck vieler vorgeschichtlicher Steinobservatorien in England und auch anderswo die genaue Vorhersage von Mondfinsternissen war. Eine Mondfinsternis hat keinen direkt wahrnehmbaren, körperlichen Einfluß auf die Erde, aber sie wirkt auf die Intensität des irdischen Magnetfelds.‹ Etwas später erzählt Michell in seinem Buch dann: ›Es gibt viele Geschichten aus Hawaii und Polynesien über die Torheit der ersten christlichen Missionare, die darauf bestanden, ihre Kirchen aufs Geratewohl in die Landschaft zu setzen, statt auf besonders dafür geeignete Plätze, so daß ihnen und ihren Unternehmungen nur Mißerfolge beschieden waren. Die Linien des Drachenstroms folgen irgendeinem Kraftstrom der Natur, der wiederum vom erdmagnetischen Feld abhängt. Er wurde in unserer Zeit erst wieder von dem verstorbenen Wilhelm Reich entdeckt, und der nannte ihn ›Orgonenergie‹ . . .

›Wenn wir glauben wollen, daß es in der Vorzeit eine derart weltumfassende Zivilisation und Kultur gegeben hat, dann müssen wir auch annehmen, daß die Sintflut, in die sie gestürzt wurde, ein sich ständig wiederholendes Ereignis, bei dem das Aussehen ganzer Kontinente plötzlich verändert wird, die bestehende Ordnung magnetischer Kraftlinien zerstörte und ein neues Zentrum entstehen ließ. Nach der Zerstörung oder Überschwemmung ihrer alten Hauptstadt suchten und fanden die Überlebenden der Katastrophe vielleicht als erstes diese Stelle und errichteten dort sofort ein neues gewaltiges Instrument, um das erdmagnetische Feld wieder unter Kontrolle zu bekommen. Und hier, genau auf dem Mittelpunkt aller Kontinente der Erde, finden wir heute die große Pyramide.‹

Die große Pyramide war immer schon Schauplatz geheimnisvoller Erscheinungen und seltsamer Ereignisse. So wie einen der Schrei der Sphinx am frühen Morgen an das harte Schwirren der gezupften Bogensehne am Ende von Tschechows ›Kirschgarten‹ erinnert, so soll die Pyramide von Zeit zu Zeit mit einem übernatürlichen Klang vibrieren. Die Fremdenführer behaupten, diesen Klang auch durch Bestreichen des Sarkophags in der Königskammer mit einem Stock hervorbringen zu können, und die einheimischen Araber erzählen, daß sie die große Pyramide manchmal in ein eigenartiges Licht gehüllt sehen. Vor einigen Jahren berichteten William Groff und Mitglieder des Institut Egyptien, sie hätten über der Pyramide ein Licht oder eine Flamme aufsteigen sehen.

Andere Berichte erzählen uns von ungewöhnlichen, kreisförmigen Lichterscheinungen in der Nähe des steinernen Bauwerks und sogar von unbekannten fliegenden Objekten, die über dem Apex schwebten. Welche Energiefelder auch inner- und außerhalb der großen Pyramide herrschen und welche Kräfte der Natur und des Kosmos die alten Meister auch immer durch ihre Baukunst aufzufangen versuchten, diese Kräfte gibt es heute noch, und sie können jederzeit wieder nutzbar gemacht werden, sobald wir begriffen haben, was sie sind und wie sie wirken.

Heimexperimente

Daß Miniaturen der großen Pyramide von Gizeh in ihrem Inneren ungewöhnliche Energiefelder aufweisen, führte zu einer neuen, sehr ansteckenden Welle von ehrfürchtiger Verehrung für dieses Wunder aus der Antike. Die verheißungsvollen Möglichkeiten der Pyramidenkraft scheinen Menschen aller Berufe zu faszinieren. Jedesmal, wenn wir ein Interview geben oder eine Sendung im Radio oder Fernsehen haben, werden wir von Anrufern und Besuchern überschwemmt. Sie wollen entweder mehr erfahren oder irgendwelche Experimente machen. Das rege Interesse ist gut zu verstehen, winken dem Entdecker, der sich an der heutigen Pyramidenforschung beteiligt, doch ebenso verlockende Aussichten wie beim Bohren nach Öl, Goldwaschen und Graben nach antiken Kunstschätzen. Das Risiko ist vergleichsweise kleiner, der Aufwand erheblich geringer, und die Erfolgsaussichten sind wesentlich weitreichender und größer. Der besondere Reiz der Pyramidenforschung liegt in der Möglichkeit, an so vielen Fronten Fortschritte machen zu können. Sie hat für unseren leiblichen Körper Bedeutung, für unsere geistige Verfassung, unsere äußeren Lebensbedingungen, Wasser und Luft, unseren Energiebedarf, kurz, sie berührt das Leben in fast jeder Hinsicht. Ein solches Angebot ist schon einen hohen Einsatz wert.

Das vorliegende Kapitel wendet sich an jene, die selber Versuche mit Pyramiden und einigen anderen Vorrichtungen machen wollen. Es ist aber nun mal so, daß das größte Erlebnis noch bevorsteht, wenn man sich im Versuchsstadium befindet. Die Pyramidenforschung, oder wie hier ganz allgemein die Erforschung der Energiekraftfelder, steht erst am Anfang, und wer Versuche in dieser Richtung zu Hause durchführen will, der kann noch die Entdeckerfreuden derjenigen erleben, die Neuland betreten. Wenn Durchbrüche gelingen, was ziemlich sicher ist, wird er das Gefühl erleben, ein Stück Pionierleistung vollbracht zu haben, und wahrscheinlich ist diese Leistung dann auch ein echter Beitrag zum ständig anwachsenden Gesamtwissen. Was heute gebraucht wird, sind experimentierfreudige Menschen mit der Fähigkeit, geduldig arbeiten und beobachten zu können, die voll unersättlicher Wißbegier bereit sind, mit all ihrem Einfallsreichtum alte Erkenntnisse neu zu durchdenken. Viel Geld braucht man nicht für diese Experimente. Das notwendige Material findet sich schon meist in jeder normalen Heimwerkstatt oder kann für einige Mark beim Holz- oder Metallwarenhändler erworben werden.

Die Pläne und Zeichnungen in diesem Kapitel sind die gleichen, die auch wir benutzt haben. Ein paar stammen von uns und einige von anderen Kollegen, die damit nur weitergeben wollten, was sie selber gelernt hatten. Im gleichen Geist reichen wir sie an den Leser weiter, denn nichts ist wichtiger und daher mehr wert, fortgesetzt und erweitert zu werden, als diese Art des Nachrichtenaustauschs. Gute Kontakte unter Experimentierkollegen werden viel dazu beitragen, daß das Gesamtwissen auf diesem Gebiet zunimmt. So können wir voneinander lernen und unnötige Doppelarbeit vermeiden. Um welches einschlägige Experiment es sich auch immer handelt, die hier erwähnten Forschungsgruppen würden sich genauso wie wir darüber freuen, von irgendwelchen Ergebnissen zu hören.

Wer Versuche macht, sollte stets daran denken, daß wir in einem Bereich sehr leicht beeinflußbarer Energiefelder arbeiten. Nach allem, was wir bis heute wissen, scheint jede Lebensform an diesen Energiefeldern teilzuhaben. Man kann also davon ausgehen, daß eigentlich kein Ding oder Einzelwesen isoliert dasteht. Von Backster, Vogel, Tiller, Michell und anderen haben wir gelernt, daß selbst solche fast unmerklichen Kräfte wie Gedanken und Gefühle aus Energie bestehen, alles beeinflussend und von allem beeinflußt werdend. Genauer zu beschreiben, was zu diesem ›alles‹ und ›allem‹ im einzelnen gehört, ist derzeit unmöglich. Auf jeden Fall betrifft es die unmittelbare Umgebung, wie und inwieweit, weiß jedoch niemand. Für den Experimentator in der Heimwerkstatt wie für den im großen Laboratorium heißt das, daß er mit seinem Versuch selbst unzertrennlich verbunden ist. Er selbst ist ja einer der unbekannten Faktoren, die es zu finden gilt.

Offenbar gibt es keine Methode, die verschiedenen Einflüsse fernzuhalten oder auszuschalten. Das einzige, was wir tun können, ist, jene Faktoren zu berücksichtigen, die in unmittelbarer Nähe des Versuchs die Ergebnisse verfälschen könnten – elektrische Ströme, die Gegenwart von Pflanzen, Tieren, Menschen, Radio- und Fernsehwellen, Beleuchtungen, Metallbedachungen, Wandabdeckungen oder Isolationen, durch die elektromagnetische Felder abgeschirmt oder verstärkt werden usw. Schon der geringste Unterschied zwischen den Versuchsergebnissen ist von Bedeutung, wenn das Versuchs- und Kontrollmaterial den gleichen Einflüssen ausgesetzt war. Veränderliche Einflüsse müssen wir auf beide Materialien so gleichartig wie nur möglich einwirken lassen. Es ist schwieriger, uns selbst als einen Bestandteil des Experiments zu kontrollieren. Wir wissen nie genau, bis zu welchem Grad unsere eigenen Energiefelder, unsere gefühlsmäßigen Reaktionen und Gedanken, Einfluß nehmen. Und wenn wir auch nicht im geringsten daran zweifeln, Versuchs- wie Kontrollmaterial absolut gleich behandelt zu haben, bleiben unsere Verhaltensweise und Gefühle doch immer noch als unkontrollierte Faktoren übrig. Nehmen wir einmal an, wir möchten, daß sich eine Pflanze innerhalb der Pyramide anders verhält als eine zweite außerhalb. Wird sich dann dieser Wunsch auf die Pflanze übertragen und ihre Reaktionen beeinflussen? Es hat sich ja herausgestellt, daß Menschen ganz unbewußt telepathische Botschaften aussenden, und wenn dem so ist, dann müssen wir darin einen weiteren Faktor sehen, der nicht zu kontrollieren ist. Das alles wird hier nicht erwähnt, um den Experimentierfreudigen zu entmutigen – im Gegenteil, denn wir lernen ja etwas über uns selbst.

Gemeint ist nur, daß wir Doppelblindversuche machen sollten, wann und wo es nur geht. Mit Pflanzen im Inneren von Pyramiden ist das zwar schwierig, aber es geht mit Versuchen, bei denen Gießwasser für Pflanzen behandelt wird. In diesem Fall kennzeichnen wir die Wasserbehälter und vertauschen sie, damit wir sie vor Ende des Versuchs nicht mehr voneinander unterscheiden können. Das gleiche können wir mit Platten oder Metallfolien machen, die in Pyramiden zu psychotronischen Generatoren aufgeladen werden: Wir kennzeichnen sie und verstecken dann diese Information vor uns selbst. Behandelte Rasierklingen werden mit einem Kennzeichen versehen und dann so durcheinandergemischt, daß wir nicht mehr wissen, wo welche ist. Danach geben wir sie anderen Personen zum Ausprobieren, die natürlich auch nicht wissen, welche Klinge sie gerade testen. Können wir Freunde und Bekannte dazu bewegen, unsere Versuche zu wiederholen, so ist das auch eine große Hilfe zur Sicherung unserer Ergebnisse. Auf diese Weise lassen sich die Resultate dann regelrecht kontrollieren. Je mehr Leute an den Versuchen teilnehmen, um so besser. Eine weitere Methode besteht darin, sich um Zeugen zu bemühen: Familienmitglieder, Freunde und Nachbarn werden darum gebeten, möglichst viele Einzelschritte der Versuche mit zu beobachten.

Das Versuchs- und Kontrollmaterial sollte möglichst eindeutig gekennzeichnet werden, damit es nachher keine Verwechslungen gibt. Ein richtiggehendes Tagebuch über die Versuche zu führen, hat sich ebenfalls bewährt. Dazu macht man täglich oder nach irgendeinem anderen passenden Schema Eintragungen über Daten, Maße, Ergebnisse usw. Machen Sie Ihre Messungen so genau wie möglich. Wiegen Sie Testmaterial oder Testgegenstände wie Nahrungsmittel oder Flüssigkeiten sehr sorgfältig. Veränderungen der Feuchtigkeit, der Luftströmung, des Lichts usw., soweit sie auf das Versuchs- und Kontrollmaterial einwirken, sollten ebenso sorgfältig überwacht werden.

Alle diese Überlegungen beziehen sich ganz allgemein auf die Durchführung von Forschungsvorhaben. Wir können uns nun mit der Herstellung und dem Gebrauch verschiedener Vorrichtungen beschäftigen.

Pyramiden kann man aus fast jedem Material bauen, denn nach allem, was wir heute wissen, hängt die Wirkung mehr von der Form ab als vom Baumaterial. Metall scheint jedoch irgendwelche elektromagnetischen Kräfte abzuschirmen (wenn auch nicht alle), aber Holz, Plastik, Leinwand und Glasfaserplatten lassen sich offenbar alle gleich gut verwenden. Wenn Sie es ganz genau nehmen wollen, dann können Sie an Ihrer Pyramide jegliches Metall vermeiden, indem Sie Holzdübel und Leim anstelle von Nägeln verwenden, aber notwendig ist das nicht.

Pyramiden können in allen Größen gebaut werden, von zentimeter- bis haushoch. Zur Zeit dieser Niederschrift baut die Unity Church of Christianity in Houston, Texas, eine Kirche genau nach den Maßen der großen Pyramide. Die Idee stammt vom Leiter der

Kirche, John D. Rankin, soll aber dann die ganze Gemeinde ergriffen haben. Die Kirche wird eine Grundlinie von ca. 27 m, eine Höhe von ca. 19 m bekommen und damit eine Grundfläche von ca. 730 m^2 bedecken. Ein Mitarbeiter des Burde Baker-Planetariums in Houston half bei der Ausrichtung des Bauwerks nach der Nord-Süd-Achse. Einer unserer Freunde in Mexiko teilte uns mit, daß er vorhabe, ein Lagerhaus für Eier in Pyramidenform zu bauen, und wir hörten, daß man in Denever ein großes pyramidenförmiges Restaurant plant. Die Größe der Pyramide hängt letztlich von ihrem Verwendungszweck ab. Rasierklingen wurden bereits in 10 cm hohen Pyramiden tadellos scharf. Will man jedoch einen Gegenstand in einer bestimmten Höhe in die Pyramide stellen, dann muß die Pyramide natürlich so hoch sein, daß der Gegenstand darin noch Platz hat. Nimmt der Gegenstand zuviel Platz im Innenraum ein, dann wird der Versuch weniger erfolgreich sein. Darum sollte eine Pyramide für Pflanzensamenexperimente z. B. ungefähr 46 cm hoch sein. Um etwa 4 Liter Wasser aufnehmen zu können, sollte sie mindestens 92 bis 122 cm hoch sein. Pyramiden für die Meditation, in denen also ein Mensch sitzen oder liegen kann, haben wir 183 cm groß gebaut.

Eine Grundplatte für die Pyramide braucht man nicht, aber ohne eine solche ist es oft schwierig, die Pyramide fest zu montieren oder viereckig zu halten, besonders wenn das Baumaterial sehr leicht ist. Nimmt man eine Grundplatte, dann sollte man sie fest und dauerhaft mit der Pyramide verbinden. Hat die Pyramide eine Grundplatte, brauchen wir allerdings noch eine Eintrittsöffnung oder Tür, durch die man Gegenstände in die Pyramide stellen kann. Dazu läßt sich einfach eine Seite der Pyramide verwenden. Verkleben Sie eine Kante fest mit Klebestreifen und befestigen Sie die andere mit gerade so viel Klebestreifen, daß sie nicht verrücken kann. Bei großen Pyramiden können Sie entweder eine Seite so bauen, daß sie sich über Scharniere öffnen läßt, oder sie machen eine Türe hinein. Wenn Sie hartes Material wie Bretter oder Sperrholz für den Bau nehmen, dann können Sie einfach ein Türloch in eine Seite hineinschneiden und das ausgesägte Stück dann über Scharniere wieder als Tür verwenden. Soll die Pyramide aus einem plastikgedeckten Holzrahmenwerk bestehen, muß man Türrahmenleisten vorsehen, eine, die in Türhöhe von einer Seitenkante zur anderen verläuft und zwei weitere, die links und rechts für jede Türseite hinunterführen. Danach baut man einen rechteckigen Rahmen in Größe der Türöffnung und deckt ihn auch mit Plastik.

Es gibt mehrere Methoden, um die richtigen Abmessungen für eine Pyramide zu ermitteln. Eine besteht darin, daß man für jeden Zentimeter Höhe 1,5708 cm Grundlinie und 1,4945 cm Seitenkante rechnet. Möchten Sie z. B. eine 180 cm hohe Pyramide, so mißt die Grundlinie 282,74 cm (180 mal 1,5708) und jede Kante der Seitendreiecke 269,01 cm (180 mal 1,4945). Vielleicht kann Ihnen die nachstehende Tabelle beim Bau kleinerer Pyramiden helfen.

	in cm	
Höhe	Grundlinie	Seitenkante
8	12,57	11,96
10	15,71	14,95
13	20,42	19,43
15	23,56	22,42
20	31,42	29,89
25	39,27	37,36
30	47,12	44,84

Man erhält die Maße auch, wenn man für die Länge der Seitenkanten 5 % von der Grundlinie abzieht, aber dieses Verfahren ist nicht ganz so genau. Eine dritte Methode besteht schließlich darin, mit einem Winkelmesser die Seiten in einem Winkel von 61 ° zur Grundlinie zu zeichnen (s. Abb. S. 202).
Nach diesem Verfahren lassen sich Pyramiden jeder gewünschten Größe konstruieren, und es erspart einem die Berechnung der Abmessungen. Wenn die fertigen Seitenflächen der Pyramide nun zusammengebaut werden, dann bilden sie mit der Grundfläche einen Winkel von 51 ° und 51 Minuten – und damit ist dann das Ganze ein genaues Miniaturmodell der großen Pyramide.

Am besten stellt man die Pyramide in einen Raum, weit weg von

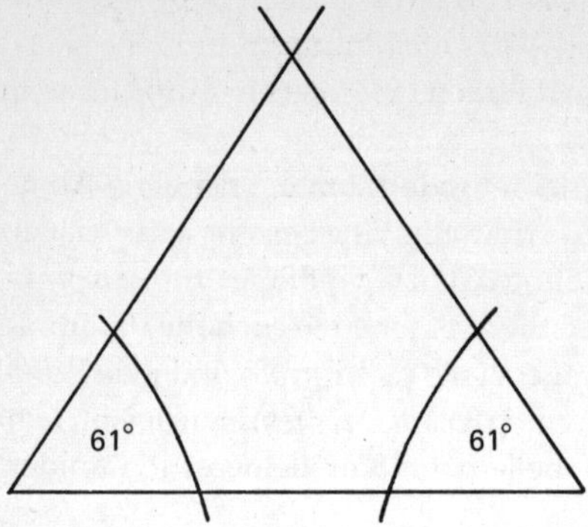

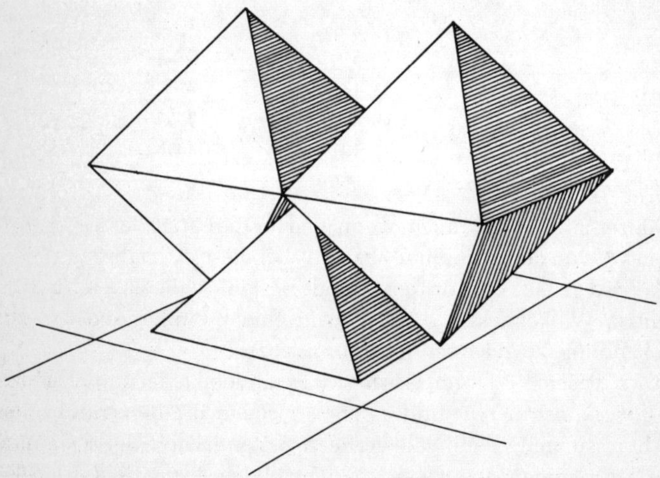

Futuristischer Pyramiden-Bau, wie ihn sich der Zeichner vorstellt.

Radios, Fernsehapparaten und anderen elektrischen Geräten. Noch besser wäre es eigentlich, die Pyramide im Freien oder in einem Raum aufzustellen, der möglichst weit von irgendwelchen Metallblechen und elektrischen Leitungen entfernt ist, aber das wird man wohl in den meisten Fällen kaum verwirklichen können.

Die Pyramide sollte unverrückbar auf dem Fußboden, einem stabilen Sockel oder Tisch stehen, sonst genügt schon ein Stoß, um ihre Ausrichtung zu verändern. Sie muß stets nach den vier Himmelsrichtungen orientiert sein, d. h., jede der vier Seiten ist einer Himmelsrichtung zugewandt. Dazu können Sie eine gerade Linie durch den Mittelpunkt der Pyramide ziehen oder einfach eine der Seitenunterkanten als Nord-Süd-Linie betrachten. Mit einem Kompaß kann man die Pyramide nach dem magnetischen Nordpol ausrichten. Der wahre (geographische) Nordpol wäre zwar genauer, aber nach allen Erfahrungen genügt auch der magnetische. Die Richtung zum wahren Nordpol unterscheidet sich von der zum magnetischen um einige Grade, je nachdem, auf welchem Längengrad man sich befindet. Die Größe dieses Winkelabstandes oder der ›Deklination‹ erfährt man aus einem örtlichen Kalender oder Jahrbuch oder durch einen Anruf beim nächstgelegenen Flughafen.

Viele der heutigen Versuche werden im Bereich der Königskammer gemacht. Will man dort Versuchsobjekte unterbringen, so messe man $^1/_3$ der Senkrechten von der Basis zur Spitze aus. Man kann die Objekte auf Kästen, Blöcke oder Sockel aus nichtleitendem Material stellen, aber alle diese Untersätze sollten nicht größer sein als notwendig.

Alles, was Sie in die Pyramide legen, sollte der Länge nach an der Nord-Süd-Achse ausgerichtet werden. Wenn Sie einen Test mit Versuchs- oder Kontrollmaterial machen, möchten Sie die Kontrollproben vielleicht in einem Kasten unterbringen, der die Größe der Pyramide hat. Bei Pflanzentests braucht man dann Ventilationslöcher am Boden und in den Seiten des Kastens. Das gleiche gilt für die Pyramide. Sollen Rasierklingen geschärft werden, dann legen Sie eine mehrfach gebrauchte Klinge so auf die $^1/_3$-Höhe, daß die Schneiden jeweils nach Osten und Westen zeigen, und lassen Sie sie in dieser Stellung mindestens eine Woche lang

Danach kann man sich mit der Klinge wieder einmal rasie- [illegible] muß dann aber wieder sofort zurück in die Pyramide. Auch andere stumpfe Klingen, Messer oder Scheren kann man in der Pyramide schärfen, aber dazu muß man sie, ohne sie zu bewegen, 4 Monate darin liegen lassen. Wollen Sie Ihre Pyramide daraufhin testen, wieviel Energie der Apex abstrahlt, dann nehmen Sie entweder ein Pendel oder eine Wünschelrute. Ein Pendel kann man leicht aus jedem kleinen und schweren Gegenstand, wie z. B. einem kleinen Rollenlager oder einer Schraubenmutter, machen, indem man ihn an einem Faden aufhängt. Bewegen Sie sich langsam auf die Pyramide zu, während das Pendel von Ihrer Hand herunterhängt, und halten Sie es in etwa über den Apex. Voraussichtlich wird das Pendel anfangen, sich zu bewegen, wenn Sie mit ihm noch etwa 15 cm von der Spitze entfernt sind. Halten Sie das Pendel direkt über den Apex, so werden Sie wahrscheinlich feststellen, daß sich das Pendelgewicht in die eine oder andere Richtung bewegt oder langsam um den Apex kreist.

Wünschelruten kann man aus zwei etwa 90 cm langen Metallstäben machen. Dazu können z. B. Kleiderbügel aus Metall dienen, wenn man sie geradebiegt.

Als Handgriffe biegen Sie etwa 18 cm der Stangen rechtwinklig ab. Nehmen Sie jetzt jede Stange in eine Hand, so daß sie parallel zueinander verlaufen und von Ihnen weg zeigen. Gehen Sie so auf die Pyramide zu, bis die Stangen die Pyramide oberhalb des Apex eingabeln. Wenn sich die Enden der Stangen dem Apex nähern, werden sie entweder überkreuzen oder voneinander weg streben. Sie werden feststellen, daß das Energiefeld über dem Apex eine konische Form hat, wobei der Durchmesser mit der Höhe zunimmt.

Nach unseren Meditationserfahrungen in Pyramiden scheint es, verglichen mit den anderen Himmelsrichtungen, am besten zu sein, in Nordrichtung auf einem Kissen zu sitzen. Wenn wir uns dabei ausstrecken wollten, nahmen wir eine Hängematte und legten uns mit dem Kopf nach Norden. Nach Versuchen, die kürzlich von Gary Plapp, Huma-Tech Industries, Hersteller von Biorückkopplungsgeräten (Biofeedback), George Cooper, Präsident der Pyrameditation Inc., und Bill Cox, Herausgeber von ›Pyramidenführer‹ (Pyramid-Guide), durchgeführt wurden, zeigte die Aktivität der Gehirnwellen von Testpersonen in einer Pyramide deutlich besser ausgeglichene Amplituden und kräftigere Alpha- und Thetawellen. Einige Minuten, bevor sie die Pyramide betraten, hatte man einen Vergleichstest außerhalb mit ihnen gemacht. Einige Leute haben uns gefragt, wie man Häuser in Pyramidenform baut. Wir haben sie davor gewarnt, Abdeckungen aus Aluminium oder alubeschichtete Isolationen zu verwenden, weil das Material offenbar die Eigenschaft hat, elektromagnetische Kräfte abzuschirmen oder zu verschlucken. Wie wir schon in dem Kapitel ›Wirkung auf feste Körper‹ erwähnten, kann es gut sein, daß Aluminium dann nicht mehr als Sperre wirkt und sogar zum psychotronischen Generator wird, sobald es mit Pyramidenenergie gesättigt ist. Man sollte sich aber auch daran erinnern, daß Alufolie zwar einerseits Energie absorbiert, sie andererseits aber in wenigen Tagen wieder abgibt. Ferner, wir haben Aluminium im Inneren von Pyramiden behandelt, hier aber geht es um Aluminium, das außen als Abdeckung dienen soll. Unsere Untersuchungen – weit davon entfernt, erschöpfend gewesen zu sein – brachten keine Hinweise darauf, daß man Aluminium auch außerhalb von Pyramiden wirkungsvoll behandeln kann. Bis neuere Erkenntnisse vorliegen, schlagen wir deshalb vor, daß jemand, der an eine Aluminiumabdeckung für sein Pyramidenhaus denkt, sich zuerst ein genaues Modell baut und damit längere Zeit Tests durchführt.

Die Pyramidenform bietet an sich keine wirtschaftliche Raumausnutzung, aber dort, wo Wand und Boden zusammenstoßen, ergeben sich Ablage- und Abstellmöglichkeiten. Nach unserer Ansicht sollten Türen und Fenster so angebracht werden, daß sie den pyramidenförmigen Innenraum nicht beeinträchtigen, solange sie geschlossen sind. Mit anderen Worten, wir meinen, daß keine Giebel- oder Mansardenfenster eingebaut werden sollten, sondern Klappfenster, die sich ab Unterkante Giebelfenster der Dachneigung anpassen. Die elektrische Verdrahtung sollte am besten in Bodennähe verlaufen, mit Leitungen, die zu Wandsteckdosen heraufführen. Auf diese Weise vermeidet man, daß elektrische Ströme in der Pyramidenform kreisen.

In unserem Schuppen, wo noch mehrere Pyramiden stehen, herrscht nach unseren Feststellungen stets frische Luft, und andere haben das auch schon bestätigt. Auch Gerüche scheint es dort nicht zu geben. Wahrscheinlich würden einige im Dachgeschoß des Hauses aufgestellte kleinere Pyramiden als Luftreiniger wirken, wenn man sie nach der Nord-Süd-Achse ausrichtet. Sie könnten den Anteil an verbrauchter Luft herabsetzen und gegen Tabakrauch und Küchendunst wirken.

Welche fantastischen Möglichkeiten sich beim Hausbau in Pyramidenform ergeben, zeigt die Abbildung.

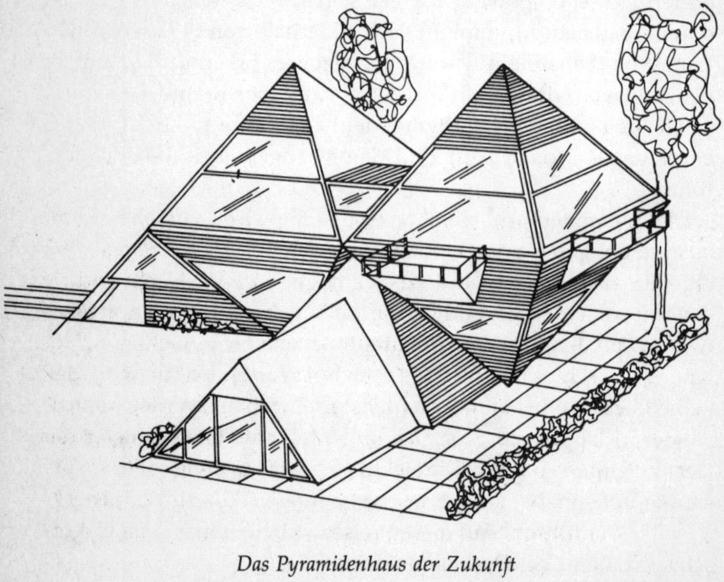

Das Pyramidenhaus der Zukunft

Die Pyramide – Fenster zum All

›Wie oben, so unten, wie unten, so oben‹, ist eine philosophische Weisheit von ehrwürdigem Alter, aber sie gewinnt immer mehr an wissenschaftlicher Bedeutung, je weiter wir in die Unendlichkeit des Weltalls und die Endlichkeit subatomarer Teilchen vordringen. Der Aufbau des Weltalls scheint sich zu wiederholen, ob wir nun das Sonnensystem oder die Elektronen auf ihren Kreisbahnen um den Atomkern betrachten. Und im Vergleich mit den unermeßlich großen Galaxien in den abgrundtiefen Weiten des Alls ist unser Sonnensystem wiederum so winzig, daß es selbst aussieht wie ein wirbelndes Elektron. Schaut man in ein Elektronenmikroskop, könnte man auch ohne weiteres glauben, man sähe irgend etwas durch eines der größten Fernrohre. Die Struktur bleibt sich gleich, nur der Bezugspunkt ändert sich.

Man kann sich durchaus theoretisch vorstellen, daß irgendwo unterhalb der Meßgröße für ein subatomares Teilchen ein Bewohner jener Welt eben dieses Teilchen als seinen Planeten betrachtet oder daß eine Intelligenz irgendwo draußen im Weltall erklärt, sie hätte soeben eine winzige atomare Einheit entdeckt, ohne zu ahnen, daß sie damit unsere Erde meint. Es scheint wirklich nicht darauf anzukommen, in welche Richtung wir reisen, im Handumdrehen haben wir die Schwelle unserer Wahrnehmungsmöglichkeiten überschritten, und die Unendlichkeit hüllt uns ein. Heute haben wir gelernt, daß Zeit und Raum nur die begrenzte Wirklichkeit von Bezugsgrößen besitzen.

Feste Körper gibt es schon lange nicht mehr, an ihre Stelle sind Energiewirbel getreten, und auch Energie verliert ganz schnell wieder ihre Identität und wird zu Kräften des Bewußtseins. Vom Wege abgekommen, versuchen wir es aufs neue und machen Wegzeichen an die Denkrichtungen, immer in der Hoffnung, so den Weg wiederzufinden, der uns nach Hause führt. Von allen den Felsen, die wir so von unten angeschaut und mit Gesetzen bekritzelt haben, hat sich einer unserem forschenden Blick stets entzogen und sich geweigert, uns mit der Selbsttäuschung der Wahrheit zu verwöhnen. Der Pyramide zu begegnen, hat schon immer etwas Frustrierendes an sich gehabt, weil sie von Menschen erbaut worden ist. Gott steht es zu, Geheimnisse zu haben, aber einen Artefakt nicht enträtseln zu können, der von Artgenossen geschaffen wurde, das ist schon ein bißchen mehr als nur peinlich. Für die Hochintelligenten unter uns ist es zum Weinen. Fast fällt es schwer, ohne geheimnisvollen Tonfall von der Pyramide zu sprechen, denn solange man sich erinnern kann, geschehen dort ziemlich seltsame Dinge. Was auch mit ihr zu tun hat, ist von Geheimnissen umgeben: ihr Alter, ihre Planer, ihre Erbauer, ihre Konstruktion und ihr Zweck. Alles mögliche haben wir auseinandergenommen, Moleküle, Protoplasma, Radiowellen, mit ihnen herumgespielt und sie nachgemacht. Mit der großen Pyramide ging das nicht. Jedesmal, wenn wir uns auch nur auf dem Zipfelchen einer Lösung ausruhen wollten, tauchte es wieder unter uns weg: irgendeine veränderliche Größe veränderte sich, Überprüfungen ergaben ein neues Bild, Daten fehlten oder neue kamen hinzu. So geschehen vor drei Jahren, als beim Versuch, das Eindringen der kosmischen Strahlung zu messen, alles soweit glatt verlief, bis sich dann aber beim Abspielen der Computerbänder Tag für Tag eine andere Datenstruktur ergab. So geschehen noch im Dezember 1974, als die Expedition des Stanford-Forschungsinstituts und der Ain-Sham-Universität ihr Unternehmen von heute auf morgen wieder aufgab. Um die Pyramide nach verborgenen Kammern zu durchleuchten, hatten die Amerikaner und Ägypter kurzwellige Radiostrahlung eingesetzt. Bevor auch nur die Hälfte des Programms erledigt war, gab man bereits wieder auf, denn die Radiosignale des 30000-Volt-Richtstrahlers verschwanden spurlos, nachdem sie kaum 1 Meter tief in das Mauerwerk eingedrungen waren: Die innere Feuchtigkeit der Pyramide hatte alle Erwartungen übertroffen. Nach letzten Meldungen sind alle Physiker wieder an ihre Zeichentafel zurückgekehrt. Was kommt als nächstes? Unbekannte Kristallstrukturen, die wie ein Sperrmechanismus wirken? Wandernde elektromagnetische Ströme, die die Anzeige der Instrumente verfälschen? Wir mit unseren Pyramidenmodellen aus Holz und Plastik haben dagegen hochinteressante Dinge entdeckt, sind aber auch auf völlig Unerklärliches gestoßen, auf Unerwartetes, Umwälzendes, und alle diese Ausnahmen von der Regel bringen eine Theorie nach der anderen schön langsam und fein säuberlich zu Fall: Eine Pflanze ändert plötzlich ihr Verhalten, Metall kehrt seine Polarität um, eine Rasierklinge bleibt zwar scharf, hat aber Tage, an denen sie fast stumpf bleibt oder sich wieder anders als eine zweite verhält, Klänge kommen und gehen, eine Milchprobe wird zu Joghurt, eine andere trocknet einfach ein, ein Kompaß über der Pyramidenspitze schwingt an einem Tag hin und her, am nächsten rührt er sich nicht vom Fleck usw. Wir können zwar von unserer Pyramide wahrheitsgemäß berichten, daß da in ihrem Inneren etwas vor sich geht, was außerhalb von ihr nicht geschieht, aber wir können nie ganz genau sagen, was dieses ›Etwas‹ ist. Trotzdem, das Arbeiten mit Modellen hat klare Vorteile, denn hierbei können wir umrüsten, neu bewerten, Einstellungen vornehmen und Versuche mit vielen Pyramiden gleichzeitig machen.

Irgendwo in der langen Geschichte der Pyramidenforschung muß es einen roten Faden geben, eine Moral. Nehmen wir einmal kurz an, daß die Erbauer der großen Pyramide genau gewußt haben, was sie taten, daß sie ein wertvolles Wissen besaßen und ihre Informationen in die Pyramide mit einbauten. Wenn dem so ist, warum haben sie sich dann so große Mühe gegeben, dieses Wissen zu verbergen? Taten sie das aus dem gleichen Grunde wie jemand, der Informationen mitteilt oder zurückhält, weil er nicht sicher ist, ob der mögliche Empfänger sie nun versteht oder nicht, und mit den Informationen womöglich leichtfertig umgeht? Die großen Religionslehrer haben ihre Botschaften stets auf zwei Verstandesebenen verkündet, auf der für Außenstehende und auf der für Eingeweihte. Wer Ohren hatte, konnte hören, wer Augen hatte, konnte sehen – gemeint war der Gewinn höherer Erkenntnisse, die den gewohnten überlegen waren. Die Botschaften waren wirklich so vielschichtig, daß sich ihr Wahrheitsgehalt erst erschloß, wenn der Suchende zu immer höheren Erkenntnissen gelangt war, und so konnten die Botschaften ihn weiterführen, gleichgültig von welchem geistigen und intellektuellen Niveau aus er damit begann. In den Geheimschulen des Altertums verfuhr man jedenfalls nach dieser Methode, und die ersten Einwohner Ägyptens waren offenbar Pioniere auf dem Gebiet. Wenn das der Stil war, in dem sie möglichst unschädliche Portionen ihres Wissens verteilten, dann wäre es immerhin denkbar, daß sie sich im Fall der Pyramide ebenfalls daran hielten. Sie müssen irgendwie gewußt haben, daß der Mensch Jahrhunderte braucht, bis er wieder gelernt hat, mit dem Wissen umzugehen, das in der Pyramide schlummert. Darum erbauten sie sie auch für Jahrhunderte, so daß sie allen Erdbeben und Strömungen der Zeiten standhalten konnte, Meißel und Hammer trotzend, Radar und der Physik widerstehend und in stoischer Ruhe darauf wartend, daß der Mensch selbst wieder zum Schlüssel wird, der die Türen öffnen kann. ›Sesam öffne dich!‹ bezieht sich eben doch auf ein verborgenes Wissen. – Gäbe es einen besseren Wächter vor den Portalen des Wissens als die Sphinx, sonderbarer Mischling aus Tier, Mensch und Gott, kaum wahrnehmbar lächelnd, vielleicht über des Menschen Ratlosigkeit bei seiner Suche nach einem Zugang, den er sich ganz allein selber versperrt?

An den Galerien und Gängen der Pyramide entlang wurden die Wahrheiten des Wissens verteilt. Dieser Berg des Olymp gibt seine Geheimnisse gar nicht so ungern preis, aber in einer Art und Weise, daß der Mensch um sie ringen muß, d. h. er muß wachsen, sich strecken und danach greifen und mehr seine Sinne schärfen als seinen Meißel. Wäre die Aufgabe einfach zu lösen gewesen, wieviel Unsinn hätte der Mensch in der Kindheits- und Jugendphase seiner Entwicklung mit all dem Wissen getrieben? Oder hätte man die Offenbarungen gar nicht beachtet, in den Staub getreten, vergessen und verworfen? Welches Jahrhundert wäre mit dem verborgenen Wissen wirklich weise umgegangen? Ist unser heutiges Jahrhundert nun die Zeit, die Stunde der Enthüllung?

Ohne Zweifel brauchen wir nichts dringender als mehr Wissen – wie man die Welt ernähren soll, über neue Energiequellen, über ein höheres Bewußtsein und geistige Führung. Ist schon diese Not allein der Schlüssel? Kaum anzunehmen, so scheint es, wenn nicht zusammen mit der Not auch das Verständnis wächst. Vielleicht ist das neuerwachte Interesse an den Pyramiden nur ein Ausdruck der weitverbreiteten Anstrengungen, überhaupt mehr zu lernen. Jedenfalls sind Pyramidenrätsel heute nicht mehr Dinge, mit denen sich nur ein paar Wissenschaftler beschäftigen, die einen steinernen Berg erobern wollen. Die Entdeckung der ›Pyramidenkraft‹ ließ Expeditionen in das Kellerlabor aufbrechen, und die, die nicht nach Gizeh reisen können, halten es, in leichter Abänderung, mit dem alten islamischen Wort, daß der Berg zu Mohammed kommen muß, wenn Mohammed nicht zum Berg gehen kann.

Jedesmal, wenn mühsam gesammelte Erkenntnisse über die Pyramide in sich vollständig erschienen, hat der Mensch eigenartigerweise geglaubt, nun sei das Rätsel gelöst und es gäbe höchstwahrscheinlich nichts mehr zu suchen. Aber dann deckte man Stück für Stück neue Informationen auf, manchmal mehr sensationelle als umstrittene, aber niemals vollständige. Meist stützte sich das Material jedoch auf künstlich hinzugefügte Daten oder andere Zweige der Wissenschaft. Nie konnte der Mensch sagen: »So, nun wissen wir alles, was man über die Pyramide wissen kann, jetzt können wir uns mit etwas anderem beschäftigen.« Bruchstücke der Wahrheit wirken stets wie ein Köder, den man nie ganz zu fassen bekommt.

Einige dieser Bruchstücke ließen darauf schließen, daß die Pyramide ein Abbild des Weltalls im kleinen ist: Ihr Aufriß ist Erd- und Himmelskarte zugleich, ihre Gestalt entspricht den geometrischen Bauformen der Natur, ihre inneren und äußeren Abmessungen geben die mathematischen Beziehungen allgemeingültiger Gesetze wieder, ihre Konstruktion verkörpert urbildliche Symbole, und ihrer Zweckbestimmung nach ist sie nicht nur ein unzerstörbares Lehrbuch für den Menschen, sondern auch noch ein Sammelbehälter oder Generator kosmischer Energie. Es wurde auch die Meinung vertreten, daß die Pyramide in ihrem Inneren über das gesamte Spektrum bekannter und unbekannter Energie verfügt. Heute versteht man darunter den Gesamtkomplex aller Energieformen, den man in der antiken Literatur ›Prana‹ oder ›Chi‹ nennt und der in zeitgenössischen Studien als ›biokosmisch‹ oder ›psychotronisch‹ bezeichnet wird.

Mystiker sagen jetzt, daß die moderne Wissenschaft heute immer mehr ihre alten Ansichten vom einheitlichen Energiefeld und der Einheit aller Dinge bestätigt. Im großen und ganzen ist das innere Energiefeld der Pyramide natürlich einheitlich. Andererseits sind die Formen, in denen es an einer Reihe von Substanzen und

Zuständen beteiligt ist, so vielartig und verschieden wie seine Wirkungen, die es auf all diese Dinge ausübt. Der Brückenschlag vom Materiellen zum Immateriellen durch ein Medium, das offenbar beides zugleich sein kann, bringt jene Wissenschaftler nicht in Verlegenheit, die Geist und Materie als Extremfälle ein und desselben Stoffs betrachten. Solch eine Betrachtungsweise ist auch im kosmologischen System der Inder keineswegs widersprüchlich. Dort ist es ziemlich unwichtig, ob wir unsere Existenz nun als eine materielle begreifen, in der die geistige Form relativ selten ist, oder als eine geistige, in der die materielle Form nur eine besondere Verdichtung der geistigen darstellt.

In der Vorstellung tibetanischer Buddhisten bestehen Mineralien hauptsächlich aus dichter Materie unter geringfügiger Beteiligung von ätherischer, Pflanzen aus dichter und ätherischer mit etwas emotioneller, Tiere aus dichter, ätherischer und emotioneller mit etwas seelischer, und der Mensch hat alle, besitzt aber noch etwas geistige. Alle Lebensformen sind auf diese Weise in einem Entwicklungsprozeß miteinander verbunden, der auf das rein Geistige ausgerichtet ist. Solange wir darauf bestehen, daß Geist und Materie eine Doppelnatur besitzen, ist es zweifellos schwierig zu erklären, warum der Geist die Materie beherrscht. Einfacher wird es dagegen, wenn wir alle Lebens- und Denkformen als Energiefelder und -wirbel auffassen, die irgendwo einem einzigen Kontinuum angehören. Durch eine solche Betrachtungsweise wird alles entwicklungsfähiger, was mit psychischen Dingen zu tun hat, und es läßt sich auch leichter begreifen, warum die Pyramidenkraft Veränderungen in der materiellen wie in der immateriellen Natur hervorrufen kann, was sich ja nun immer deutlicher zeigt.

Am Ende unserer Analyse wurde aus Energie Bewußtseinskraft und die Welt zu einem Gedanken, und vielleicht liegt hier der Schlüssel zu dem manchmal so rätselhaften Verhalten der Pyramidenkraft. Alle veränderlichen Größen wie Licht, Temperatur, Luft, Feuchtigkeit usw. können wir unter Kontrolle halten, nur eine nicht, über die wir so wenig wissen – uns selbst, und das scheint ein wichtiger Unsicherheitsfaktor bei unseren Experimenten zu sein. Genau das wollte uns der ehemalige Astronaut Edgar

Mitchell klarmachen, als er sagte, daß wir bei der Erforschung des Unbekannten bereits die äußerste Grenze unserer Fähigkeiten und Möglichkeiten erreicht hätten. Um mit unseren Beobachtungen und Forschungen weiterzukommen, sagte er, müssen wir jetzt erst einmal den Beobachter erforschen, denn der Mensch, der die Versuche anstellt, kann nun nicht länger mehr getrennt von seinem Experiment betrachtet werden. In allem, was er erforscht, ist er voll und ganz mit eingeschlossen, sagt Mitchell.

Wie bei allen anderen Untersuchungen, so stehen wir auch bei unseren Pyramidenexperimenten dem letzten Unbekannten gegenüber – dem Menschen selbst. Wenn alle Wege zum Bewußtsein führen, sind wir irgendwann gezwungen, diesen Unbekannten verstehen zu lernen, sonst endet unsere Reise, bevor das Ziel erreicht ist. Liegt darin der Sinn und Auftrag der Pyramide? Ist es ihr eigentlicher Zweck, uns ein Spiegel des eigenen Wesens zu sein? Wenn ja, dann würde das mit dem Ratschlag übereinstimmen, den uns das Orakel von Delphi einst gegeben hat: ›Erkenne dich selbst‹, und wenn diese Botschaft den Menschen des Altertums so wichtig war, müßte es dann nicht auch ihr höchstes Vermächtnis gewesen sein? Was wird nun die Zukunft der Pyramide und den Nachkommen ihrer Erbauer bringen? Wird uns das Bauwerk noch neue Kammern des Wissens enthüllen? Wird die Gestalt der Pyramide helfen, unser Bewußtsein zu erweitern, um dadurch zu neuen Erkenntnissen zu gelangen? Vielleicht kann man alle drei Fragen bejahen, der Weg ist jedenfalls vorgezeichnet: Wir müssen die Pyramide in uns finden, um die draußen zu verstehen – wie Paul Bruntons Gast im weißen Gewand sagte.

Es ist nicht nur den Einsatz wert, unser Glück zu versuchen, wir sind sogar dazu gezwungen. Die größten Probleme der Menschheit heißen heute Nahrungsmittelmangel, Umweltverschmutzung, Erschöpfung der Energiequellen und Krieg. Und die Pyramide hält ein vages Versprechen an uns bereit, in dieser Not zu helfen: 1. Nahrungsmangel – durch Keimungsförderung der Samen, Beschleunigung des Pflanzenwuchses und Nahrungsmittelkonservierung; 2. Umweltverschmutzung – erste Versuche haben gezeigt, daß Wasser, Luft und Erde im Inneren der Pyramide gereinigt werden können; 3. Energiequellen – durch Erzeugung und

Verstärkung bekannter und unbekannter Energiequellen; 4. Krieg – das Gegenteil davon ist natürlich der Friede, und alle großen Denker lehren uns, daß es den nicht geben kann, bevor der Mensch nicht sich und seine Welt besser verstehen gelernt und sein Bewußtsein erweitert hat. Die Pyramide zeigt Möglichkeiten, mit ihrer Hilfe höhere Stufen der Wahrnehmung zu erlangen. Leben spielt sich nun einmal in geheimnisvollen Kreisläufen ab, und Erfahrung vermag die Erinnerung an sie zu bewahren. Wahrscheinlich haben die Historiker völlig recht, wenn sie sagen, daß es ohne Kenntnis der Vergangenheit kein Verstehen der Gegenwart und kein Planen in die Zukunft geben kann. Vielleicht ist die Pyramide beides: Fenster zur Vergangenheit und Fenster zur Zukunft.

Anmerkungen

Auf der Suche nach den genauen Abmessungen der Cheops-Pyramide findet man in der Literatur sehr unterschiedliche Angaben. Nach sorgfältiger Prüfung scheint der Wert von 232,74 m für die Länge der Basis- oder Grundlinie am Fuß der Pyramide der optimalste zu sein. In den folgenden Ausführungen soll daher von diesem Wert ausgegangen werden.

Auf Seite 201 wird ein Multiplikationsverfahren zur Ermittlung der Seitenkantenlänge und der Grundlinie nach gegebener Höhe beschrieben. Geht man von einer 232,74 m langen Grundlinie aus, so ergibt sich danach die Pyramidenhöhe durch Division von 232,74 durch den Faktor 1,5708 (Pi/2) mit 148,16653 m. Aus dieser Pyramidenhöhe errechnet sich die Seitenkantenlänge durch Multiplikation von 148, 16653 mit dem Faktor 1,4945 zu 221,4387 m. Nach Angaben von Toth und Nielsen in ihrem Buch ›Pyramid-Power‹ wird die Höhe der Dreieckseiten der Pyramide durch die Verhältniszahl 1:1,617995 des Goldenen Schnitts bestimmt. Man erhält das richtige Ergebnis jedoch nur, wenn man hierbei die

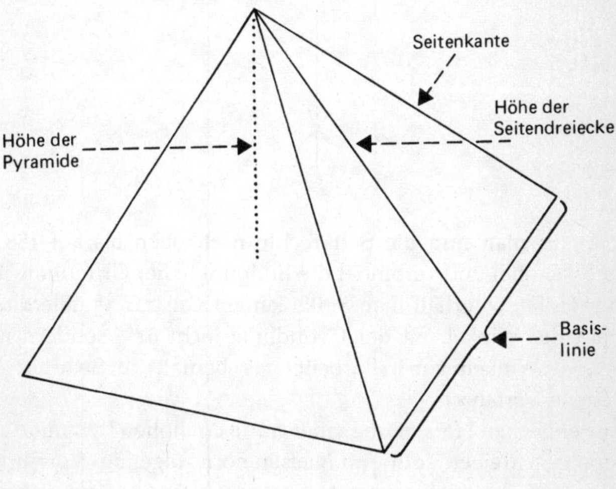

Hälfte der Grundlinie = 1 setzt. Die Höhe der Seitendreiecke ergibt sich somit durch Multiplikation von 116,37 (= $1/2$ von 232,74) mit 1,617995. Ergebnis: 221,43487 = Höhe der Seitendreiecke.

Zur Konstruktion einer Pyramidenseite mit Zirkel und Lineal könnte man folgendermaßen vorgehen:

Man zeichnet zuerst die Grundlinie mit einem Wert von 232,74, errichtet die Senkrechte im Mittelpunkt, indem man um die Endpunkte der Strecke mit dem gleichen Radius, der aber größer als die Hälfte der Strecke sein muß, Kreisbögen beschreibt, die sich in zwei Punkten der Symmetrieachse S schneiden. Die Gerade S durch diese Punkte schneidet die Strecke in ihrem Mittelpunkt und steht auf ihr senkrecht.

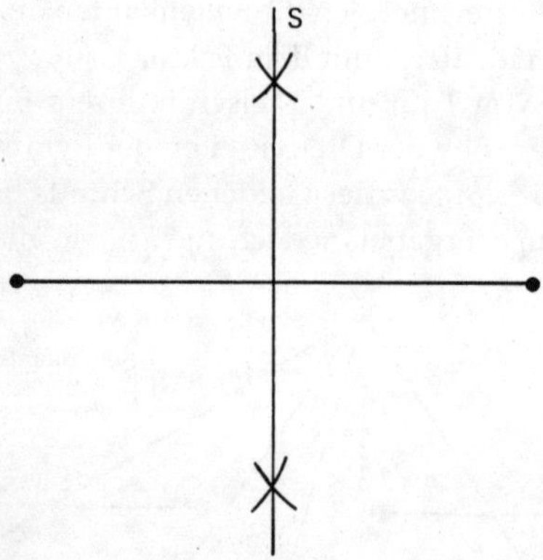

Verlängert man nun die Senkrechte nach oben bis auf 188,28 (Dreieckshöhe) und verbindet die Endpunkte der Grundlinie mit dieser Höhe, so erhält man Seitenkanten von 221,35, allerdings beträgt der Winkel mit der Grundlinie nicht 61 °, sondern nur 58,5 °. Mit Winkeln von 61 ° arbeitet das ebenfalls auf Seite 201 angegebene Verfahren.

Zur einfachen Herstellung einer ca. 10 cm hohen Pyramide aus Karton beschreiben Toth und Nielsen noch folgendes Verfahren:

Man zeichnet auf einen mindestens 25 × 25 cm großen Karton einen Kreis mit 12,7875 ($5^7/_8$ inches) Radius und verbindet Mittelpunkt und Kreis an beliebiger Stelle mit einer Geraden. Von dort, wo die Gerade den Kreis schneidet, greift man 4 mal hintereinander die Strecke von 15,24 cm (6 inches) auf dem Kreisrand ab. Die dadurch entstehenden 5 Punkte werden durch 4 Geraden miteinander verbunden und außerdem noch jeder Punkt mit dem Mittelpunkt des Kreises.

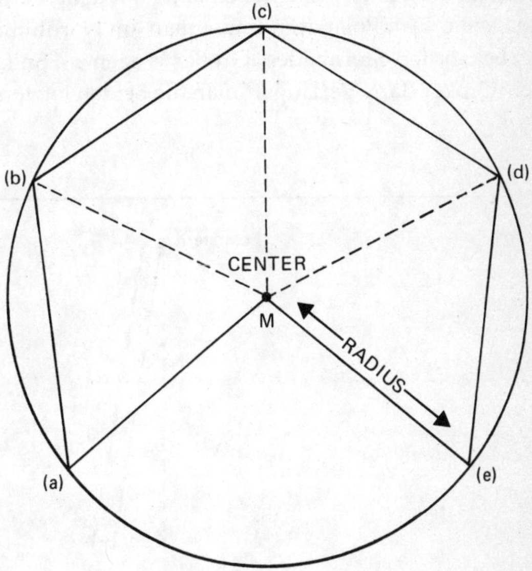

Die fünfeckige Figur (a, b, c, d, e, M) wird nun ausgeschnitten, an den gestrichelt gezeichneten Linien gefalzt und an den offenen Kanten zusammengeklebt. Das Falzen kann man sich dadurch erleichtern, daß man vorher über die Linien mit einem stumpfen Messer entlangfährt.

In ihrem Buch legen Toth und Nielsen allergrößten Wert auf die ganz exakte Ausrichtung des Pyramidenmodells nach den vier Himmelsrichtungen. Mangelhafte Ausrichtung stellt das Gelingen der Versuche in Frage. Daher empfiehlt es sich, die Nord-Süd-Ausrichtung vielleicht nicht mit dem Kompaß, sondern bei klarer Nacht mit Hilfe des Polarsterns vorzunehmen. Der Polarstern liegt auf einer gedachten Verlängerung der Erdachse, die bekanntlich durch die Pole der Erdkugel verläuft. Ihre nördliche Verlängerung, und damit auch der Polarstern, weisen die Nordrichtung. Um die Pyramide danach auszurichten, visiert man den Polarstern über eine ihrer Seitenflächen an und verschiebt die Pyramide so lange, bis Vorder- und Seitenkante mit dem Stern auf einer Linie liegen. Den Polarstern findet man am Nordhimmel mit Hilfe des bekannten Sternbildes ›Großer Wagen‹, ›Himmelswagen‹ oder ›Großer Bär‹. Verlängert man die beiden letzten Sterne

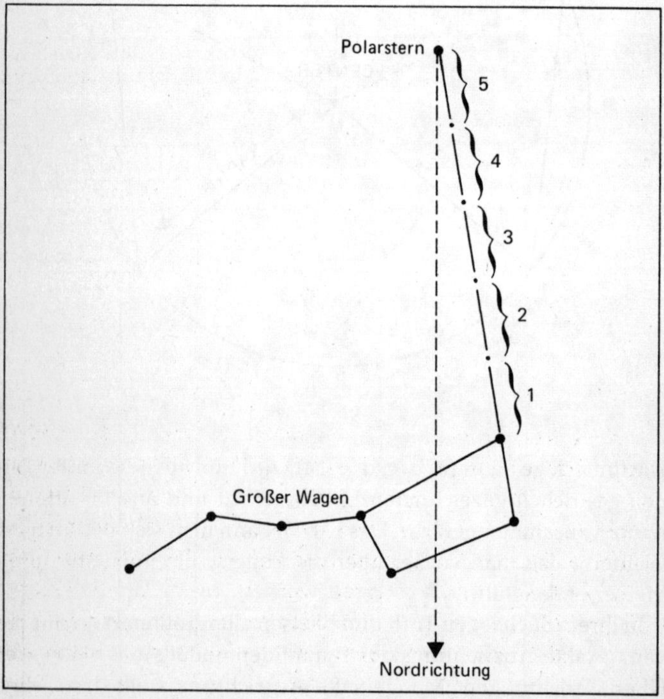

des Wagens nach ›oben‹ um etwa das Fünffache ihres Abstandes, so trifft man auf einen Stern mittlerer Helligkeit in einer relativ sternarmen Region des Nordhimmels, und das ist dann der gesuchte Polarstern.

Im Herbst liegt das Sternbild *um Mitternacht* direkt über dem Nordhorizont, im Frühling steht es zu der gleichen Zeit hoch am Himmel und ›auf dem Kopf‹, im Sommer ›links‹ (westlich) und im Winter ›rechts‹ (östlich) des Polarsterns, immer aber führt die fünffache Verlängerung der hinteren Wagensterne zum Polarstern.

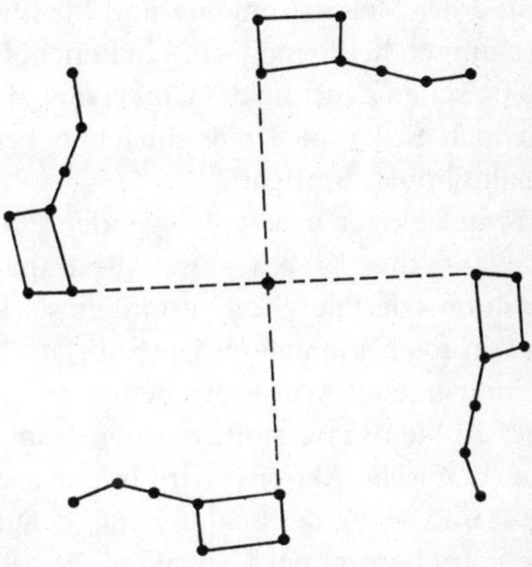

Gegen die Verwendung von Plastikmaterial beim Bau der Modellpyramide melden Toth und Nielsen Bedenken an. Sie argumentieren, daß sich Plastik zu leicht statisch auflädt und damit Einfluß auf das elektrische Milieu im Inneren der Pyramide nimmt. Die pyramideneigenen Kräfte könnten durch die der statischen Elektrizität verfälscht und überlagert werden. Ideale Baumaterialien sind ihrer Meinung nach Karton oder Preßpappe (glatt und nicht gerippt), Naturholz (nicht Spanplatten) und andere naturnahe Stoffe.

Wer sich längere Zeit in einer Modellpyramide aufhält, um dort zu meditieren oder zu schlafen, sollte für gute Lüftung sorgen, weil die Sauerstoffmenge in dem engen Raum schnell verbraucht ist. Toth und Nielsen empfehlen, dazu das Modell etwas anzuheben, bis sich ein schmaler Luftspalt zwischen der Unterkante und dem Boden öffnet, durch den Frischluft einströmen kann. Einige Zentimeter unterhalb des Apex sollten zum gleichen Zweck Austrittsöffnungen angebracht werden, um eine Luftzirkulation zu gewährleisten.

Fritz A. Popp und Volkward E. Strauß gelang kürzlich ein wissenschaftlicher Nachweis für die Existenz elektromagnetischer Strahlung aus Körperzellen und Zellverbänden. Die enorme Verfeinerung moderner Meßinstrumente und Meßmethoden macht solche Entdeckungen heute möglich. Ein Bericht über ihre Arbeiten am Radiologischen Zentrum der Universität Marburg erschien 1977 mit dem Buch ›So könnte Krebs entstehen‹ bei der Deutschen Verlags-Anstalt GmbH, Stuttgart.

Popp und Strauß gingen u. a. von folgenden Überlegungen aus: Teer gilt als klassischer Krebsauslöser. Bestrahlt man Teer mit UV-Licht, so fluoresziert der Stoff besonders stark im Licht einer Wellenlänge von 400 Nanometern. Die Substanz, die diese Fluoreszenzstrahlung erzeugt, wurde aus dem Teer isoliert. Sie ist ein polyzyklischer Kohlenwasserstoff, der den Namen ›Benzpyren‹ erhielt. Seine chemische Aktivität wird offenbar durch UV-Licht stark angeregt, und so lag der Schluß nahe, daß diese Anregung von der Zelle selbst besorgt wird, sobald die Substanz in die Zelle eingedrungen ist.

Wenn man eine Zellkultur durch eine Glasscheibe in zwei Hälften trennt und eine der Hälften mit Viren infiziert, stirbt diese ab, während die andere überlebt. Trennt man die Hälften jedoch durch eine Scheibe aus Quarzglas, so stirbt auch die nicht infizierte Hälfte mit ab. Glas ist für UV-Strahlung praktisch undurchlässig, Quarzglas jedoch nicht.

Schon diese beiden Beispiele scheinen zu beweisen, daß es eine Kommunikation der Zellen untereinander gibt, die sich auf ›drahtlosem‹ Wege mit Hilfe elektromagnetischer Energie (UV-Strahlung) abspielt. Popp und Strauß fassen diese Energie als gepulst auf und nennen sie ›Biophotonen‹. Sie werden aus den Zellen in Impulsen von 10^{-15} sec Dauer ›abgefeuert‹ und dienen so der Wachstumsregulation, vermuten die Forscher. Störungen dieser Kommunikationsform führen zu Krebswucherungen.

Daß Zellen elektromagnetische Energie als Photonen speichern und aussenden und über dieses Medium damit auch steuerbar sein können, läßt so manches ›okkulte Phänomen‹ in neuem Licht erscheinen.

Nachwort: *Krank sein – Wenn Zellen nicht mehr miteinander ›reden‹*

Biophysikern ist der Nachweis von elektromagnetischen Wellen im Körper gelungen, die als Biosignale die Kommunikation zwischen Zellen vermitteln. Bei Krebs ist dieses Resonanzsystem aus dem Gleichgewicht gebracht. Die Chance einer ›Kohärenztherapie‹ des Krebses liegt noch in der Zukunft, doch sind die theoretischen und experimentellen Grundlagen dazu gelegt.

Der russische Biophysiker Alexander Gurwitsch veröffentlichte 1923 seinen verblüffenden ›Grundversuch‹: Bringt man die Wurzeln zweier Zwiebelkeimlinge sehr nahe zusammen, beeinflussen sich die Zwiebeln gegenseitig positiv im Wachstum. Trennt aber normales Glas die Wurzeln, beeinflussen sich die Zwiebeln nicht. Nimmt man aber statt Glas ein Quarzglasplättchen, stellt sich der ursprüngliche Effekt wieder ein.

Gurwitsch schloß daraus: Da Quarzglas für ultraviolettes Licht (UV-Licht) durchlässig ist, normales Glas aber nicht, muß die Wachstumsbeeinflussung etwas mit UV-Strahlung, die die Wurzeln aussenden, zu tun haben. Also postulierte der Biophysiker: Zellen emittieren UV-Strahlen. Er nannte sie ›mitogenetische Strahlen‹, da sie die Mitoserate (Zellteilungsrate) – und damit das Wachstum – beeinflussen.

Gurwitsch ahnte, daß er mit dieser Entdeckung das biologische Weltbild revolutionieren würde. Doch scheiterten seine zahlreichen Versuche, eine Theorie der Erscheinungen aufzustellen, daran, daß die notwendigen physikalischen Grundlagen noch nicht entwickelt waren. Selbst der unwiderlegbare Nachweis der Photonen (elektromagnetische Energiequanten) mußte mißlingen, da die Technik eine Strahlung, deren Intensität mindestens zehnmillionenmal schwächer ist als die der gewöhnlichen ›Biolumineszenz‹ (die etwa Glühwürmchen zeigen), damals nicht signifikant meßbar machen konnte.

So blieben auch alle weiteren Bemühungen, das Licht aus Zellen mit Zählrohren, Spitzenzählern unter Nutzung des lichtelektrischen Effekts nachzuweisen, ohne entscheidenden Erfolg und brachten im Gegenteil die ›Gurwitsch-Strahlung‹ eher in den Ruf, unseriös, ›Dreckeffekt‹ zu sein, als in den Sog intensiver Forschung.

Selbst relativ unbestreitbare Belege, die nach dem 2. Weltkrieg mit Photomultipliern von italienischen und sowjetischen Forschern erbracht wurden, blieben bei uns ohne jede Resonanz. In der Sowjetunion dagegen begann die gezielte Erforschung dieser Phänomene, die freilich bisher keine Deutung zuließ.

Aufgrund theoretischer Studien an krebserregenden Stoffen kamen wir 1972 zur Auffassung, daß sich die Steuerung des Zellwachstums am besten mit der Informationsübermittlung durch Strahlen im UV-Bereich erklären läßt, und wurden deshalb langsam auf die ›Gurwitsch-Strahlung‹ aufmerksam. Ende 1975 gelang meinem Mitarbeiter Bernd Ruth als erstem deutschen Physiker der unwiderlegbare Nachweis der ›ultraschwachen Photonen-Emission biologischer Systeme‹. Immerhin konnten wir aufgrund der wenigen möglichen Messungen ein relativ klares Bild von dem erhalten, was sich in einer Zelle tut, wenn sie Photonen absorbiert, speichert und nach Bedarf emittiert.

Bernd Ruth verwendete zum Nachweis einen Photomultiplier, den er durch eine sogenannte ›Diskriminatorschaltung‹ als Photonenzähler benutzte. Von allen bisher zu diesem Zweck gebauten Meßgeräten hatte er die niedrigste Nachweisgrenze (zwei Photonen pro Sekunde): Man könnte damit ein Glühwürmchen noch in einer Enfernung von zehn Kilometer aufspüren.

In eine lichtdicht abgeschlossene Meßkammer legte Ruth einen Gurkenkeim, der im Dunkeln weiterwuchs, und ließ durch geeignete Filter nur die Strahlen aus den Gurkenkeimen, deren Wellenlänge uns interessierte, auf den Photomultiplier auftreffen. Auf diese Weise erhielten wir die Intensität der ausgesandten Strahlung für die verschiedenen Wellenlängen (das sogenannte ›Spektrum‹) und konnten beispielsweise testen, wie sich dieser Intensitätsverlauf ändert, wenn die Gurkenkeime mit verschiedenen Chemikalien (Cialit und Aceton) vergiftet werden.

Auffällig ist, daß sich die Intensität durch die Behandlung bis um den hundertfachen Wert steigern läßt, ohne daß sich die Maxima und Minima des Spektrums wesentlich verschieben. Das gilt zwar nicht generell; bei einer einfachen ›Chemilumineszenzreaktion‹ – wie sie heute üblicherweise vermutet wird – hätte man aber eine Änderung des Spektrums erwartet, die für jede toxische Substanz verschieden ausfällt.

Bekanntlich strahlen alle Stoffe, ob lebend oder unbelebt, sobald sie eine endliche Temperatur haben. Diese ›thermischen‹ Photonen könnten eine simple Erklärung für unsere Messung liefern, da auch Zellen ›warm‹ sind, das heißt, mit der Temperatur über dem absoluten Nullpunkt liegen.

Einfache Rechnungen zeigen jedoch, daß die ›Wärmestrahlung‹ im betrachteten Spektralbereich wesentlich schwächer ist als die von uns gemessene Strahlung. Im UV-Bereich, bei etwa 350 nm (1 Nanometer [nm] = 10^{-7} cm), ist die Intensität der thermischen Photonen um einen Faktor von etwa 10^{40} niedriger als die von uns gemessene Intensität. Dieser Faktor nimmt mit wachsender Wellenlänge ab, ist aber bei etwa 700 nm immer noch wesentlich größer als 1: Thermische Photonen können es also nicht gewesen sein, die wir gemessen haben.

Ein geradezu unmögliches Ereignis, dessen Wahrscheinlichkeit sich für uns um einen Faktor 10^{40} steigert, können wir getrost als ›Wunder‹ bezeichnen. So beträgt die Wahrscheinlichkeit, aus einer homogenen Masse von etwa zehn Millionen Sonnenmassen ein einzelnes zufällig verteiltes Stückchen mit der Masse von einem Gramm beim blinden Zugriff herauszufischen, etwa 10^{-40}. Die berühmte ›Stecknadel im Heuhaufen‹ ist ein Kinderspiel dagegen. Das Anwachsen der Wahrscheinlichkeit um den Faktor 10^{40} bedeutet, daß bei jedem blinden Zugriff das einzelne Grammteilchen aus 10^{40} Gramm anderer Stückchen, die zusammen zehn Millionen Sonnenmassen bilden, herausgefunden wird.

So ähnlich wäre die Situation für Biomoleküle, falls sie sich der üblichen Annahme anschließen würden, daß sie in der Zelle nur von thermischen Photonen bombardiert werden würden. Die ›ultraschwache‹ Photonen-Emission, die Bernd Ruth nachgewiesen hat, kann jedoch jedes Biomolekül etwa 10^{40}mal häufiger treffen, als von der Wärmestrahlung her zu erwarten ist.

Konsequenterweise können auch, je nach Anregungsschema eines Moleküls, entsprechend mehr Moleküle in hochreaktive Zustände übergehen, von denen man weiß, daß sie die Voraussetzung für die chemische Reaktion überhaupt sind. Dadurch kann die Reaktionsgeschwindigkeit in der Zelle theoretisch bis um diesen Faktor ansteigen.

Zusammen mit weiteren Überlegungen kann nur dieser Schluß gezogen werden: Die ›ultraschwache‹ Photonen-Emission steuert – selbstverständlich in Rückkopplung – die biochemischen Reaktionen in der Zelle.

Ein besseres Fundament für unsere Resonanztheorie, als es durch die Messung erbracht wurde, hätten wir uns auf Anhieb nicht wünschen können. Zunächst fanden wir drei Maxima der spektralen Intensität in den Bereichen um 350 nm, 550 nm und 700 nm. Die Analyse zeigt, daß sich die Wellenlängen der beiden langwelligen Maxima recht gut wie $2{,}405 : 1{,}841\ (1 + 2{,}912/16)^{1}/_{2}$ verhalten. Das entspricht genau den beiden langwelligen Maxima von Hohlraumresonatorwellen in metallischen Zylindern, deren Radius r sich zur Länge d wie 1 : 4 verhält. Für dieses Verhältnis $r/d = {}^1/_4$ ist die Resonanzgüte optimal.

Es läßt sich zeigen, daß sich bis zum Bereich um 350 nm elf weitere Resonatorwellen anschließen, die als stehende Wellen entweder verschwindende Tangentialkomponenten des elektrischen Feldes (TM-Moden) oder verschwindende Normalkomponenten des magnetischen Feldes (TE-Moden) an den Zylinderdeckflächen, die die Länge begrenzen, aufweisen.

Im Bereich um 350 nm tritt dann eine Häufung von Resonatorwellen auf, die das erneute Maximum erklären. Weitere Resonanzen sind im noch kurzwelligeren Bereich bis mindestens 250 nm – und vermutlich darunter – zu erwarten. Sie entziehen sich jedoch der Meßmöglichkeit.

Für die absoluten Abmessungen der Zylinderresonatoren können wir zur Zeit noch keine genauen Daten liefern, da verschiedene unbekannte Materialwerte in die Rechnung eingehen. Mögliche Radiusabmessungen liegen bei 220 nm, 110 nm oder sind noch kleiner. Es ist durchaus denkbar, daß es sich um ganze Serien von Resonatoren handelt, die mit verschiedenen Abmessungen und Materialwerten arbeiten.

Alles deutet jedoch darauf hin, daß diese ›Photonenspeicher‹

von der DNS gebildet werden, die als schraubenförmiger Doppelstrang (Doppel-Helix) selbst wieder spiralig gewunden in Überstrukturen (Super-Super-Helix) zylindrische Hohlräume einschließt.

Sterben Zellen ab, dann emittieren sie, wie unsere Messungen zeigen, bis um hundertmal mehr Photonen als der ungestörte Zellverband. Daß ausgerechnet sterbende Zellen Licht erzeugen sollen, erscheint nach unseren Experimenten fragwürdig. Viel verständlicher ist die Annahme, daß sie gespeichertes Licht wieder abgeben müssen.

Es ist evident, daß die Hohlräume, auf die wir aus den Spektren schließen können, elektromagnetische Wellen speichern und als Photonen aussenden. Sie funktionieren um so besser, je weniger gespeicherte Energie ›ausläuft‹. Die besten technisch herstellbaren Hohlraumresonatoren verlieren während einer Schwingungsperiode ihrer Resonatorwelle mindestens etwa den hundert-

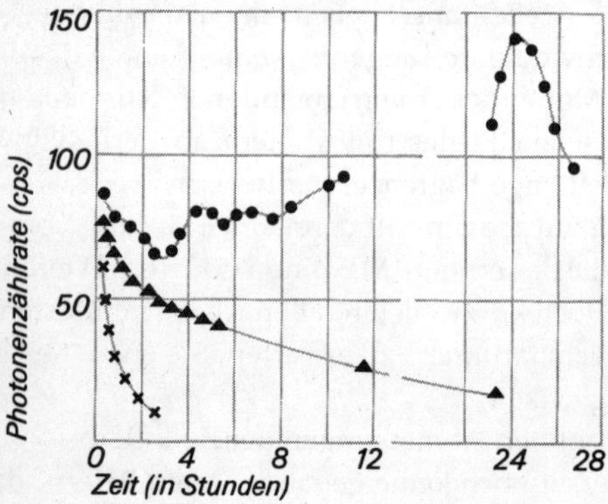

Kartoffelkeime emittieren Photonen, wobei die Emission im Experiment bei einer Intensität von etwa 100 cps (counts per second) im Spektralbereich von etwa 300–800 nm mit einem Maximum bei etwa 500 nm auch nach vier Tagen noch anhält (●●●). Werden sie abgekocht und mit Aceton behandelt, geht die Emission stetig zurück (▲▲▲). Werden sie zusätzlich in einem Mörser zerrieben, fällt die Photonenemission rasch ab (× × ×). Vergleiche dazu die Grafik auf Seite 228.

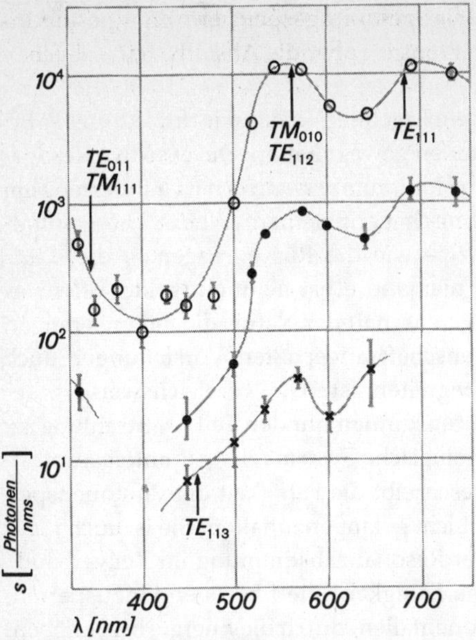

Spektrale Intensität S von unbehandelten (× × ×, normiert auf 100 counts per second – cps), mit Cialit (●●●, normiert auf 1000 cps) und mit Aceton behandelten (○○○, normiert auf 10000 cps) Gurkenkeimen. Man erkennt drei Maxima von S in den Bereichen um 350 nm, 550 nm und 700 nm. Auffällig ist, daß sich die Intensität durch die Behandlung bis um den hundertfachen Wert steigern läßt, ohne daß sich die Maxima und Minima des Spektrums wesentlich verschieben. Bei einer einfachen ›Chemilumineszenzreaktion‹ – wie sie heute üblicherweise vermutet wird – müßte man eine Änderung des Spektrums erwarten, die für jede giftige Substanz verschieden ausfällt. Diese Messung kann also als Fundament der Resonanztheorie, als Nachweis der Biophotonen dienen. TM und TE sind bestimmte stehende Wellen in zylindrischen Hohlräumen, vermutlich auch in der DNS.

tausendsten Teil ihrer Energie: Die Resonatorgüte Q ist dann kleiner als 100000 (10^5).

Die biologischen Hohlraumresonatoren verraten ihren Mindestwert von Q in der Absterbekurve der Zellkulturen: Die Wellenlänge – und damit die Schwingungsdauer der Resonatormoden – ist vom Spektrum her bekannt, die auslaufende Intensität können wir messen. Die gespeicherte Energie erhält man aus der Überlegung, daß der sterbende Zellverband nach unserer Voraussetzung nicht mehr als seine gesamte gespeicherte Energie – als Integral der gemessenen Intensität über die Absterbezeit – abgeben kann.

Die Rechnung liefert ein Ergebnis, an das wir trotz kühnster Erwartungen nicht zu glauben gewagt hatten: Die effektive Resonatorgüte der biologischen Hohlraumresonatoren ist mindestens um 10^{15}mal höher als technisch verifizierbare Werte. Diese ›ultraschwache Lumineszenz‹ – wie die Russen sagen –, die ›Gurwitsch-Strahlung‹, die niemand ernst nehmen wollte, offenbart damit eine elementare Eigenschaft der Natur, die mit unseren, an die technische Errungenschaft angepaßten Vorstellungen auch nicht annähernd zu begreifen ist. Die vergleichsweise grobschlächtigen Meßverfahren können nur den Teil der Strahlung registrieren, der für das biologische System relativ uninteressant ist.

Die Resonatorgüte beschreibt die Fähigkeit der Photonenspeicher, das kondensierte Licht gefangenzuhalten. Sie ist auch maßgebend für die Güte der Resonanzabstimmung im Zellverband.

Andererseits wird die Fähigkeit, die Photonen einzusperren, der ›Lichtsog‹ der Photonenfallen, durch die Energie beschrieben, die sie aufwenden können, um ein Photon der Wellenlänge λ_i zu speichern: durch ihr ›photochemisches Potential $\mu(\lambda_i)$‹.

Kennt man dieses photochemische Potential (vergleiche die Ab-

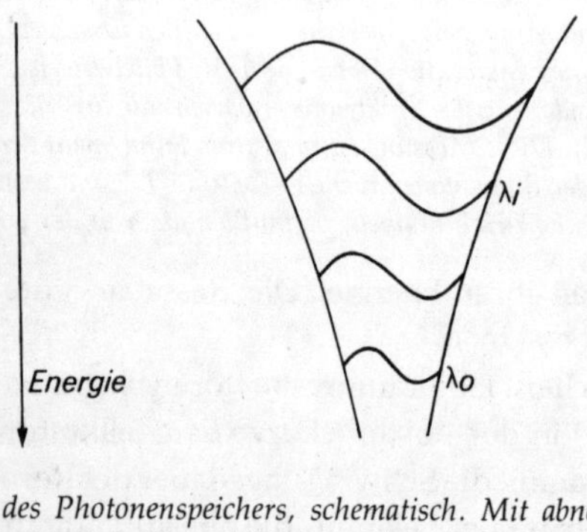

›Potentialtopf‹ des Photonenspeichers, schematisch. Mit abnehmender Wellenlänge nimmt das chemische Potential zu. Der Photonenspeicher arbeitet für diskrete Energien ($\frac{hc}{\lambda_i}$, h = Plancksches Wirkungsquantum, c = Lichtgeschwindigkeit und λ = Wellenlänge) bis zur Grenzenergie ($\frac{hc}{\lambda_o}$).

bildung S. 228), dann lassen sich wertvolle Rückschlüsse auf die Zahl $n(\lambda_i)$ der Photonen (pro Wellenlängenintervall und pro Volumeneinheit), die ›spektrale Photonendichte‹ im Verband ziehen. Sie gibt Auskunft über die spektrale Moleküldichte. Das ist die Zahl der Biomoleküle, die im betreffenden Energie-Intervall $\frac{hc}{\lambda_i}$ – mit h als Plancksches Wirkungsquantum und c als Lichtgeschwindigkeit – pro Volumeneinheit angeregt ist.

Wäre die Umgebungstemperatur T exakt gleich Null – also beim aboluten Nullpunkt von 0 Kelvin (= −273 Grad Celsius) –, dann störte die thermische Bewegung, die kohärentes Licht zufällig (stochastisch) streut, nicht. Das photochemische Potential wäre dann gleich der Energie $\frac{hc}{\lambda_i}$ des Photons selbst.

Davon müssen wir den Tribut an die Umgebung abziehen, der mit steigender Temperatur T anwächst. Er läßt spätestens dann die Photonenfallen funktionsuntüchtig werden, wenn T bis zu einen Wert Θ_0 angestiegen ist, der ihre kleinste noch auflösbare Struktur mit den Abmessungen λ_0 – die wir bei 0,34 nm vertikalen Abstand benachbarter Basenpaare in der DNS vermuten – zerstört. Darauf folgt für μ der Ansatz:

$$(1) \qquad \mu(\lambda_i) \simeq \frac{hc}{\lambda_i}\left(1 - \frac{T}{\theta}\right)$$

Berücksichtigt man weiterhin, daß sich die spektrale Verteilung der Biophotonen trotz Änderung von Θ_0 nicht ändert (vergleiche Abbildung auf Seite 92 unten) – dann erhält man im gemessenen Spektralbereich die fundamentale Beziehung (2) mit k als Boltzmann-Konstante.

$$(2) \qquad n(\lambda_i) \sim \frac{\lambda_i}{\lambda_0^5} \exp\left(-\frac{hc}{k\theta_0\lambda_0}\right)$$

Diese Gesetzmäßigkeit läßt die drei gemessenen Kurven der Abbildung auf Seite 228 überraschend gut beschreiben. Die Verteilung nach (2) hat weitere, für biologische Systeme grundlegende Eigenschaften:

- Das System liegt ›weit weg‹ vom thermischen Gleichgewichtszustand.

● Die Biomoleküle sind energetisch so verteilt, daß das mittlere Schwankungsquadrat der Energie – das sogenannte ›thermische Rauschen‹ – im zeitlichen Mittel exakt verschwindet. Das Lebewesen ist auf ideale Kommunikation seiner Zellen, auf deren exakten Informationsaustausch oder kurz auf Zellresonanz eingestellt.

Die genaue physikalische Theorie dieser Phänomene ist teilweise publiziert. Einige Ergebnisse seien noch erwähnt:

● Diese Photonen aus den Lichtfallen sind in hohem Maße kohärent, also letztlich Laserphotonen.

● Sie werden blitzartig, in einer Zeit von weniger als 10^{-15} s, abgefeuert.

● Die Arbeitstemperatur der Photonenspeicher ist extrem niedrig. Sie kondensieren damit das Licht. Wenn sie Photonen einfangen, liegt sie sehr nahe am absoluten Nullpunkt (+0 Kelvin), emittieren sie, dann kann die Temperatur formal negativ werden. Wir schätzen sie um – 0 Kelvin ab, die ideale Lasertemperatur.

Auch für die Zelldifferenzierung und das Zellwachstum ergeben sich brauchbare Ansätze:

Das photochemische Potential μ entpuppt sich als der Motor des Zellwachstums. Es nimmt jedoch mit wachsender Zellzahl z ab, weil sich die Zellen gegenseitig die Photonen wegfangen. Im ausgewachsenen Zustand des Verbands ist μ (z) idealisiert exakt gleich Null. Formal kann die Abnahme von μ durch die entsprechende Abnahme von Θ_0 nach (1) beschrieben werden. Der Zellverband strebt folglich durch sein Wachstum einem Zustand zu, in dem er sich der Außentemperatur anzupassen sucht und keine Biophotonen mehr abstrahlt. Man erhält schließlich für die Zellzahl z in Abhängigkeit von der Wachstumszeit t die Beziehung (3).

$$(3)\quad z(t) \simeq \frac{1}{\alpha + (1-\alpha)\exp(-\beta t)}$$

$$\alpha = -\left(\frac{\partial\theta}{\partial z}\right)\frac{T}{\theta\cdot\eta} \qquad \beta = \frac{2\pi c}{Q\cdot\bar{\lambda}}$$

$$\eta = \frac{\theta - T}{T}$$

$\bar{\lambda}$ ist eine vom Zellverband abhängige gewebespezifische, aber nicht unbedingt artspezifische Wellenlänge.

Trägt man diese Abhängigkeit grafisch auf, zeigen sich die Besonderheiten des Zellwachstums: zunächst ein exponentieller Anstieg, der durch den Faktor β bedingt ist, und dann der Übergang in die Plateauphase, der das Gleichgewicht bei konstanter Zellzahl beschreibt. Der Faktor α beschreibt die Zellzahl des ausgewachsenen Verbands.

Wie man aus Beziehung (3) erkennt, läßt sich Krebswachstum nach unseren Berechnungen auf eine irreversible (nicht rückgängige) Schädigung der Resonatorgüte zurückführen, die durch vermehrtes Nachwachsen von Zellen nicht besser wird, sondern – im Gegenteil – noch weiter abnimmt.

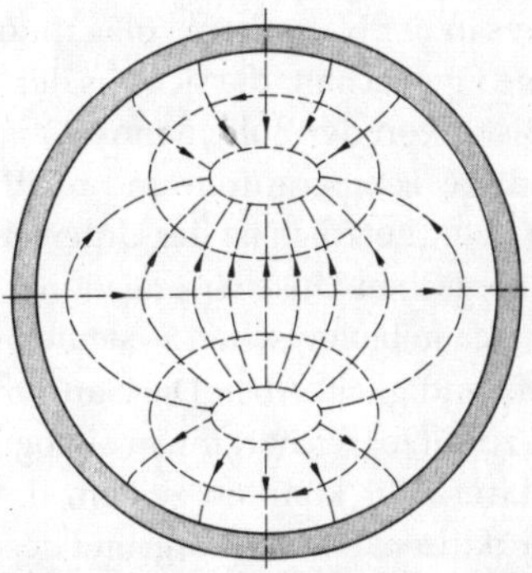

Eine Hohlraumsonatorwelle (TM 11), eine bestimmte ›stehende‹ Infrarotwelle im Zellkern, hat die gleiche Feldlinienverteilung, wie sie bei der Ausbildung des Spindelapparats während der Zellteilung (Mitose) zu beobachten ist. Elektromagnetische Wellen bestimmen also anscheinend die Feldlinienverteilung bei der Mitose.

Die Metastasierung beruht dann auf der Abnahme der Zelladhäsionskraft. Im allgemeinen kann die nachlassende Adhäsion dann erwartet werden, wenn vermehrtes Zellwachstum die Temperatur Θ_0 nicht mehr weiter absinken läßt: Metastasenzellen erscheinen dem Tumor ›durchsichtiger‹. Er nimmt sie nicht mehr wahr. Sie siedeln sich dort an, wo die Adhäsionskraft K für sie wieder ansteigt.

$$K \sim \frac{1}{D} \frac{hcT}{\bar{\lambda}\theta^2} \left(\frac{\partial\theta}{\partial z}\right)$$

D ist dabei der Zelldurchmesser.

Das Schlüsselwort zur Deutung dieser Phänomene heißt ›Kohärenz‹. Es spielt eine tragende Rolle zum Beispiel in der Laserphysik. Nur kohärente Strahlung, also solche, die sich nicht zufällig (nichtstochastisch) überlagert, kann Information übermitteln und Strukturen stabilisieren. Umgekehrt können Strukturen nur aufgrund kohärenter Strahlung entstanden sein und nicht aus ›random events‹.

Tatsächlich gibt es in der Natur kein völlig inkohärentes Photonenfeld. Das ist eine Eigenschaft, die sich aus der Abweichung der Bose-Einstein-Statistik von der Boltzmann-Statistik ergibt. Beide gehen nur für niedrige Temperaturen und relativ kurze Wellenlängen ineinander über. Letztlich ist der Unterschied eine Konsequenz der Heisenbergschen Unschärferelation.

Laserstrahlung auch in biologischen Systemen ist deshalb geradezu eine Denknotwendigkeit. Aber: Die Natur macht sich diesen kohärenten Anteil zunutze, reichert ihn in biologischen Systemen an, baut Laser, Maser: Wir konnten zeigen, daß die günstigste Abmessung für Strukturen, die sich aufgrund des kohärenten Anteils der natürlichen Wärmestrahlung ausbilden können, in der Größenordnung von 10^{-3} cm, der Größe von Zellen, liegt.

Zellorganellen, einschließlich der Gene, verdanken ihren Ursprung offenbar dem kohärenten Anteil des natürlichen Sonnenlichts. Selbst die Membrandicke von etwa 10^{-6} cm läßt sich aus diesen Betrachtungen vernünftig abschätzen, wobei erneut die Theorie untermauert wird, daß die langwelligeren Photonen (im IR-Bereich) als Trägerwellen für die interzelluläre Kommunikation verwendet werden, während die kurzwelligen Strahlen im sichtbaren und UV-Bereich vorwiegend – wenn auch sicher nicht ausschließlich – der intrazellulären Informationsübertragung dienen. Die sehr langwelligen kohärenten Photonen vermitteln hauptsächlich die Botschaften zwischen Organen und Organverbänden. Dazu gehören vermutlich die Gehirnwellen.

Die Krebsentstehung, ja überhaupt jede Krankheit, erscheint aufgrund unserer Messungen und Berechnungen als eine spezifische Störung der Kohärenz des Photonenfelds. Damit sind die Photonen umgekehrt die empfindlichsten Indikatoren in der Diagnose. Teilweise wird heute in der Medizin aus empirischen Erfahrungen heraus bereits davon Gebrauch gemacht: zum Beispiel beim EEG, beim EKG, in der Thermographie. Der Einsatz von Laserstrahlen in der Medizin oder die Akupunktur sind weitere Ansätze.

Auch Molekularbiologen erkennen allmählich die Bedeutung des Photonenfeldes: So konnte der französische Physiker Shou-Sin Sung statistisch signifikante Beziehungen zwischen dem Anregungsspektrum von Molekülen und ihrer krebserregenden Wirkung nachweisen. Das Pharmazeutische Institut der Universität Kiel arbeitet mit Erfolg am gleichen Problem bezüglich der Wirkung von Pharmaka. Umgekehrt zeigt die wachsende Entmutigung anderer Arbeitsgruppen, die die Arzneimittelwirkung über biochemische Reaktionen zu verstehen versuchen, daß der Einfluß auf das Strahlungsfeld der Zelle der wesentliche Aspekt sein kann.

Dabei gewinnen die Forscher überraschende Einsichten: Zum Beispiel wird bisher angenommen, der biochemische Abbau von relativ harmlosen aromatischen polyzyklischen Kohlenwasserstoffen zu hochreaktiven Wirkformen (Epoxiden) sei die Ursache für die Krebsentstehung. Nach unseren Überlegungen verhält es sich genau umgekehrt.

Durch die Resonanzkopplung an das zelluläre Strahlungsfeld stören die schon an sich karzinogenen Substanzen die Kommunikation im Zellverband. Aufgrund der Anregung werden sie automatisch hochreaktiv und deshalb zu Epoxiden metabolisiert. Die chemische Reaktion wendet dann noch größeren Schaden von der Zellpopulation ab. Die gut abgesicherte Korrelation zwischen karzinogener Wirkung und Epoxidbildung bleibt bestehen. Lediglich Ursache und Wirkung vertauschen ihre Rolle.

Es ist naheliegend, von den ›latenten onkogenen Viren‹ das

gleiche zu halten: Auch sie könnten letztlich abgespaltene Bruchstücke der DNS sein, die nicht mehr in das kohärente Strahlungsfeld des Zellverbands hineinpassen und sich durch die Abspaltung von – fälschlicherweise für Fremdviren gehaltenen – Bruchstücken der DNS eine bessere Resonanzabstimmung suchen.

Telefonieren zwei Personen miteinander, dann ist es bei höflichen Gesprächspartnern üblich, daß einer den anderen weitgehend ausreden läßt. Manchmal ist die Leitung gestört. Die beiden Teilnehmer reden ›durcheinander‹. Sie verstehen sich nicht mehr. Ein heimlicher Abhörer kann die Kommunikation über den zeitlichen Verlauf der Signale beurteilen: Er registriert zu jedem Zeitpunkt der Übertragung die Signale, bildet nach dem Gespräch die zeitlichen Mittelwerte der beiden Impulsfolgen getrennt, multipliziert die zu jedem Zeitpunkt der Unterhaltung gestellten Abweichungen der wirklichen Impulse von ihren Mittelwerten.

Bei einem statistisch ungeordneten (›stochastischen‹) Ablauf des Gesprächs, das keinen Informationsaustausch ermöglicht, schwankt dieses Produkt aus den Abweichungen vom Mittelwert zufällig um den Wert Null: Es ist positiv, wenn beide gleichzeitig entweder mehr oder weniger als im Durchschnitt reden, und negativ, wenn einer von beiden mehr, der andere gleichzeitig weniger als üblich sagt.

Wechseln sie sich dagegen immer höflich ab, redet gleichzeitig einer im allgemeinen mehr, der andere immer weniger als im stochastischen Verlauf. Das Produkt der Abweichungen ist dann stets kleiner als Null. Wenn sich die Gesprächspartner nicht verstehen, dürfte die Summe aller registrierten Produkte eine Zahl um Null ergeben, da sich positive und negative Glieder statistisch herausmitteln. Konnten sich die Partner aber gut verständigen, sind die Produkte der Abweichungen stets negativ, so daß die Summe selbst einen hohen negativen Betrag liefert.

Die Summe ist ein Maß für die ›Kohärenz‹, die als ein Maß für den Informationsaustausch bei der Kommunikation gelten kann. Thermische Photonen liefern nur geringe Kohärenz. Unserer Theorie liegt zugrunde, daß Biophotonen wesentlich kohärenter sind als thermische Photonen. Mit den elektromagnetischen Wellen des EEG, die mit einer Frequenz in der Größenordnung von 10 Hz eine Wellenlänge von einigen tausend Kilometern aufweisen, lassen sich relativ hohe Kohärenzen bestimmen. Sicher ist das mit allen Biosignalen so.

Der Thermodynamiker I. Prigogine (University of Texas, Austin) ordnet biologische Systeme weit weg vom thermischen Gleichgewicht ein. Nach seinen Überlegungen ist anzunehmen, daß Lebewesen um stationäre Zustände, die keine Gleichgewichtszustände sind, herumoszillieren. Der Mensch gleicht als lebendes biologisches System nach G. Hübner einem Kreisel, der gleichzeitig um verschiedene stationäre Achsen oszillieren kann.

Durch seine kinetische Energie ist ein solches System wesentlich stabiler, als wenn es ruhte: Es weicht Störungen durch Neuverteilung in der Besetzung von ›Eigenfrequenzen‹ aus, ohne zu ›zerfallen‹. Ein Kreisel, der ohne Antrieb auf eine Unterlage gestellt wird, kippt dagegen einfach um. Im Atom ist ein Grenzfall dieser kreiselartigen Stabilität verwirklicht, möglicherweise auch in den Elementarteilchen.

Die Supraleitung kommt diesem Grenzfall der verlustfreien Bewegung nahe. Doch das gemeinsame Schlüsselwort heißt ›Kohärenz‹: Solche Systeme zeichnen sich durch eine hohe Kohärenz ihrer Bewegungsabläufe aus. Sie werden von der Evolution ausgewählt, weil sie eine hohe Lebensdauer garantieren. Die DNS ist als ein solches System einzuordnen, wenn sie auch diese Eigenschaften nicht im gleichen idealen Maß besitzt wie ein Atom.

Ebenso sind die Photonen, die ein solches System speichert, kohärent. Virtuelle Photonen sind Beispiele. Eine Störung der Kohärenz im System führt zur Emission, zum Informationsaustausch mit der Umgebung (Beispiel: thermische Photonen). Daraus zeigt sich auch der Zusammenhang zu einem postulierten Lasersystem der DNS: Laserphotonen sind hochkohärent.

Und wir vermuten, daß damit die Kohärenz aus der DNS noch nicht erschöpft ist: Maser und Raser, Erzeugung kohärenter Photonen auch in noch weit langwelligeren Bereichen, sind eigentlich eine Denknotwendigkeit. Verknüpft damit sind Begriffe wie Resonanz, Stabilität, lange Lebensdauer der Zustände, Ausbildung geordneter Strukturen und hoher Informationsgehalt der Kommunikation.

Der Zerfall, der bei biologischen Systemen als Übergang zum Tod zu betrachten ist, entspricht dem Abbremsen des Systems, der Abgabe von Energie in ›ungeordnete Bewegung‹, zunehmender ›Dissipativität‹, Störung der Resonanz, wachsende strukturelle Unordnung, Entropieproduktion, wachsende Inkohärenz, Informationsverlust. Das sind verschiedene Begriffe für den gleichen Vorgang.

Auch die Krankheit läßt sich als eine solche Zerfallserscheinung einordnen. Würde man die mittlere Entropieerzeugung pro Zeiteinheit kennen, dann ließe sich aus dem Verhältnis der Entropiedifferenz vom augenblicklichen Zustand und dem Gleichgewichtszustand zur Entropieproduktionsrate die Lebensdauer des Systems bestimmen.

Multikohärenzmaße der Biophotonen versprechen, das empfindlichste Indiz für die Entropieproduktion zu sein, mit ihnen läßt sich die Krankheit spektroskopisch aufspüren. Die Strahlung in lebenden Zellen könnte zum Beispiel das empfindlichste Indiz für Krebszellen sein. Wir wollen deshalb auch in nächster Zeit die Unterschiede zwischen Tumor- und Nichttumorzellen sowohl in der Intensität als auch im Spektrum studieren. Als erstes konkret anwendbares Resultat erhoffen wir uns neue Möglichkeiten in der Frühdiagnose des Krebses.

Doch nicht nur das: Für die Therapie rückt die Kohärenzbehandlung in greifbare Nähe. Der Organismus müßte sich rhythmisch anstoßen lassen, so daß er in seine Eigenrhythmik zurückfindet. Auch für die ›Kohärenztherapie‹ des Krebses sehen wir eine Chance der Zukunft.

Fritz A. Popp

Aus: ›*Bild der Wissenschaft*‹, 8/1977